Reverberations from Hong Kong: Popular Culture in Time of Crisis

香港殘響：危機時代的普及文化

香港残響

危機の時代のポピュラー文化

小栗宏太

東京外国語大学出版会

[P1] 大埔を流れる川：2019年9月8日撮影。
[P2-3] 香港中文大学からの夜景：2018年4月30日撮影。
[P4] レノンウォール（大埔）：2019年9月7日撮影。

香港残響——危機の時代のポピュラー文化

很久不見　到底發生過什麼事
堅強像你　說起愛哭到停不住
講到未來　只有懷疑與懷疑
邊個令你從此推翻
對愛情那些宗旨

春分秋至　到底你經過什麼事
溫柔像你　已長滿尖角和尖刺
可算快樂　我亦有些難啟齒
然而詳情寧可不說
跟你多麼的類似

——

久しぶりだね　いったい何が起きたんだ
堅強な君が　愛を口にするなり泣き続け
未来を語れば　ただ疑念疑念ばかりだと
誰があれから覆させたのか
愛にまつわるあれらの宗旨

巡る季節の中で　いったい何があったんだ
温和だった君が　すっかり刺々しくなって
幸せな方だけど　僕も言いにくい事はある
だから詳らかにするのはやめておこう
君とどれほど似た思いをしてきたか

—— Dear Jane〈到底發生過什麼事〉（作詞：黃偉文）

香港残響　目次

第2章　不協和音――ポピュラー音楽からみる香港危機　105

第3章　もう一つの前線――郊外からみる香港危機　161

はじめに――香港危機の残響

「香港は死んだ」――香港において国家安全維持法という法律が施行された直後の二〇二〇年七月一日、日本のある新聞が一面に掲載した言葉である。その言葉を目にしたとき、なんとも言えない気持ちになった。

たしかに、と思うところがなかったわけではない。二〇一九年六月以降、香港は逃亡犯条例改正問題をめぐり、大きく揺れた。法律改正に対する抗議は、大規模な反政府運動へと発展した。反送中運動、流水革命、「黒暴」など、この運動は立場によりさまざまな名称で呼ばれるが、本書では以下、比較的中立的と思われる「反送中運動」の名称を用いよう。国家安全維持法、通称「国安法」は、この反送中運動を抑え込むために中国の中央政府が導入した法律であり、政権に反対する広範な言動を禁じている。

この運動と国安法が、香港社会に大きな変化をもたらしたのは間違いない。反送中運動の本格化から国安法制定に至る期間、私は東京外国語大学の大学院に在籍し、香港の文化に関する研究を行っていた。観察し、記録しようとするそばから、目の前の社会の現実は大きく変わっていき、ある日書いた一文を、翌日には過去形に直さなければならないような日々が続いた。研究のための資料として依拠していたオンラインの記事は、メディアの運営停止に伴い、次々とリンク切れになっていった。

国安法がもたらした変化により、かつてイギリスの統治下で発展し、一九九七年の中国への主権移譲（いわゆる「香港返還」）後も「一国二制度」という仕組みの下で保たれてきた、相対的な「自由」や「民主」のあり方は、すっかり変わってしまった。だから「香港は死んだ」という言葉は、市民を含め、香港を知る多くの人々の当時の感覚とも、そう離れてはいなかっただろうと思う。上述の新聞記事が香港でも一定の共感と賞賛を集めたことも知っている。

しかし個人的には、政治危機後の香港の変化を「死」として語ってしまうことには、どこか違和感があった。単に一つの制度が死に、それが担保していた自由が死んだというのであれば、それはわかる。しかし、それでもこの街では、人々が生きて、暮らし続けているのである。

だとすれば、私たちは、変化のあともなお生き続けているこの街と、どのように向き合っていくべきなのだろう。香港から、これまでのような形で、声が上げられることがもうないのだとすれば、どのような形で、どのような情報を通じて、この街の現状を理解していけばいいのだろう。それが一人の地域研究者の卵としてこの危機に直面して以来、私自身が自問自答し続けてきた課題であり、本書の根源的な問題設定である。

集団的な暴力の行使が社会に及ぼす長期的な影響を「リヴァーバレーション（残響）」と呼んで考察した人類学の研究がある。[1]残響とは元来、ある音――たとえば演奏によって楽器本体から発せられる音――が鳴り止んだあとに、その空間にしばらく残る反響音を指す。その研究によれば、暴力を伴う大きな政治変動は、それがまさに起こっている一時限りの現象ではなく、社会に残響のような痕跡を残し、末長く人々の意識に取りついていく、という。その意味では政治危機には、明確な「終わり」も、おそらく「死」もないのだ。

二〇一九年の動乱と国安法導入後の急激な社会変革は、誰かによって声高に表明されることはなくとも、必ず社会になんらかの残響を残しているはずである。それに耳を傾けるために、政治活動家の言動や、政治制度の変遷とは異なる観点から、[2]二〇一九年の反送中運動を経て国安法制定に至るまでの危機の時代の香港を取り上げていくこと、それが本書のねらいである。

本書ではとりわけ「普及文化」との関わりから、香港の政治危機を捉え直していきたい。この語は、いわゆるポピュラー・カルチャーという英語を中国語／広東語[3]に訳した学術用語である。日本語では、同じポピュラー・カルチャーに大衆文化やポピュラー文化という訳語が当てられることが多い。本書でも便宜上「ポピュラー文化」の語を用いよう。

学術用語とはいえ、なにも難しく考える必要はない。この語が指しているのは、平たく言ってしまえば、人々のなにげない日常生活そのもののことだからだ。ポピュラー文化とは、古典音楽や古典絵画、古典文学など、一定の権威を認められ、教養の一部とされるような高尚な文化、つまりハイ・カルチャーではなく、ある地域において歴史的に長く引き継がれてきたと考えられている伝統文化との関わりも薄いが、多くの人々が日常の中で行っている大衆的な文化実践を指す。[4]

香港の学術界においては、この語は、一九世紀半ば以降、香港を統治してきた宗主国イギリスのハイ・カルチャーとも、中国ナショナリズムの文脈で公式に称揚される国民文化とも、あるいは元来今日の香港の領域が属してきた華南、広東地域の伝統文化とも異なる、香港社会において独自に発展した生活様式を指す言葉として用いられてきた。とりわけ、大衆的なコミュニケーション・ツール、つまりマスメディアなどを通じて流布し、多くの人々に楽しまれてきた音楽、ドラマ、映画などの娯楽作品や、日々の生活の中で大衆が日常的に売買し、消費する商品や飲食物に関して研究が蓄積されている。[5]

そんな一般大衆の日常生活としてのポピュラー文化に着目したいのは、政治危機が訪れ、去っていく前にも後にも人々の日常生活は続いているからであり、また実際に過去の香港のさまざまな政治変動の中で、娯楽や消費を含め、日常生活に関わる想像力が大きな役割を果たしてきたからである。私は、こうした文化こそが、これまでにも断続的な政治的変動を越えて、香港という街の歩みを後の世へと伝えてきた「残響」そのものである、と考えている。

香港イメージの変遷

ポピュラー文化に着目して香港を取り上げる意義について、既存の香港をめぐる論考を参照しながら、もう少し細かく説明しておこう。本書が娯楽や消費に注目する理由の一つは、何よりかつての香港が、まさにそういった事象を中心にイメージされてきた都市だったことにある。ひと昔前の日本の人々にとっては、香港といえば何よりジャッキー・チェンのアクション・コメディ映画をはじめとする多様な娯楽作品の発信地であり、庶民的でちょっと怪しげな商品から高級ブランドまで、あらゆるショッピングを楽しめる「買い物天国」であり、そして洋の東西を問わず極上の料理が楽しめる「美食の都」だったはずである。

この時代の日本の人々の香港への一般的関心は、政治ではなく、娯楽や経済の分野に集中していたとされる。一九九一年、香港に関連する日本の出版物についてまとめた文化人類学者の可児弘明は、学術的研究の多くは「経済学に依拠した物と金銭分野に集中」しており、雑誌記事においては「観光・買物・グルメに関するものが圧倒的多数を占める」と分析している。[6] 香港の思想家、羅永生も、二〇一五年に出版された自著の日本語版への序文において、香港と日本の戦後の交流は長らく「流行文化と経済・貿易に限られた」と指摘する。彼はその理由について、この時代の香港に対して、日本の人々が「経済都市」「政治に無関心」といったイメージを抱いていたためであろう、としている。[7]

香港の人々の自意識も、おそらくさほど異なっていたわけではない。香港においてポピュラー文化研究が発展した理由の一つは、それが政治的関心の低さという香港社会の特徴を示す事象として捉えられたことにある。香港が中国へと返還される期限である一九九七年が近づき、他の都市とは異なる香港独自の経験とは何かという問題が注目を集める中、社会学者や文化人類学者は、こぞってこうした観点から香港におけるポピュラー文化を論じていった。たとえば香港文化を取り上げたある論集の編者は、植民地都市としての経験の中で、住民の感情が行き場を失った結果、メディアや消費に異常な期待が託されるようになったことを香港の特徴としている。[8] それをイギリス植民地政府がトップダウンで押し付けたさまざまな統制や制限の結果として論じる者もいれば、[9] 政府や国家の公的な歴史観や知識人の言論に頼らず、大衆的な経験に基づいてボトムアップにアイデンティティを築いてきた営為として評価する者もいるが、[10] いずれの立場も香港の特異性を政治への関心の低さに求めていた点は同一である。

一方で返還後には、香港をめぐるイメージは大きく変わっていった。「一国二制度」の実施をめぐり、さまざまな摩擦が起き、市民による抗議運動がたびたび発生したためである。こうした流れは、本書で主として取り上げる二〇一九年以降の政治危機にも直結している。

中国は、香港返還を前に、返還後の政治制度を規定した「香港基本法」を制定した。返還後の香港における憲法のような役割を持つこの法律には、香港に「高度な自治」を認め、中国の主権下に入ったあとも、香港が経済、司法、行政などさまざまな面で、中国大陸（以下、本書では香港およびマカオを除く中国をこう呼称することとする）とは異なる独自性を保持することが定められている。これに基づき、返還後も香港では人民元ではなく独自の通貨である香港ドルが用いられ、イギリス領時代に制定された法律も基本的に存続することになった。返還後の香港行政部門のトップである行政長官をはじめとする香港政府の閣僚や、香港内の立法府である立法会の議員も、中央からの派遣ではなく香港住民から構成されることになった。中国大陸との往来についても、国境管理されながらの厳しい管理体制が保持された。

しかし基本法の各条項の実施をめぐっては、さまざまな摩擦も起きた。たとえば中国は、香港が中国中央政権の転覆拠点として用いられることを防ぐため、基本法二三条において、国家安全に関する条例の制定を求めていたが、香港政府が二〇〇三年にこの制定プロセスに着手すると市民からの大きな反発を招いた。返還記念日に当たる七月一日には、五〇万人規模の大規模な反対デモも起き、政府は条例制定を断念した。

また同じく基本法には、行政長官（四五条）と立法会議員（六八条）について、香港住民による普通選挙での選出を最終目標とすることが定められていたが、この実現もスムーズには進まなかった。[11] 中国政府は、二〇〇四年に基本法の解釈権を行使し、香港の選挙制度に関する決定権が、香港政府や立法会ではなく、自らに属することを確認した。以降、中国政府は完全普通選挙の導入を延期し続けたため、二〇一四年九月にはその早期実現を要求する市民らが長期間にわたり路上を占拠した「雨傘運動」が起きている。

二〇一九年の「反送中運動」も、中国大陸への被疑者移送を可能にする逃亡犯条例の改正が、基本法が認めてきた独立した司法権を骨抜きにするのではないか、という反発から起こった抗議運動だった。政治学者の倉田徹は、これらの抗議運動を経て「香港人は金儲けにしか興味がない」というかつての定評だった言葉は、今やまったく説明能力を失ってしまった、と指摘する。[12]

かつて香港のポピュラー文化に親しんでいた世代の人々は、昨今の香港の政治情勢を見ると「いったい何があって、あの香港がこんなふうになってしまったのか」とその変貌ぶりに驚くだろう。反対に、抗議運動が頻発する「デモの都」としての香港を物心ついた頃から見てきた世代にとっては、かつて政治的無関心こそ香港の特徴だと思われていた時代があったことのほうが驚きかもしれない。

私自身は、世代としては後者に属する。一九九一年に生まれ、一九九七年の香港返還は、まだ物心ついているかいないかの頃に迎えた。当時親戚が香港に駐在していたが、返還前の香港についてリアルタイムで何か話を聞いた記憶はない。親族の旅行として、初めて香港を訪れたのも、すでに返還から一年以上経った一九九八年一一月のことだった（新空港のオープン後だったので、ビルの合間をかいくぐるような、有名な啓徳《カイタック》空港のランディングも体験していない）。本格的に香港研究を志したのは二〇一四年の夏で、雨傘運動が起こる直前のことだった。

しかし私は、研究対象としては、香港の政治ではなく文化を選んだ。そのためリアルタイムでは経験したことがなかった香港の芸能などについても、後追いで学んでいった。「香港迷（香港ファン）」の先輩方には信じられないことかもしれないが、私はたとえば張國榮《レスリー・チャン》や梅艷芳《アニタ・ムイ》の名前も、彼らの死から長い時を経たあとに、ある種の「歴史上の人物」として知ったのだ。

私は自身のそんな経験を通じて、かつての「ポピュラー文化の都」としての香港を知る世代と、「デモの都」としての香港しか知らない世代との橋渡しをしたいと考えている。それが、本書において、政治危機の時代の香港ポピュラー文化を取り上げる動機の一つである。

政治問題への関心の偏り

つまり本書は、とりわけ返還後の香港におけるポピュラー文化をめぐる社会の動きを取り上げることで、香港をめぐる認識、関心のギャップを埋めることを目指している。先述のとおり、一九九一年の時点で、日本において出版された香港関連の書籍・記事は、大部分が経済や観光、買い物、グルメに関するものだった。いま同じ調査をしたとすれば、結果はまったく異なったものになるだろう。香港で政治問題が顕在化するにつれて、世界の人々の香港をめぐる関心も、政治制度や抗議活動、大国同士の利益衝突など、文化以外へと移っていったからである。

香港政治の大まかな現状については、日本においても、よく知られていると思う。これまで用いてきた「香港返還」「一国二制度」「国家安全維持法」などの特殊な用語も、少なくとも本書を手に取るほど香港に関心を抱いている人には、ほとんど説明なしに通じるはずだ。しかし、たとえば娯楽についてはどうだろう。黄之鋒《ジョシュア・ウォン》や周庭《アグネス・チョウ》といった若手活動家の名前は知っていても、彼らと同世代の香港の芸能人の名前を挙げられる人がどれだけいるだろうか。

一方で、たとえばその周庭が、国安法違反容疑で一時勾留された際、日本のアイドル・グループ欅坂46の楽曲〈不協和音〉の歌詞を思い浮かべて自身を鼓舞していた、というエピソードは、日本でも大きく報じられていたため、記憶している読者も多いだろう。彼女に限らず、香港の若い世代で、日本の最新の文化に強い関心を抱いている人は多い。にもかかわらず、日本における香港文化像は、長らくまったくアップデートされていない。香港の人々からは、日本ではいまだにジャッキー・チェンやアグネス・チャンが香港の芸能人の代表例のように挙げられていることを苦々しく思うという声も聞かれる。

彼らの名前を出すと、とりわけ若い世代の香港人が微妙な表情をするのは、そういった往年のスターたちが、ただ「昔の人」だからではない。彼らが活躍した時代と今日の香港の間に、先述の返還以降の転換を経た、あまりにも大きな市民たちの関心のギャップが横たわっているからである。香港出身の社会学者、張彧暋の言葉を借りれば「香港社会は変わったのに、彼らは変わらなかった」のだ。[13]

倉田徹は、そんな返還後の香港の変化を、香港社会の「政治化」、あるいは香港市民の「政治的覚醒」として説明している。政治問題の顕在化の中で、これまで「政治に無関心」だと思われていた香港市民の関心に徐々に変化が起こったからである。たとえば一九九二年以降、香港大学の民意研究計画が定期的に行ってきた民意調査によれば、政治・経済・民生（社会）問題のうち、政治問題を最も重要だと考える人の割合は、返還前後においては一〇パーセント台だったが、二〇一四年の雨傘運動以降は経済問題に匹敵するほどの注目を集めるようになり、二〇一九年の抗議運動のあとには民生問題（四〇・六パーセント）に匹敵する関心事（四〇・〇パーセント）となっている。[14]

こうした転換を経たのちの香港においては、旧来の価値観に基づき、政治問題を棚上げして経済を重視するような旧世代の言論は、共感を得づらくなっていった。日本における香港への眼差しが政治問題へとシフトしていったのも、こうした香港における市民の関心の変化を反映したものだと言えるだろう。しかし香港社会が「政治化」する中で、かつてこの街を彩った文化はどこに行ったのだろう。

香港において、政治問題への関心の高まりの中で、それ以外の領域への関心が完全に失われたわけではない。たとえば、政治制度をめぐる上述の運動のほかにも、歴史的建造物の取り壊しに反対する運動（二〇〇六年から〇七年にかけてのスターフェリー・ピア、クイーンズ・ピア取り壊し反対運動をはじめとする

「保育運動」）や、増加する大陸からの買い物客に反対するデモ（二〇一二年以降の香港各地での反「イナゴ」デモ）、路上販売の取り締まりに反対する運動（二〇一六年の旺角騒乱、通称「魚蛋革命」）など、生活空間、消費空間をめぐる抗議活動も数多く行われてきた。

また、それぞれの運動の中では、芸能人たちの言論も大きな注目を集めている。二〇一九年の反送中運動の際にも、政権擁護の発言をしたスター歌手に憤慨し、レコードを破壊して抗議する市民の姿が見られた。返還後、一貫して中央政府寄りの立場をとってきたジャッキー・チェンがことさら問題視されてきたのも、ある意味では、芸能人に対する市民の期待や関心の裏返しだとも言える。

娯楽や消費は、返還後の香港の政治運動の中でも、重要な争点であり続けているのである。本書では、こうしたポピュラー文化と政治危機の接点を複数取り上げながら、政治化時代の香港における文化の位置付けを再考したいと考えている。それにより香港ポピュラー文化の最新の動向に注目する意義を示し、長らく一方通行の状態が続いてきた香港と日本との文化交流の現状を変えるきっかけを作りたい。これが、本書の二つ目の目標である。

「オタクたちのデモ」論の限界

政治化時代におけるポピュラー文化の位置付けを取り上げるにあたり、重視したいことがもう一つある。それは娯楽や消費に関わる個別の要素、たとえば特定の歌手や消費の場が政治運動と関わりを持つまでの背景ないし過程をしっかりと取り上げたい、ということである。香港のデモと文化の関わりを取り上げる既存の論考においては、特定の文化的コンテンツが持つ国際的な影響力や、あるいは娯楽作品とデモ活動という取り合わせの物珍しさのみが強調される傾向にあり、香港においてポピュラー文化が真剣な政治的意義を備えたものとして受け止められるに至ったローカルな文脈が十分に取り上げられてきたとは言い難いからである。

たとえば日本では、二〇一四年の雨傘運動以降、デモ隊の若者たちが日本のアニメやアイドル文化に言及しながら運動を語る様子が、書籍や報道を通じてたびたび紹介されてきた。先述の周庭と〈不協和音〉の事例もその一例である。こうした事例を通じて、香港のデモ活動が、日本発の「オタク文化」の強い影響下にあることが指摘されてきている。

たとえば文芸評論家・中国文学者の福嶋亮大は、二〇一八年に出版された張彧暋との往復書簡形式の書籍の中で、日本のアニメやゲームに由来するシンボルを活用しながらデモ活動を行う香港の若者たちを「ストリートに出るオタク」と形容した。[15] 雨傘運動や二〇一九年デモにおいて前線の抗議者を取材したジャーナリストの小川善照も、同様に香港におけるデモを「オタクたちの戦い」と形容している。

小川は、多様な事例を挙げて、香港では「オタク文化」が「若者を運動に焚きつけるだけのポテンシャルを持っている」と結論づけている。[16] たとえば彼が取材した若者たちは、「一国二制度」を侵犯する中央政府の権力浸透を『進撃の巨人』において壁を越えて侵攻してくる巨人に例えたり、雨傘運動と反送中デモとの違いを『コードギアス　反逆のルルーシュ』に例えて解説したりする。ほかにも、前線に『新世紀エヴァンゲリオン』の登場人物の名をとり「シンジ」と自称する青年がいたこと、アニメ『NARUTO―ナルト―』の主人公の走り方を真似て警察署の周りを走る抗議デモが行われたこと、デモの前線に繰り出す前に、アイドルのコンサートのDVDを見て戦意を高める前線の若者がいたことなどを小川は報告している。

日本の文化コンテンツのグローバルな影響力を示すこうした事例は、それ自体は注目すべき興味深い現象ではあるものの、本書では直接的な分析対象とはしない。なぜなら、そもそも香港のデモ活動では、日本の作品に限らず、香港内の映画や音楽、ドラマも含めた世界中のさまざまな娯楽作品が引用されているからである。たとえば香港出身の国際的映画スター、ブルース・リーの「水になれ（Be water）」という言葉が、二〇一九年のデモ隊の戦術を示す言葉として用いられたことを思い出してほしい。「日本のカルチャーの影響」がことさらに強調されるのは、それが日本の人々にとって目につきやすいから、というだけかもしれないのである。

二〇一九年八月に『ニューヨーク・タイムズ』紙が掲載した「香港の抗議運動を焚きつけるもの」という記事には、香港のデモにおいて活用された欧米の映画由来のシンボルが複数挙げられている。[17] デモ現場では、二〇一二年のミュージカル映画『レ・ミゼラブル』の楽曲〈民衆の歌〉が頻繁に歌われていた。市中の張り紙やネット上の投稿には、二〇一四年の映画『ハンガー・ゲーム FINAL――レジスタンス』の「If we burn, you burn with us（我々が燃えるときは、お前も一緒に燃える）」というセリフがしばしば引用されていた。警察による催涙弾やゴム弾、あるいは実弾の発砲が相次ぐようになると、二〇〇五年の映画『Vフォー・ヴェンデッタ』の「Ideas are bulletproof（思想は弾丸を通さない）」

というセリフや、同作で反逆者の象徴として用いられた「V」のマークが、街のあちこちに書きつけられるようになった。

もちろん、こうした事例でもって、香港においては日本のオタク文化よりも、ハリウッド映画のほうがより人気がある、と言いたいわけではない。重要なのは、日本のオタク文化にせよ、ハリウッド映画にせよ外来的な文化の影響力にのみ注目して香港におけるデモを語ってしまうことの弊害である。そこでは、香港において個別のシンボルが流通してきた背景が見過ごされることになる。

たとえば先述の『ハンガー・ゲーム』の「我々が燃えるときは、お前も一緒に燃える」は、「攬炒《ラムチャウ》」という流行語の英語版として、香港のネット掲示板を通じて広まったものである。広東語の「攬」の字は何かをしっかりと抱くこと、「炒」は日本語の用法からも想像できるように火で炙ることを意味し、合わせて相手を抱えながら火に飛び込むように道連れにすることを意味する。つまり日本語でいう「一蓮托生」「死なばもろとも」のような語感の言葉である。

二〇一九年のデモ期間中、香港のネット掲示板「連登討論區」において、この言葉をハンドルネームに用いた投稿者が、諸外国政府に対して香港政府高官への制裁を呼びかける活動を行ったことで、民主化を認めない政府関係者や彼らを支援する資本家を「道連れ」にする抗議戦略を示す言葉として定着した。デモが長期化するにつれて、政府寄りとみなされた大企業経営の店舗への破壊活動などもこの「攬炒」の名称の下に許容されていった。二〇一九年の香港におけるハンガー・ゲームのセリフの広がりは、何よりもこの広東語の言葉の普及に伴うものである。独裁国家との戦いを描く同作のプロットを意識してこのセリフを用いていた人も中にはいたかもしれないが、おそらく作品自体の人気がその拡散の主要因となったわけではない。

ほかにも二〇一九年には、アメリカのコミック『バットマン』を原作とする二〇〇八年の映画『ダークナイト』の「夜明け前の闇が最も暗い」というセリフも各地でしきりに引用されていた。このセリフは、香港内においては、もともと著名な政治活動家である梁天琦《エドワード・リョン》が、ある演説において引用したことでも知られる。この言葉を用いた人々は、果たして『ダークナイト』の言葉として引用したのだろうか、それとも梁天琦の名言として引用したのだろうか。作品由来のシンボルが香港において広く流通していたからといって、それは必ずしも多くの人々がその作品を視聴していたことや、作品のメッセージがデモ隊の共感を得ていたことを意味しないのである。

本書においては、ある目立ったコンテンツの活用を取り上げ、そのコンテンツのストーリーやメッセージと政治運動の意義を直接に結びつける解釈を行ったり、あるいはその現象をそのコンテンツの発信地が持つ影響力の指標として扱ったりするのではなく、二〇一九年の運動中にデモ隊やデモに共感を寄せる人々が用いていたシンボルの生成の背景を、香港の内的な文脈に基づいて、丁寧に読み解いていきたいと考えている。そのため本書では、真否不明の噂も含め、当時デモに共感する人々の間で流布していた情報やシンボルを多く取り上げていくことになるが、必ずしもその真実性、正当性を主張することは意図していない。本書はただ、反政府運動へと駆り立てられていった人々の心情について、外的な基準に基づき判断を下すのではなく、内在的論理に基づいて理解することを目指している。それが、おそらく危機の時代の香港が抱えていた社会の課題を真に把握することにつながると信じているからである。これが本書の三つ目の目標である。

本書の構成

本書の全体的な構成は、以下のとおりである。

そのために、まず第1章「煽動する文字——言葉からみる香港危機」では、二〇一九年の反送中運動におけるシンボルの生成について、運動の具体的な展開とともに整理したい。この運動で用いられた標語は、国安法制定以降、煽動的な文言として、厳しい取り締まりの対象となった。本章では、運動の各場面から種々のシンボルが生じ、発展していった過程を整理することによって、「光復香港、時代革命」のスローガンや、黒い服やマスクといったシンボルが、運動の当初から「煽動的」なものとして存在していたのではなく、運動の進展とともに段階を経て生成され、新たな意味を付与されていったことを示したい。

第2章以降では、既存の香港ポピュラー文化研究の成果を参照しながら、日常的な娯楽や消費に特別な政治的意義が付与されていった、より長期的なプロセスを考察したい。第2章「不協和音——ポピュラー音楽からみる香港危機」では、この運動において音楽がどのような意味を持ったかを考察する。〈香港に栄光あれ〉をはじめ、運動中に歌われたプロテスト・ソングの一部については、国際的に報道されるなど大きな注目を集めたが、この運動と音楽との関わりは、デモ現場での運動歌の歌唱に限られたものではなかった。たとえば、デモに関連した楽曲をリリースする歌手がいる一方で、国際的に知名度の高い大物歌手を中心に、沈黙を保つ者や、デモを公然と非難する者もいた。音楽がさまざまな形で政治運動上の争点となったこの現象を理解するために、本章では、返還以前から二〇一九年に至るまでの「カントポップ」と呼ばれる広東語流行歌の歴史を掘り下げる。

第3章「もう一つの前線——郊外からみる香港危機」では、同様のプロセスを消費の観点から考察するために、返還前後の郊外における商業施設の変化を取り上げる。主として、一九七〇年代に形成された沙田ニュータウンと、その中心的商業施設である新城市広場の事例に着目する。この事例は、返還後の社会変動が香港住民の消費体験に及ぼした影響と、その政治的帰結を浮き彫りにする。二〇一九年の抗議運動は、それまで香港において政治運動の中心であった都市部を離れ、郊外にも広がっていった。その背景には、逃亡犯条例改正問題が取り沙汰される以前から、それぞれのコミュニティ内に燻っていた不満や問題があるのである。

第4章「嵐の中のティーカップ——ミルクティーからみる香港危機」では、流行歌やショッピング・モールの事例に続き、なにげない日常の生活体験が政治的意義を持つようになった事例として、ミルクティーの事例を取り上げる。この飲み物は、返還過渡期以降、香港を代表する飲み物としてシンボル化されており、新型コロナウイルス感染症の流行によって抗議運動が休眠状態に陥った二〇二〇年には、この飲み物の名前を冠した国際的な民主化活動家間の連帯も注目を集めた。

第5章「乱流下の平安——娯楽復興からみる香港危機」では、国安法に基づき、反政府運動が徹底的に抑え込まれ、表向きには平穏がもたらされた二〇二一年以降の香港を取り上げる。この年には、旧来の民主化運動を支えてきた人物や団体が弾圧され、次々と表舞台から排除されていった一方で、返還後最大級のポピュラー音楽、映画産業の復興が見られた。こうした事象は、ある地元メディアが用いた表現を借りれば、国安法後の香港においてもすべてが失われたわけではなく「少なくとも歌はある」のだということを示している。

最後に、「おわりに――香港に何が起きたのか」では、各章で取り上げてきた事例をもとに、冒頭で掲げた問いである「政治危機を越えて残るものは何か」について考察を行いたい。香港において危機を経て何が残ったのかを考察することは、類似の状況を経験している、あるいはこれから経験することになる他地域にとっても重要な示唆を与えてくれるだろう。

なお本書の内容は、二〇二二年一二月に東京外国語大学に提出した博士論文『危機と日常のあいだ――香港二〇一九年デモにみるポピュラー文化の政治化』に大まかに基づいている。博士後期課程における研究期間中の現地調査は、香港中文大学に留学していた二〇一七～一八年の期間と、二〇一九年六月、同年九月に行った短期的な訪問に限られている。以降は執筆現在に至るまで、情勢の悪化と感染症の拡大もあり香港での現地調査は行えていない。そのため大部分の情報は、ソーシャルメディア上での観察や、既存の報道、文献から得られたものである。

全一〇章、四〇万字に及んだ同論文の内容を書籍化に際して大幅に圧縮し、全体の議論の流れは踏襲しつつも、文章自体はほぼ全面的に改稿した。博士論文の各章は、もともと複数の既発表の論文等を再録したものだが、これも収録に際して同様の書き換えを行っていた。つまり、本書の文章は、論文から博士論文に収録する段階と、博士論文を書籍化する際の二重の書き換えを経ていることになる。そのため本書の各章は、文章としては限りなく書き下ろしに近いが、大まかに博士論文の該当章、およびそのもととなった論文やエッセイの初出時の掲載情報を示せば、以下のとおりである。

第1章　博士論文第二章（小栗宏太「触発するシンボル――「文宣」からみる二〇一九年香港デモ」、『Quadrante』二三号、二〇二一年、一一九-一四七頁）。

第2章　博士論文第三章〜第五章（小栗宏太「不協和音――香港逃亡犯条例改正反対デモに見るポピュラー音楽と抗議運動」、『中国研究月報』七五号二巻、二〇二一年、二二-三七頁。小栗宏太「岐路に立つ中国返還後の香港音楽――カントポップの「死」と中港矛盾下の模索」、倉田徹・小栗宏太編著『香港と「中国化」――受容・摩擦・抵抗の構造』明石書店、二〇二二年、一三五-一五八頁）。

第3章　博士論文第六章〜第八章（小栗宏太「方法としての新界――香港のフロンティア」、倉田徹編『香港の過去・現在・未来――東アジアのフロンティア』勉誠出版、二〇一九年、二四二-二五三頁。小栗宏太「新界、もう一つの前線――元朗白シャツ隊事件の背後にあるもの」、倉田徹・倉田明子編『香港危機の深層――「逃亡犯条例」改正問題と「一国二制度」のゆくえ』東京外国語大学出版会、二〇一九年、二九八-三三九頁）。

第4章　博士論文第九章（小栗宏太「嵐の中のティーカップ――「ミルクティー同盟」に見るアジアの民主化運動におけるソーシャルメディアの活用」、『東南アジア　歴史と文化』五一号、二〇二二年、二九-四五頁。小栗宏太「香港のおいしいミルクティー――どこにでもありそうでここにしかない飲みもの」、『季刊民族学』一八〇号、二〇二二年、八-一五頁）。

第5章　博士論文第一〇章（博士論文書き下ろし、本書収録にあたり小栗宏太「乱流下の平安――広東語ポップスに見る国安法時代の香港」、『東亜』六七四号、二〇二三年、一〇‐一七頁の内容を一部追加)。

註

1 Navaro, Yael, Zerrin Özlem Biner, Alice von Bieberstein, and Seda Altuğ eds., *Reverberations: Violence across Time and Space*, Philadelphia: University of Pennsylvania Press, 2021.

2 こうした観点から二〇一九年の反送中運動を整理した書籍は、日本においても数多く出版されている。たとえばジャーナリストによる取材録の類として小川善照『香港デモ戦記』集英社(二〇二〇年)、野嶋剛『香港とは何か』筑摩書房(二〇二〇年)、益満雄一郎『香港危機の七〇〇日 全記録』筑摩書房(二〇二一年)、藤本欣也『香港人は本当に敗れたのか』産経新聞出版(二〇二一年)、当時香港に在住していた日本人らの回顧録である石井大智編『「小さな主語」で語る香港デモ』現代人文社(二〇二〇年)、香港で出版されたエッセイ集の翻訳である日本語版「消えたレノンウォール」翻訳委員会『香港 絶望のパサージュから語りの回廊へ』集広舎(二〇二三年)、研究者、大学関係者を中心に編まれた論集である倉田徹・倉田明子編『香港危機の深層――「逃亡犯条例」改正問題と「一国二制度」のゆくえ』東京外国語大学出版会(二〇一九年)などがある。

3 香港においては、日本で一般に「中国語」と呼ばれる標準的中国語(中国大陸においては普通話、台湾においては国語、華語などと呼ばれる)とは異なる口語である「広東語」が広く話されている。広東語は中国語の方言とされることもあるが、普通話/国語/華語との間の相互理解性は低い(つまり、互いの言語の知識を持たない話者同士が話し合ってもお互いにほとんど通じない）。ただし香港においても、学術論文を含む正式な書き言葉としては、語彙、文法双方の面で標準的な中国語文に近い言語が用いられる。この「普及文化」も文語、口語双方で用いられる言葉であるため、それが果たして中国語であるか、広東語であるかを厳密に区別することは本来あまり意味をなさない。本書では以降、香港の広東語話者が用いる言葉について、それが文語的であろうと口語的であろうと、便宜上「広東語」と通称する。なお広東語の発音を表記する必要がある際は、香港語言学学会の粵語拼音方案（通称「粵拼」）を用いる。

4 こうした解釈は、おそらくポピュラー文化を論じる研究者の多くが合意するものだと思うが、筆者のポピュラー文化理解はとりわけ文化人類学的用法に強く影響を受けている（たとえば Becker, Heike, "Popular Culture, Anthropological Perspectives on," *The International Encyclopedia of Anthropology*, ed. Hilary Callan, Hoboken: John Wiley and Sons, published online at https://doi.org/10.1002/9781118924396.wbiea1691、最終閲覧日：二〇二二年一〇月二四日）。

5 ある香港文化研究の論集は、「普及文化」という言葉を、大衆的なメディア活動と消費活動の総称として定義している（呉俊雄・馬傑偉・呂大樂「港式文化研究」、呉俊雄・馬傑偉・呂大樂編『香港・文化・研究』香港大學出版社、二〇〇六年、九頁）。ポピュラー文化をめぐる細かな定義は地域や学問分野によっても異なるものと思われるが、こうした香港における伝統を踏襲した語として用いる。

6 可児弘明編『香港および香港問題の研究』東方書店、一九九一年、二五頁。

7 羅永生『誰も知らない香港現代思想史』（丸川哲史・鈴木将久・羽根次郎編訳）共和国、二〇一五年、七-一〇頁。

8 前掲註5「港式文化研究」、九頁。

9 たとえば呂大樂『唔該、埋單——一個社會學家的香港筆記』Oxford University Press、二〇〇七年。また政治学者の倉田徹は、市民の間において政治問題が顕在化するのを防ぐためにイギリス時代の香港政府がとってきた一連の政策を「脱政治化の政治」としてまとめている（倉田徹『香港政治危機――圧力と抵抗の二〇一〇年代』東京大学出版会、二〇二一年、七九‐八三頁）。たとえば、一九二〇年代の反英暴動を機に制定され、非常時に強権的な政策をとる権限を政庁に付与した「緊急情況規例條例」（通称「緊急法」）、一九四九年に冷戦状況の香港への波及を防ぐために改正され、国民党と共産党を非合法化した「社團條例」などの強権的な法律に基づく抑えつけのほか、教育制度の拡充や香港への帰属意識を強化するためのキャンペーンの実施、市民の行政、立法部門委員への任命を通じた間接的な民意の吸い上げなどの懐柔策が例として挙げられている。

10 たとえば吳俊雄・馬傑偉「普及文化與身份建構」、廖迪生・張兆和・蔡志祥編『香港歷史、文化與社會（一）――教與學篇』香港科技大學華南研究中心、二〇〇一年、一八〇‐一九三頁など。

11 返還以降、国安法制定後に改革されるまでの制度では、立法会の議席は七〇議席中、半数の三五議席のみが普通選挙で選ばれ、残りの半数は各職能団体の関係者らが選挙権を持ち、業界別に選出する「職能別選挙」に割り当てられた。行政長官選挙も市民による直接投票ではなく、職能団体関係者や議員らからなる「選挙委員会」による間接投票で選出された。

12 前掲註9『香港政治危機』、七二‐七三頁。

13 倉田徹・張彧暋『香港――中国と向き合う自由都市』岩波書店、二〇一五年、一六一頁。

14 前掲註9『香港政治危機』、七二‐七三頁。

15 福嶋亮大・張彧暋『辺境の思想――日本と香港から考える』文藝春秋、二〇一八年、一六八頁。

16 小川善照『香港デモ戦記』集英社、二〇二〇年、二〇三頁。

17 Li, Katherine, and Mike Ives, "Fueling the Hong Kong Protests: A World of Pop-Culture Memes," *The New York Times*, 2 August 2019. https://www.nytimes.com/2019/08/02/world/asia/hong-kong-protests-memes.html（最終閲覧日：二〇二二年一一月一三日）

凡例

一、香港の固有名詞の表記には、原則として現地で用いられる繁体字を用いた。ただし、日本において広く知られたもの、あるいは本文中に繰り返し言及されるものについては、一部日本の常用漢字を用いた。

二、華人の人名表記には、原則として漢字名を用いた。ただし日本で一般に英語名を通じて知られる公人や著名人の場合は、ルビでそのカタカナ表記を併記した。

三、引用文中の（　）は、原文にある註記である。本書筆者による補足には［　］を用いた。

四、歌詞を含む引用文の翻訳は、特筆しないかぎりすべて筆者による。

第1章
煽動する文字
言葉からみる香港危機

「和你抗爭我很愉快（君と一緒に抗争できて、楽しかった）」

「Me too. Thx, 手足（同じく。ありがとう、仲間よ）」

——2020年5月24日、国家安全維持法反対デモの現場に残された落書き

「ひとつの出来事は、その行く手を妨害され、抑圧され、ついには回収され、裏切られるとしても、その出来事のなかには乗り越えがたい何かが含まれていることにはかわりはないのである。（…）出来事は新たな存在を作り出し、新たな主観性（身体、時間、性、環境、文化、労働、等々といったものとの新たな関係）を産出するのである」

――ジル・ドゥルーズ「六八年五月［革命］は起こらなかった」[1]

煽動文字

二〇一九年九月一〇日の夜、私は太子（プリンス・エドワード）駅のB1番出口にいた。そこで、ある「死者」の追悼が行われていたからだ。

その頃、香港では六月から本格化した抗議運動がさらに激化し、連日各地で警察とデモ隊との激しい衝突が起きていた。九龍地区の繁華街である太子付近でも、一〇日前の八月三一日、大きなデモ活動が行われた。この夜の警察の鎮圧行動はきわめて厳しいもので、武装した機動隊が地下鉄駅の構内にまで突入した。インターネット上では、駅に停車した電車の車両内で、若い男女が催涙スプレーを浴びせられ警棒で殴打される様子や、他の乗客が警察の前にひざまずいて攻撃を止めるよう懇願する様子を写した動画も広まっていた。

鎮圧行動後、駅構内は約三〇時間にわたって封鎖され、メディア関係者や、民間の医療ボランティア（ファースト・エイド）の立ち入りも許可されなかった。そのことから、この夜、警察の殴打を受けて死亡した市民がいたのではないか、との疑惑が生まれた。インターネット上では、救急搬送者の数が消防の発表と警察の発表とで食い違っていたことなどが、その「証拠」として挙げられていた。警察は直ちに否定したものの、六月以降、警察のデモ活動への対応をめぐりすでに不信、不満が広まっていたこともあり、この「死者」をめぐる噂も真実味をもって受け止められた。翌日以降の太子駅では、連日人々が集まって「死者」を追悼し、「真相」を隠す警察や鉄道会社に抗議する活動を行っていた。

正直なところ、私はこの「死者」の存在をそこまで信じてはいなかった。殺人を裏づける具体的な証拠もなければ、当日太子駅で行方不明になったとされる人物の身元情報もはっきりしなかった。この夜、現場を訪れたのも、話題の場所を見てみたいという好奇心からだった。

しかし現場に一歩足を踏み入れると、そこで行われている追悼がまぎれもなく本物であることに驚いた。事件の日からいまだ封鎖が続いていたＢ１番出口は、建物全体が死者に捧げる花や供物や紙銭で埋め尽くされていた。周囲に集まった人々は黙々と祈りを捧げたり、涙を拭いながら献花をしたり、メッセージを書いたメモ用紙を壁に貼り付けたり、あるいはただ遠巻きにその様子を眺めたりしていた（図1-1、1-2）。誰も言葉を発することなく、普段は賑やかなこの街の夜には似つかわしくないような不気味な静寂があたりを覆っていた。

しかし、群衆の一人が突然「光復香港」と叫ぶと、先ほどまで静まりかえっていた空気が一変した。その一声に、周囲の人々が口を揃えて「時代革命」と応じる。六月以降、抗議運動の現場で、幾度となく叫ばれてきた「香港を取り戻せ、時代の革命だ」という意味のシュプレヒコールである。私もこれまでインターネット上での中継を通して何度も耳にしてきたが、生で聞くのはこれが初めてだった。

図 1-1　封鎖された太子駅の B1 番出口

図 1-2　太子駅 B1 番出口で祈りを捧げる人々

突如としてあたりに立ち込めた熱気に驚き、私はその場を離れようとした。部外者の私がいるべき場所ではないと思ったのだ。「光復香港」「時代革命」の掛け合いの声は、瞬く間に周囲に広がり、気づけば私はすっかり声の輪に取り囲まれていた。一瞬のたじろぎのあと、私は人々の間を縫うようにして歩き、駅を離れた。まるで誰かに言い訳でもするように、口元だけは時折周囲に合わせて動かすふりをしながら。

革命を呼びかける言葉が飛び交い、広が

っていったあの場所は、まぎれもなく真剣な抗議活動の現場であり、無邪気な傍観者の存在など許されるはずもなかった。あの夜、「光復香港、時代革命」という八文字のスローガンが放つ熱気を肌で感じ、私は、好奇心から軽い気持ちでやって来た自分を恥じながら、現場を後にしたのだった。

それからちょうど一年後の二〇二〇年九月、ある民主派活動家の男性が、街頭でこの「光復香港、時代革命」の標語を叫んだことを理由に、香港警察の国家安全部門によって逮捕された。罪状は「煽動文字（煽動的な文言）」を発表したことだった。煽動文字罪はイギリス領時代に作られた古い法律に規定される、半ば死文化した罪状であった。しかし二〇一九年のデモ以降、とりわけその翌年の国家安全維持法（国安法）の制定以降、香港政府はこの条項に基づき、抗議活動を行う市民を次々と逮捕するようになる。

二〇一九年の政治危機以降、言論への統制を急速に強めた香港政府、中国政府は、この運動の中で、文字が持っていた煽動的な力を、ある意味では「正しく」認識していたのかもしれない。実際に、路上でのシュプレヒコールや、街中《まちじゅう》の壁に貼り付けられた付箋、そしてネット上の書き込みに至るまで、この年の香港には、文字が溢れていた。「煽動文字」という言葉は、あの夜、私が目の当たりにした、周囲の雰囲気を一変させその場の人々を巻き込んでいくようなスローガンの力を、この上なく適切に形容しているようにも思う。

しかし、重要なのは、これらの「文字」が、煽動する作用を持ち得るようになった背景である。たとえば「光復香港、時代革命」という言葉は、はじめから多くの人々を行動へと駆り立てるような力を持っていたわけではない。二〇一八年の九月に太子駅でこの言葉を叫んだとしても、それに呼応する人はわずかだっただろう。この言葉はもともと、急進的な主張で注目を集めた若き反体制活動家、梁天琦《エドワード・リョン》が二〇一六年に自身の選挙キャンペーンのスローガンとして使用したものだった。失地回復を意味する「光復」と、政権転覆を示唆する「革命」という語を含むこのフレーズは、当初は過激な言説として受け止められた。そのため穏健な民主派からも敬遠され、急進派の狭いサークル内でのみ支持を得る言葉でしかなかった。[2]

この言葉が香港におけるデモの象徴となるほどに広がるまでの間に、いったい何が起きたのだろうか。この背景を無視して、ただ言葉それ自体を統制し、それを口にする人々を排除したとしても、正しい情勢の理解や根本的な問題の解決にはつながらないだろう。この八文字に煽動的な力を与えていたのは、その内在的意味ではなく、おそらくそれを取り巻く社会的背景のほうだったからである。

危機前夜の香港

梁天琦をはじめとする急進派は、香港自体のローカルな利害を重視する立場から「本土派《ローカリスト》」と呼ばれ、旧来の「民主派」とは区別された。一九八九年、北京の天安門広場での学生運動に関する支援活動に直接的母体を持つ民主党をはじめ、民主派は中国大陸の人権や民主化の状況にも関心を抱いていたのに対して、本土派はより香港独自の問題に関心を抱いていた。加えて、運動の方法論の上でも、中国政府・香港政府との対話を基調とし、平和的で理性的で非暴力的（平「和」、「理」性、「非」暴力の三語から一文字ずつをとり「和理非」と称される）な示威行動を呼びかける民主派に対して、梁天琦らは、政府の暴政に対抗するには、実力行使や武力の使用も辞するべきではないと主張し、「勇武」を標榜していた。

二〇一四年、「和理非」派が主導した路上占拠運動、通称「雨傘運動」が、普通選挙実施の要求を政府に認めさせることができないまま強制排除されると、急進派の主張は旧来の民主派に失望した若年層の支持を集めるようになった。そして急進勢力の台頭により、反体制派内部での路線対立が深刻化した。本土派は、穏健路線をとる民主派を「地に足がついていない」「凝り固まった左翼（左膠）」として攻撃し、彼らの支持者の中には、民主派候補への投票をよしとせず、投票の棄権や体制派への投票を呼びかける者すらいたとされる。

政府もこの状況を利用し、急進的勢力を議会から排除することで、反体制派の切り崩しを図った。二〇一六年の立法会選挙では、本土派の候補者二名が当選を果たしたが、「中華人民共和国香港特別行政区」への忠誠を誓う就任宣誓を適切に行わなかったとして議員資格を停止されている。[3]民主派政治家は弾圧の対象となりつつある急進勢力と距離をとり、急進派の支持層は、ますます彼らの態度や、既存の議会制度に失望していった。二〇一九年の抗議運動が本格化する直前、五月に刊行された論考の中で、政治学者の倉田徹は、こうした反体制派内の対立を香港の民主化運動の発展を阻む「厚い壁」の一つとして指摘している。[4]

そのような状況においては、香港において再び反体制派が団結して大規模な抗議運動が起こることも、ましてやそこで急進的なスローガンが大衆的な支持を得ることも、予想できなかった。「光復香港、時代革命」という八文字が持ち得た煽動的な力も、それに触発されて抗議運動に身を投じた群衆も、はじめから存在したのではなく、二〇一九年六月以降の抗議運動の具体的な展開の中で、段階的に生じてきたのである。

燃え広がる火種

六月九日　逃亡犯条例改正問題と一〇〇万人デモ

当初、この運動の支持者に共有されたスローガンのようなものがあったとすれば、「反送中」だけだった。「送中」つまり「中国送り」に反対するという意味の言葉で、のちにこの運動そのものを指す名称としても用いられるようになる。「送中（sung zung）」の発音は、人の死を看取ることを意味する「送終（sung zung）」にも通じるため、この「反送中」という標語には、「中国送り」を可能にするこの法律が、香港の死につながるという危機感も込められていた。

香港政府が逃亡犯条例改正の意思を公にしたのは、二〇一九年二月のことだった。条例改正の直接的な契機となったのは、遡ること一年前の二〇一八年二月、香港人男性が旅行先の台湾で交際中の香港人女性を殺害したのち香港に逃げ帰った事件である。一九九七年に制定された既存の「逃亡犯条例」では「香港以外の中華人民共和国」への身柄引き渡しを行わないことが明記されており、事件の容疑者を香港から台湾（中国政府の見解では「中華人民共和国」の一部である）に引き渡すことはできなかった。香港警察はこの男性を、女性のキャッシュカードを不正利用した罪などで逮捕したが、管轄権のない台湾で行われた殺人の罪で彼を逮捕、起訴することはできなかった。

そのため、政府はこの除外規定を削除する法改正を行って、事件を解決することを提案した。しかし、それは必然的に台湾だけでなく、他の「香港以外の中華人民共和国」、つまり中国大陸への容疑者の身柄送致を許可することにもなる。事実上、香港にいる容疑者を中国大陸に送り、大陸側の法律で裁くことを可能にするこの法改正は、返還以降も「一国二制度」の下で守られてきた香港独自の司法体系を骨抜きにするものであるとの反発を招き、民主派政党や活動家は抗議活動を開始した。

この運動は、はじめから大規模な支援を得ていたわけではなかった。たとえば、二〇〇三年以来、毎年七月一日の返還記念日にデモを主催してきた著名民主派団体の「民間人権陣線（民陣）」は、二〇一九年三月三一日にデモ行進を行っているが、そのときの参加者は主催者発表で一万二〇〇〇人だった。四月二八日に再び行われた行進の参加者は、大幅に増加しているものの一三万人程度で、二〇〇三年に民陣が主催し、当時五〇万人を動員したとされる二三条立法反対デモの規模には遠く及ばなかった。

しかし、法案が審議入りする二〇一九年六月一二日の直前の日曜日である六月九日に民陣が主催したデモ行進は、一転して桁違いの規模となり、一〇三万人が参加したとされる。香港の反送中運動が国際的なメディアの注目を集めたのも、このデモ行進以降のことである。

香港の政治学者らは、この日の大規模動員を可能にしたのは、民陣などの著名な政治団体の求心力ではなく、草の根で展開されてきた雑多な市民たちによる「下からの総動員」であったと分析している。

それによれば、法案の審議入りが近づいた五月後半以降、香港各地の学校の同窓会や、業界団体が、法案改正に抗議する独自のオンライン署名活動を開始した。この署名運動は弁護士、銀行家、会計士、ジャーナリスト、医師、看護師、IT関係者、工場労働者などの業種にも広がり、さらに学校の保護者会、キリスト教団体や住民組織などにも広がっていった。こうした署名活動は六月初旬までに四八七件が行われ、合計で二七万人以上の署名を集めていたという。[5]

返還後最大規模となった二〇一九年六月のデモ行進には、こうした草の根の活動を行ってきたさまざまな政治集団が合流していた。たとえばシンボルやスローガンを見ても、この段階では、「反送中」の言葉を除けば、強力な凝集力を持つ、統一された服装や標語はまだ存在していなかった。のちに抗議運動の中心的な要求となる「五大要求」も存在しなければ、「光復香港、時代革命」というスローガンもまだ用いられておらず、人々はただ「送中」への反対という一点のみにおいて集結していたのである。この頃は、デモ隊の象徴となる黒服も定着しておらず、参加者はそれぞれの格好で路上に繰り出していた。

六月一二日「暴動」としての鎮圧

転機となったのが、六月一二日に起こった大規模な衝突だった。法案が審議入りするこの日、採決に反対する市民たちが立法会庁舎周辺に集まり抗議を行ったが、行政長官の林鄭月娥は、これを「組織的暴動の発動」として非難し、機動隊を導入して強制的に排除した。[6]この日、機動隊が放った催涙弾は一五〇発とされ、雨傘運動時の三ヶ月間で使用された総数を大きく上回る。水平射撃された催涙弾やビーンバッグ弾、ゴム弾などにより、多くの負傷者も出た。

居合わせた市民やジャーナリストによって撮影されたこの日の光景は、ソーシャルメディアを通じて香港内外に広く拡散され、抗議運動に関心を抱く人々の間で共有されていった。「反デモ派、警官、機動隊の一挙手一投足」を記録した映像の拡散が運動に関する内外の世論形成に影響を与えたのではないかとの指摘もある。[7]つまりデモ現場における権力側の振る舞いが多くの人に「目撃」されたことで、香港政府や警察に対する反感が強まった、ということである。しかし、この日の出来事が運動に与えた影響は、それだけに止まらない。この日以降、デモ支持者の間で運動に関する膨大な視覚的イメージが共有されたことにより、はじめは雑多な人々の集合として始まったこの抗議運動に、徐々に具体的な凝集点がもたらされていったからである。

現場で撮影された映像のうち、とりわけ人々の注目を集めた場面は、静止画や短いクリップ動画として切り取られたり、インターネット上で活動する有名無名の「絵師」たちによってイラスト化されたりしながら、繰り返し拡散されていった。たとえば六月一二日の強制排除を記録した映像のうち、とりわけ議論を呼び、のちに至るまで何度も二次創作の対象となった場面に、警察官が記者やデモ隊に暴言を吐く様子や、機動隊の前で坐禅を組んでいた活動家が連行されていく様子、武力の使用を止めるよう大声で懇願していた丸腰の中年女性が至近距離で催涙スプレーの噴射を受ける様子などがある。

これらの場面は、二次創作の中で反復されることにより、政府や警察の対応に不満を抱く人々の間で何度も反芻されていった。デモ現場の光景は、中継映像を通じてただ一度限り目撃されたのではなく、こうした加工を通じて、何度も繰り返し目撃されていったのである。同様のパターンは、以降も反送中運動の期間中、幾度となく繰り返された。反復されるデモの光景は、デモを支持する人々が共有する共通のシンボル群を形成していった。

図 1-3　黄色いレインコートの男

六月一五日　黄色いレインコートの男

六月一五日、林鄭月娥は、改正案審議の一時停止を発表する。しかし、六月一二日の強制排除に憤る市民たちの抗議の声は止まなかった。

同じ六月一五日には、黄色いレインコートを着た男性が香港島金鐘《アドミラルティ》のショッピング・モールに設置されていた仮設の足場に登り、「送中を全面撤回せよ、我々は暴動ではない、学生と負傷者を釈放せよ、林鄭辞職しろ」と書かれたバナーを掲げたのち、転落死する事件も起きた。報道によれば、男性は梁凌杰という名前で、かつて雨傘運動に参加した経歴があり、六月一二日の抗議運動にも参加していた。男性のレインコートの色であった黄色は、雨傘運動の際に民主派の象徴となった色である。

梁凌杰が転落死するまでの数時間の様子は、ネットメディアやソーシャルメディア上で報道、中継されており[8]（図1－3）、現場には飛び降りを阻止するために、民主派議員や市民も駆けつけていた。彼の死が伝えられると、ソーシャルメディア上では、自身のプロフィール・アイコンを黒一色の画像に変更し、弔意を示す動きが広がった。彼を描いたイラストをソーシャルメディア上に投稿する人もいた。そういったイラストの中には、「彼の代わりに、歩み続けよう」「彼の代わりに私たちであの未完の抗争を終わらせよう」「死者に安息を、決して忘れるな、一六日に私たちの戦いを終わらせよう」といった抗議の精神を引き継ぐことを呼びかける文言が添えられたものもあった。[9]

「一六日に」とあるのは、翌六月一六日の日曜日、最初の一〇〇万人デモから一週間後となるこの日に、民陣が再度大規模デモを呼びかけていたためである。民陣が追悼のために、黒いシャツに白いリボンをつけてデモに参加するよう提案していたこともあり、この日の参加者はほとんどが黒服を着て行進を行った。以降、黒い服は反送中運動参加者の象徴として定着するが、その直接のきっかけとなったのはこの日のデモであった。まだ統一感を欠いていた六月九日のデモとは異なり、この六月一六日のデモは、梁凌杰の死をきっかけに、まさに一色に染められたのである。

軍政下の韓国における全泰壱の事例から、二〇一〇年チュニジアのジャスミン革命の発端となったモハメド・ブアジジの事例まで、抗議の自殺が民主化運動を駆動する象徴となった例は、世界的には珍しくない。[10] しかし、香港におけるこれまでの民主化運動は、そのような「烈士」とは無縁だった。雨傘運動直後の二〇一五年に発表されたオムニバス映画『十年』には、焼身自殺者を扱う『自焚者』(邦題『焼身自殺者』)というエピソードがある。劇中には「香港が民主を勝ち取れていないのは、まだ誰も死んでいないからだ」と語るセリフもあった。同映画は、公開から一〇年後の二〇二五年を舞台に、中国中央政府の統制がよりいっそう進んだ香港の未来を悲観的に描くディストピア映画だった。当時、政治状況が極限まで悪化したら起こりかねない可能性として想像されていたにすぎなかった死をもって抗議する活動家の登場は、わずか四年後、現実のものとなってしまった。梁凌杰の死後、同作の監督である周冠威《キウィ・チョウ》は「『自焚者』は、我々が見たくないと思う未来を描いたものでした。残念ながら決して見たくはないと思っていたシナリオが現実のものとなってしまい、悲嘆に暮れています」とコメントを発表している。[11]

六月一六日　五大要求の誕生

六月一六日のデモの参加者数は、民陣によって「二〇〇万人＋1」と発表された。主催者の概算に基づくものだが、二〇〇万人という数字は、一九八九年五月末に行われ一五〇万人が参加者としたとされる天安門広場での学生運動を支援するデモ行進を上回る、香港の史上最大の規模である。「＋1」とは、前日に死亡した梁凌杰を示している。

また、民陣はこの日、①逃亡犯条例改正案の完全撤回、②六月一二日の立法会庁舎外での衝突を「暴動」と称した政府の見解を撤回すること、③デモ参加者を逮捕・起訴しないこと、④警察による権力濫用の責任を追及するための第三者委員会の設置、⑤行政長官の辞職、という五か条の要求を発表した。のちにデモ隊の中心的要求である「五大要求」として定着するものであるが、このうち①、②、③、⑤は梁凌杰が掲げたバナーの内容とほぼ一致している。

民陣も「五大要求」が梁凌杰の抗議バナーに由来することを認めている。六月九日のデモから一周年にあたる二〇二〇年六月九日、彼らはFacebook上に以下の声明を発表した。

我々が現在口にする五大要求とは、民陣が公布したものではなく、その雛形を最初に示したのは梁凌杰氏である。梁氏は〔死の現場となったモールである〕パシフィック・プレイスに標語を掛け、彼の追求する五つの理想を掲げた。香港人は、ここに五大要求の基礎が固められたと深く同意している。／もしもこの運動にリーダーがいるとすれば、それは立法会議員でも民陣の呼びかけ人でもなく、梁氏である。[12]

内外のメディアによって「リーダーのいない」「脱中心的」なデモであったことが強調された反送中運動の性格は、このような運動の象徴的な標語やイメージの生成過程にも見てとることができる。「五大要求」というスローガンや、運動の制服としての黒い衣服は、死の前にはまったく無名であった一人の抗議者の行動をきっかけとして生まれたのである。誕生したシンボルを拡散し、普及する役割を担ったのも、無名の抗議者たちだった。「五大要求」の宣伝用に作成され、日本語版も含む各国語版も作られるなど大きな影響力を持ったアニメーション動画があるが、これを作成したのは「一群熱愛香港的創作人〔香港を熱愛するクリエイターたち〕」を名のる匿名集団だった。[13]

六月二〇日に投稿されたこの動画には、それまでソーシャルメディア上で拡散されていたデモの光景が詰め込まれている。たとえば六月一二日の抗議運動を「暴動」とみなした政府の見解の撤回を求める箇所では、先述した路上で坐禅を組む人や、警察に詰め寄る人が排除される場面が描かれる〔図

1－4、1－5）。ほかにもデモ隊が「暴徒」ではなかったことを強調するためか、一六日のデモの際に路上の群衆が救急車に道を譲った際の光景も挿入される。いずれもすでに動画や静止画を通じて広く拡散され著名となっていた場面だが、同動画では、単にそれらの映像を忠実にトレースするのではなく、複数の中継映像や報道写真をとりまとめ、一部を想像で補いながらアニメーションとして再構成している。

動画の最後には、五大要求の書かれた黄色いバナーを掲げる黒服の群衆が映し出されたあとに、抗議のバナーとともに高台に立ち、群衆を見下ろす黄色いレインコートを着た人物の後ろ姿が描かれる。もちろん、これも現実の光景ではなく、「二〇〇万人＋1」が参加したデモ行進の光景を象徴的に描

図 1-4　路上で座禅を組むデモ参加者を排除する警察

図 1-5　警察を説得しようとして催涙スプレーをかけられる女性

図 1-6　アニメーションに描かれた黄色いレインコートの男

いたシーンだが、レインコートやバナーに書かれた文言は、その字体まで含めて、現実の中継映像に即して写実的に描かれているのも見て取れる（図1-6）。

このように、反送中運動の光景は単に無加工の記録映像としてのみ流通したのではなく、その場面を基本的には写実的に再現しつつも、一部は想像力で補い、他の場面とも自在に組み合わせながら再構成していくクリエイターたちの働きを通じて、運動を象徴するイメージとして拡散していったのである。

デモ現場において共通の光景を目撃することが、異なる背景を持つ参加者の間に一時的な連帯感をもたらす現象は、他地域の政治運動の研究においても指摘されている。二〇一一年のエジプトにおける革命運動を検討したある論考は、運動の主要な舞台となったタハリール広場に立ち込めていた熱気や怒りや恐怖などの感情体験が共有されたことで、左派やコプト教徒、ムスリム同胞団らからなる多様な参加者たちの間に「予想外で前例のない集合体」が生じたと分析している。[14] ソーシャルメディアを通じた映像の双方向的拡散が容易な今日においては、こうした出来事の目撃は、必ずしもリアルタイムな実体験である必要はない。エジプトの革命運動に関しても、警察に撲殺されたとされる青年の写真がFacebook上で拡散されたことが大きな役割を果たしたことが強調されてきた。[15]

またそうしたシーンは、必ずしも記録的な実写映像である必要もない。韓国のセウォル号沈没事故の犠牲者をめぐる追悼運動を取り上げたある研究は、事故を描いたイラストが抗議現場やインターネット上で拡散されたことが、事件に関心を抱く人々の間に「共通の視覚指標（communal visual indexes）」を生み出し、「見知らぬ人々の間に相互理解と愛着の感覚」を醸成していったと指摘している。[16]

香港の事例も同様に、単に抗議運動の現場での出来事だけでなく、その場面を記録した動画や写真、さらにそれを再創造したイラストや記号によっても駆動されていたのだろう。

乗り越えられた分断

六月二一日　路上に溢れるシンボル

六月九日以来の運動の展開を、私は日本から、メディアの中継や報道、ソーシャルメディアの投稿を通じて眺めていた。メディアを通じて流通するイメージの役割を強調したくなるのも、そうした私自身の体験ゆえ、という側面もあるのかもしれない。しかしそういったシンボルは、バーチャル空間においてのみ拡散したのではない。

六月二一日、一連の抗議運動の活発化以来、初めて香港を訪問すると、政府庁舎のある金鐘周辺の幹線道路はデモ隊によって封鎖され、占拠されていた（図1-7）。この日は、六月一五日に死去した梁凌杰の初七日にあたり、路上には臨時の祭壇も設けられていた（図1-8）。集まった黒服姿の群衆は、焼香をしたり、蠟燭を捧げたりして彼の死を悼んでい

図1-7　金鐘の路上の群衆。右手に梁凌杰の転落死の現場となったショッピング・モールの足場が見える

図 1-8　金鐘の路上に設けられた慰霊碑。中央にショッピング・モールの足場に立つ男の写真があり、右端に黄色いレインコートも見える

図 1-9　金鐘のレノン・ウォール

た。雨傘運動時にもよく見られた、人々がメッセージを書いたメモ用紙を貼り付ける「レノンウォール」も、再び現れていた（図1-9）。壁に貼り付けられた紙片の中には、政府や警察を糾弾するメッセージのほか、それまでの運動の場面を描いたイラストや、「五大要求」などのスローガンを書きつけたものも多く見られた。

当初は金鐘のみにあった「レノンウォール」は、次第に香港各地に広がり、香港中の地下道や歩道橋に、抗議運動に関連したイラストやメッセージが次々と貼り付けられていった。ソーシャルメディア上で拡散されていたイメージや文言は、現実空間にもフィードバックされ、さらに広まっていったのである。

七月一日「平和な行進など無意味だ」

黄色いヘルメットとガスマスクをつけた若者が、棒や台車を手に、立法会庁舎のガラス壁への突撃を繰り返している――短期間の訪問を終え、日本に戻ったあとの七月一日、私が中継映像を通じて目撃した光景だ。正直なところ、あのとき、もうこの運動は終わりだろうという印象を抱いたことを覚えている。一部の「過激分子」が暴力的手段に訴えたことにより、平和な抗議を求める市民や活動家からの支持は失われ、これまで多様な人々を巻き込んでいた抗議運動の連帯意識は完全に瓦解するだろう、と思ったからだ。しかし結果は違っていた。この日の出来事以降、デモを支持する人々の間では、むしろ変わらぬ団結を強調する標語やシンボルが次々と生み出され、拡散されていったのである。

この日は香港の返還記念日であり、政府による返還記念式典と並行して民陣が主催する民主派デモが毎年の恒例となっていた。二〇一九年も民陣はデモ行進を企画し、逃亡犯条例改正案の完全撤回を含む「五大要求」を再度提示していた。六月九日、一六日と同じ出発点から香港島を練り歩いたこの平和的なデモ行進の裏で、別行動をとっていた抗議者が立法会内部への強行突入を試みていたのである。その様子は、メディアによって長時間中継されていた。

夜になってようやく強化ガラスを突破した彼らは、立法会内部の設備を破壊し、「暴徒はいない、暴政あるのみ（沒有暴徒只有暴政）」などのメッセージを掲げ、「香港人抗争宣言」と題された宣言文を読み上げた。宣言の内容は、多くの負傷者や「殉道」者を出しながら、香港市民が改正案への不満を表明してきたにもかかわらず、政府がこれを黙殺してきたことを非難し、あらためて五か条の要求を突きつけるものだった。この要求は、おおむね民陣が六月一六日以来提示してきた「五大要求」と同一だったが、第五条が林鄭月娥行政長官の辞任から「行政令による立法会の解散と二つの真の普通選挙（行政長官と立法会全議員を選出する普通選挙）の実施」に変更されていた。

香港の反体制派の内部には、かねてより対話路線、非暴力路線をとる旧来の民主派主流層と、急進的思想を掲げ、とりわけ雨傘運動以降に躍進した本土派との対立があった。前者を「和理非（平和・理性・非暴力）」、後者を「勇武」と呼ぶ。民主派団体が主催する平和なデモ行進が行われたのと同日、別の集団が立法会庁舎への強行突入と破壊行為に出てしまったことは、まさにこうした路線対立を象徴する出来事のように思われた。

報道によれば突入者が立法会内に残した落書きには、非暴力路線が成果をあげられないことへの苛立ちを示すものや、本土派的主張への賛同を示すものも見られた[17]。ある柱には「平和な行進など無意味だと、教えてくれたのはあんただろ」という文言が書かれていた。「Hong Kong Is Not China」という標語もあちこちに書かれていた。後者は二〇一六年の立法会選挙で当選した本土派議員二名が就任宣誓時に掲げた旗に書かれていた文言である。二人が、この宣誓時の態度を問題視され、のちに議員資格を停止されたこと、それにより本土派支持層が議会不信を強めたことはすでに触れたとおりである。

「梁天琦《エドワード・リョン》を釈放せよ」という書き込みもあった。梁天琦とは、すでに取り上げたとおり、本土派の著名活動家である。二〇一六年の旧正月、彼は路上販売店の取り締まりをきっかけに警察と衝突を起こして暴動罪で逮捕され、当時収監中だった。二〇一九年七月一日、立法会に突入した者の一人は、のちに民主派ウェブメディア『立場新聞』の取材に対して、この梁天琦らの活動に触発されたことが突入の動機だったと語っている。

オキュパイ・セントラル〔雨傘運動〕が最終的に排除されたとき、僕はここで行われたすべてに、二度と関心を持つことはないと思った。しかしそのとき現れたのが梁天琦と黄台仰〔梁天琦と同じ政党に所属していた活動家〕、そして「魚蛋革命」〔梁天琦らの暴動を指す俗称〕だ。頭をガツンとやられたような衝撃だった。彼らのメッセージはこうだった。「絶望することはない。ある方法をやってダメでも、別の方法を探せばいいじゃないか」[18]

このような証言や、立法会に残された書き込みから見ても、七月一日の出来事が、主流民主派の非暴力路線に不満を抱く層が中心となり起こした事件であったことは明らかだった。そのため、これを機に雨傘運動以来の反体制運動内部の対立が再び表面化したり、暴力的行為を嫌う層が抗議運動から離れていったりする可能性も大いにあった。政治学者の葉健民は、この事件の発生当初、体制派は密かに顔を綻ばせ、そのような「民意の逆転」の展開を期待したであろうと推察している。[19]

「不割蓆」という決断

しかし、実際には、そのような民意の逆転は起こらなかった。穏健的な民主派の著名活動家たちも、突入者の行為を断罪せず、抗議運動の連帯を維持することを選んだ。民陣と民主派立法会議員は、事件発生当日の深夜に連名で声明を発表し、「林鄭月娥は（…）今に至るまでなんの回答も対話の誠意も見せず、社会に向き合うことを拒絶し、市民の要求を無視し、それにより若者を絶望に追い込んでしまった」と政府による対応のほうを非難している。[20]

過激な行動に出た抗議者への連帯の表明が、一定の政治的リスクを伴う決断であったことは言うまでもない。直接的な武力を用いた抗議は、当局側に弾圧を正当化する理由を与えることにもなる。民主派の政治家たちが、そのことに無自覚であったとは思われない。二〇一九年以前、彼らはまさにそういった憂慮から、当局による弾圧の対象となりつつあった急進派と自らを区別し、既存の政治体制内での影響力を保持することを選んだからである。そのことが本土派支持層と旧来の民主派の間に溝を生んでいたことは、これまでに見てきたとおりである。

こうした主流民主派の急進派勢力との決別は、広東語では「絶交する、関係を断つ」という語源を持つ慣用句である「割蓆」という言葉を用いて表される。立法会突入事件の直後、政府や体制派政治家は、穏健的な民主派に対してしきりに「暴力との割蓆」を呼びかけていた。既存の反体制派内部の対立を再燃化させることで、運動の瓦解を図っていたのだろう。

しかしこのとき、民主派議員たちは、急進派との「割蓆」をしないことを選んだ。この七月一日の事件以後、デモを支持する層の間では、立場を問わず、「不分化、不割蓆（分化せず、割蓆せず）」や「兄弟爬山、各自努力（山を登る兄弟は、それぞれのやり方で努力しよう）」、さらには「核爆都唔割（核爆弾を使ったとして）も割蓆しない）」といった標語がしきりに叫ばれるようになり、方法論上の差異を超えた、「和理非」と「勇武」との連帯が強調されていった。

あとから振り返れば、この決断の結果として、民主派議員たちは、それまで体制内において享受していた限定的な権益も失うこととなった。国安法制定後の二〇二〇年一一月、穏健的な民主派政党である公民党の議員四名が、全人代常務委員会の決定に基づき、議員資格を停止された。これに抗議し、民主党をはじめとする主流民主派政党の所属議員一九名が総辞職し、民主派は立法会におけるほぼすべての議席を失った。主流民主派政治家の大部分は、さらに二〇二一年一月、立法会選挙のための予備選挙を組織し、政権転覆を図った疑いで逮捕されている。

「不割蓆」という決断が彼らにもたらした重すぎる代償について、あるいは「暴力」と手を切ることができなかった運動のその後の命運について、後知恵を語るのは簡単である。しかし事実として、急進派と手を組む危険性を誰よりも承知していたはずの民主派議員たちが、それでも彼らを非難せず、見捨てないことを選んだのである。当時の香港には、それだけの重い決断を後押しするだけの空気があったのだろう。

ひとりも欠けてはならない

突入者たちの行動への一方的な非難が控えられた背景には、おそらく彼らが抱えていた強い感情や覚悟への共感があった。地理学者、評論家である梁啓智は、事件後に発表された「彼らは突撃していたのではない、自殺していたのだ」と題された論稿の中で、初めて突入を知ったときの自分や周囲の反応について、以下のように振り返っている。

突撃が始まったとき、彼らの目的について、私はかなり困惑した。(…)私のまわりの友人も同じように困惑していた。当時、ネット上には二種類の声があった。一つ目は、彼らはバカだ、突撃するにしても今じゃないだろう、あれではまさに政府が批判する「暴徒」そのものだ、この運動のポジティブなイメージに影響が及んでしまうではないか、などというもの。二つ目は、彼らはスパイに違いない、親政府派に送り込まれたチンピラで、まさにそのような形でこの運動のイメージを破壊することが目的なのだろうというものである。しかし次第に、現場から、第三の声が伝わってきた。[21]

「第三の声」とは、突入者たちは政府の無回答に痺れを切らし、自らの命を投げ打ってまで状況を打開しようとしているらしい、と伝えるものだった。梁啓智は現場にいたソーシャル・ワーカーの言葉を引いて、こう書いている。

彼らはスパイではなく、決死隊だった。十数人が、自らの命を犠牲にしなければと覚悟していた。昨晩「鍋底」〔立法会庁舎外のデモエリアの通称〕で夜通し見張りをしているときに、若者たちの話し合いが耳に入ってきた。九人が手を挙げて、決死隊に志願していた。彼らは自殺しようとしていたのだ。ただ異なる方法での自殺を選んだだけだった。

メディアの中継映像からも、突入者たちの覚悟と決意がうかがえた。突入を思いとどまらせようと、現場に赴いて説得を試みる人々もおり、彼らと突入者のやりとりも映像に残されている。当時、民主派議員であった毛孟靜《クラウディア・モウ》が涙ながらに「突入して暴動罪が成立したら、一〇年刑務所かもしれない」と語りかけたのに対し、突入者の一人が「覚悟の上だ、もう三人も死んでるんだ」と答えた場面は、ケーブル・テレビ局によって中継され、ソーシャルメディア上でも広く共有された。

死んだ「三人」とは、六月一五日に転落死した梁凌杰と、六月末に相次いで抗議の書き置きを残して死を選んだ二人の二〇代の女性を指している。そのうちの一人である香港教育大学の学生は、「この小さな命と引き換えに二〇〇万人の願いを勝ち取れたらと願う」と書き遺していた。運動が三人の死者を出してしまったことへの憤りは、立法会に侵入した突入者が読み上げた「香港人抗争宣言」でも言及されており、突入の主要な背景の一つであったことが推察される。

梁凌杰の死以降、連鎖したこれらの自死により、若年層の抱える絶望感への共感や関心も広まっていた。香港教育大学で行われた追悼集会では、「一個都不能少（一人も欠けてはならない）」というバナーが掲げられていた。この文言はさらなる自死を防ぐことを呼びかける標語として、以降繰り返し用いられた。ソーシャルメディア上で抗議のための自殺を仄めかす投稿がなされた際に、ソーシャル・ワーカーやボランティアが、これを未然に防ぐために市中に捜索に出かける光景も見られた。

立法会庁舎への突入と破壊という「暴力」行為にもかかわらず、実行者への非難が広がらなかった背景には、そうした一連の出来事により、若者たちの抱える危険な絶望感や焦燥感への理解が幅広い社会層に共有されていたためだろう。返還後香港の社会運動に造詣が深く、香港中文大学の教員として若い学生に接する機会も多い小出雅生は、七月一日の事件の印象について、以下のように書いている。

この衝撃は忘れられない。わたしは普段から学生たちに接しているため、そういう考えの学生がいることは知っていたが、本当にやるとは思っていなかった。それを聞くたびに、「いや、ちょっと落ち着こうよ」などといってきた自分にショックを受けた。止めに入った民主派の議員もそうだろうが、彼らをそこまで追い詰め、命がけで危険なことをやらせてしまった大人世代の力不足を思い知らされたように思う。(…)これ以上先延ばしにすることは、若い世代にさらなる大きな負担を押しつけることでもある。実際、今回の衝撃とともに、彼らにとてつもなく大きな借りをつくってしまった気さえする。この事件以降、まさにパンドラの箱を開けたごとく週末ごとにデモが行われ、あらゆる世代が参加している。[22]

一緒に来たから、一緒に逃げる

七月一日の一連の出来事の中で、事件に対する人々の心象に特に大きな影響を与えたと思われるシーンがある。それは、深夜に行われた決死隊救出の様子だった。

突入者たちの行動開始時、立法会の内部には武装した警察が控えていたが、彼らはその後撤収していたため、デモ隊が突入したときには庁舎内は無人だった。

夜になり、警察は、深夜零時に立法会に再突入して強制排除を行うと発表した。この発表を受けて、多くの突入者やメディア関係者は撤退を始めたが、死を覚悟した数名の決死隊は庁舎内に残る意思を示した。結局、予告された再突入時刻の直前、他の参加者が抵抗する決死隊を担ぎ、現場から脱出したため、警察との衝突は避けられた。

この一連の脱出劇はネットメディアを通じて中継されており、その模様を人々は固唾を呑んで見守っていた。なかでもとりわけ注目を集めたのが、『立場新聞』の記者と救出隊の少女とのやりとりだった。

少女「Telegramで、四人が死のうとしてるって知って（戻ってきました）。一緒に来たんだから、一緒に帰ろうって」

記者「（泣きながら）もう今一二時の、警察のデッドラインが迫ってるのに、怖くなかったんですか？」

少女「みんな怖いですよ！（泣きながら）でも明日になって、もう四人に会えなくなるのが怖いから、一緒に来たから、一緒に逃げなきゃ［一齊嚟、一齊走］」

翌日の民主派メディアには、この場面が生んだ「感動」を伝え、デモ隊同士の団結を強調する記事が相次いで掲載された。

林鄭政権がいまだ正面から民衆の「反送中」の要求に応えないなか、数百名のデモ隊が昨夜一時的に立法会を占拠した。今回のデモには指導者がおらず、力を残して抗争を続けるか、現場を死守し収監されるかという生死の分かれ目をめぐり、一度は路線が分かれた。しかし最後は「一緒に来て、一緒に逃げる」の原則の下に、警察が午前零時に強制排除を行う瞬間、デモ隊は団結して、死を決意した五名の戦友を担いで逃げた。（…）みな香港人なのだ、一人も欠けてはならない。

（『蘋果日報』）

> 歴史上の多くの事件は、起こったあとになって初めて、その最も重要な意味が見えてくる。／私は今回の立法会行動の最、最、最大の意義は、撤退の場面にあったと思う／（…）多くの人が予想もできなかった今回の立法会突入から生まれたこの救出劇は、若者への明確なメッセージとなったはずだ。我々は、もう一人も欠けてはならないのだと。（…）我々は一緒に始めたのだから、終わるまで一緒だ。一人欠けることもあってはならない。
>
> （『衆新聞』）

少女が発した「一緒に来たから、一緒に逃げよう」という言葉は、さまざまな記事や投稿に用いられる流行語となった。黄色いヘルメットをかぶり、黒いシャツを着用したデモ隊が決死隊を救出する様子を描いたイラストも数多く作成された[23]。

こうして、分化の兆候となるかと思われた一部のデモ隊による急進的な行動は、デモ隊同士の連帯や、分化の阻止という原則を確認する標語やイラストが多数作られるきっかけとなった。この「不分化」という合意がデモ支持者の間で鉄の掟として共有されたことで、その後「勇武」による行動が過激化の一途をたどっても、市民たちの彼らへの支持率が大幅に減少することはなく、体制派が期待したであろう「民意の逆転」が生じない、特異な政治的状況が生まれたのである。

「文宣」という運動戦略

ここまでの展開から、のちまで続く反送中運動におけるシンボル生成の典型的な流れが見えてくる。まず、大手メディアや小規模なオンラインメディア、あるいは居合わせた市民たちによって大量にデモの場面が動画や写真に記録され、インターネットを通じて共有される。続いて、そうした記録映像の中からとりわけ印象的なシーンが抜き出され、イラストや画像、あるいは標語として加工される。そして、それらの標語やイラスト、写真を織り込んで二次創作された画像が、ソーシャルメディアや路上のレノンウォールを通じてさらに拡散され、運動の中で起こった出来事を広く世間に伝えていく。

こうした画像や言葉の拡散は、抗議運動の戦略の一つとしても位置づけられ、広東語で「文宣《マンシュン》」、すなわち文字を通じた宣伝と呼ばれていた。文宣の一環として共有された情報には、その名のとおり、運動の大義を周知する呼びかけもあった。たとえば、香港の人々に対して具体的なデモ活動などの日程を呼びかける投稿や、クラウド・ファンディングを通じた海外の新聞への広告記事の掲載などがそれにあたる。国安法制定後の香港・中国当局は、デモ支持を呼びかける内外への宣伝行為を「煽動」や「外国勢力との結託」として問題視し、取り締まりを強めていくことになる。

しかし、実際に「文宣」として流通したイラストや標語の大部分は、宣伝と呼ばれてはいるものの、これまで見てきたように具体的な運動期間中の出来事や発言を記録したものであり、具体的なメッセージ性は希薄だった。また、それらのシンボルは、当然、そのもととなる出来事やそれに至るまでの展開を知らない者には到底理解できず、外部者に対する宣伝や煽動としての効果は、おそらくあまりなかったはずである。たとえば黄色いレインコートや「一緒に来たから、一緒に逃げる」といったシンボル、標語は、六月一五日の梁凌杰の死や、七月一日の立法会脱出の光景を記憶する者にとってのみ、特別な感情的重みを持ち得る。つまり文宣とは、すでに運動に対して一定の関心を示す層にとりわけ響く、特殊な「宣伝」だった。

帰属の確認

反送中運動を取材したジャーナリストの野嶋剛は、デモの現場でしばしば叫ばれた「香港人加油(香港人、がんばれ)」というスローガンに「何か普通ではない」ものを感じたという。旧来の香港における政治活動の標語は、天安門広場での学生運動の名誉回復を訴える「平反六四」にせよ、普通選挙を要求する雨傘運動の「我要真普選」にせよ、政府に何かを要求するものだった。しかし、このスローガンは、デモの主体である「香港人」が同じ「香港人」に呼びかけるという再帰的な構造を持っている。野嶋はそこに、運動主体の「帰属の確認」というこれまでのスローガンとは異なる機能を見出している。[24]

このスローガンは「香港人」という「上の句」と「加油」という「下の句」に分かれており、掛け合いのような形で唱えられることが多かった。本章冒頭で言及した「光復香港、時代革命」と同様である。反送中運動の期間中には、夜中のある時刻に高層アパートの窓を開け、近隣の建物の人々とスローガンを叫び合う活動も行われていた。運動に共感を抱く人々が、互いに呼びかけ合うことで共通の運動への帰属を確認していたのだろう。反送中運動の標語には、対外的な宣伝や政府への要求ではない、運動参加者が互いにかけ合う言葉も含まれていた。

民主派紙『蘋果日報』が、二〇一九年九月二〇日、デモの本格化から三ヶ月を記念する特集号の第一面に選んだのは、運動の場面を写した写真ではなく、「香港人加油」や「光復香港、時代革命」をはじめとする標語の羅列だった（図１‐10）。標語の多くは「落第組の警察だ」「ヤクザ警察、目を返せ」「山を登る兄弟」「七二一には見殺し、八三一には人殺し」「核爆弾でも袂を分かたない」「いつか鍋底でマスクを外して互いを確認しよう」など、直訳しただけでは理解が困難なものである。

図 1-10　『蘋果日報』2019 年 9 月 20 日号付録の特集号の 1 面

この『蘋果日報』の特集号には、運動期間中に市民によって創られ、拡散された「文宣」イラストの一部も掲載されているが、これらの多くも標語同様に、抽象化された表現を含む難解なものである（図１‐11）。運動が長期化し、参加者や支持者が共有する出来事や光景が積み重ねられていくとともに、そこから加工され、生み出されるシンボルも一層複雑化していった。これらの標語やイラストのような「わかる人にはわかる」暗号めいた表現は、それ自体が運動への理解度を測り、仲間とその他を区別するための「合言葉」としても機能する。当初は曖昧模糊とした雑多な集まりであった群衆は、このようなシンボルの生成を通じて、自己を定義するための明確な記号を獲得していったのだろう。そしてその過程において、警察は集団の「敵」として、勇武は仲間や「英雄」として、それぞれますます明確に表象されるようになっていった。

図 1-11 『蘋果日報』2019 年 9 月 20 日号付録の特集号に掲載された「文宣」イラストの例

ささやかな革命

パロディとユーモア

二〇一九年九月上旬、六月の訪問から約三ヶ月ぶりに香港を再訪した。抗議運動の勢いは一向に衰える気配がなく、むしろデモ活動の舞台は、もはや香港全域に広がっていた。雨傘運動を含め、香港における大規模なデモ活動のほとんどは、金鐘《アドミラルティ》をはじめとする香港島側の官庁街や金融街を中心に行われていた。反送中運動の主たるデモ行進や集会も、六月中は香港島に集中していた。しかし七月に入ると、七日に庶民的な下町が広がる香港島対岸の九龍地区で、一四日には郊外の新界地区でデモが開催されるなど、徐々に香港各地に広まっていった（こうしたデモ活動の地理的拡散の背景とその帰結は、第三章でも取り上げる）。

「レノンウォール」も、雨傘運動時には金鐘にある政府庁舎の外壁を指していたが、この頃には香港各地の駅や団地にもローカル版レノンウォールが誕生していた。私がかつて留学中に暮らしていた新界地区のニュータウン大埔《タイポー》でも、駅前の長い地下通路の壁全体が巨大なレノンウォールになり、「レノントンネル」と呼ばれていた（図1‐12）。

九月の訪問時、各地のレノンウォールに目をやると、警察への非難の言葉が多く貼り付けられていた。問題のある行動を起こしたとされる警察官の個人情報を開示するような張り紙もあった。大埔のレノントンネルでは、武装した機動隊が大挙して訪れ、問題のある張り紙を剥がしていくこともあったという。しかし剥がしてもデモ支持者によってすぐまた貼られるので、完全なイタチごっこだった。「一枚剥がしたら一〇〇枚貼るぞ」という張り紙もあった。

図 1-12　「レノントンネル」となった大埔墟駅の地下道入り口

図 1-13　『ライオン・キング』の映画ポスターを模した「撕紙王」の張り紙

大埔レノントンネルの無数の張り紙の中に、当時香港で公開されたばかりだったディズニーの実写映画『ライオン・キング』のポスターを改変した画像を見つけた（図1‐13）。同作の本来の中国語タイトルである『獅子王』ではなく「撕紙王」になっている。紙を剥がすことを意味する広東語「撕紙《シージー》」が、「獅子《シージー》」と同音であることに基づくジョークであり、必死に各地の張り紙を剝がそうとする警察の対応をあざ笑ったものだ。

レノンウォールやソーシャルメディアを通じて流通した「文宣」の中には、このように既存のコンテンツや言説をもとにしたユーモラスなパロディも多く見られた。香港のあるメディア研究者は、二〇一九年七月二〇日の記事でこう分析している。

過去数週間を振り返ると、デモの現場であろうとソーシャルメディア上のプラットフォームであろうと、パロディ標語、政治ジョーク、体制派政党を風刺するFacebookページ、警察や愛国芸能人を茶化す「文宣」を難なく発見することができた。直感的には、社会運動とユーモアは、(…)相容れないものに思える。しかし、香港の過去の社会運動の経験や、また世界各国の抗争の歴史が教えてくれるのは、そこに「ユーモア」は欠かせなかったということだ。(…)かつてジョージ・オーウェルはこう書いている――「すべてのジョークは、ささやかな革命である」[25]

反送中運動の現場には、政府に対する怒りだけではなく、笑いやユーモアもあったのである。もっとも、ジョークやパロディを通じて揶揄の対象となったのは、主として香港警察であり、ユーモアの背景にも彼らに対する憎悪や憤怒があった。警察を対象にしたユーモアの中には、一見、きわめて悪辣に見えるネタもあった。たとえば、九月頃のデモ現場では、〈ロンドン橋落ちた〉のメロディにのせた替え歌がしばしば歌われていた。「落第組の警察だ」「生活のためなら犬になる」などと、警察官の知性や品性を揶揄する歌だ。

この歌にも出てくる「狗（犬）」という言葉は、警察に対する蔑称として広く使われるようになっていた。デモの前線で機動隊に対して犬の鳴き真似をしたり、ドッグフードを置いたりして挑発するデモ参加者もいた。あるラッパーは、二〇一九年六月二五日に放送禁止用語混じりに警察を口汚く罵る楽曲〈屌狗〉を発表している（抗議運動と歌との関わりについては第二章でも取り上げる）。「屌《ディウ》」とは性行為を意味する動詞であり、英語のＦワードと同様に、強い罵倒の意味でも用いられる。

このような良識ある大人なら眉をひそめたくなるような罵倒が「笑い」や「ユーモア」として受け止められていた状況は、理解し難いかもしれない。おそらくひとえに、二〇一九年六月以降、一連のデモ活動をめぐる対応を通じて、それほどまでに警察に対する市民の心象が悪化していたということなのだろう。

解体された香港警察イメージ

元来、香港市民の警察に対するイメージは、決して悪いものではなかった。イギリス領時代には腐敗が蔓延した時期もあったが、一九七〇年代以降に政府が進めた脱汚職キャンペーンや、警察官を主人公とした映画・ドラマの流行により、市民の印象は良化していった。香港警察自身も、返還以降に至るまで、「Asia's Finest（アジア最良）」の部隊を自認し、品行方正なイメージをアピールしていた。

だが二〇一四年の雨傘運動時の路上を占拠する活動家に対する催涙弾の発砲や、強制排除時の諸々の規律違反行為をめぐる疑惑により、そのイメージにも亀裂が入った。しかし、それでもなお市民の香港警察への尊敬あるいは尊重は、一定程度は保たれていたと言える。ある調査によれば、反送中運動が本格化した二〇一九年の六月初旬の段階で、香港市民の警察に対する信任度は六一・〇パーセントと五割を上回っていた。しかし八月初旬には、信任度は三九・四パーセントまで下落する。さらに一〇月初旬の調査では、過半数の五一・五パーセントの回答者が警察への信頼はゼロだと答えている。[26] 六月以降の一連の抗議運動を経て、香港市民の警察に対するイメージは大きく変質してしまったのである。

返還後香港の多くの社会運動を現場で目撃してきた小出雅生は、雨傘運動の頃までは、デモの現場で警備にあたっていた警察官とも、会話をしたり、ハンドサインを交換したりと、一定程度の友好的なコミュニケーションが可能であったと回想している。しかし二〇一九年六月以降、「現場からのインターネットでの映像が多く出回り」「大多数の世論を敵に回してしまった」ことにより、そうしたイメージはすっかり解体されてしまった。[27]

「粗口」――すばしっこい貨幣

二〇一九年六月以降、武装した警官たちのデモ現場でのさまざまな言動を記録した映像が拡散され、警察への不信や敵意を煽る「文宣」やパロディとして二次加工されていった。先述した六月一二日の立法会周辺でのデモの強制排除時には、一部の警察官が記者や市民を口汚く罵る様子が記録されている。

ある中継動画は、「私は記者です」と語るラジオ局の記者に対して、武装した警官が放った「記你老母」という言葉を記録していた。これは「屌你老母（お前の母親を犯す）」というポピュラーな罵倒表現の省略系である「你老母」という言葉を、記者の「記」の後ろにつけた言葉だ。「何が記者だ、このヤロウ」とでも訳せるだろうか。

また別の警官が、ショッピング・モール内に逃げ込んだデモ参加者に対して、「屌你老母」「自由閪」と言い放つ様子を写した動画も広く拡散されていた。「閪《ハイ》」という言葉は、原義としては女性器を意味するが、強い罵倒語としても用いられている。「自由閪」という合成語の意味は判然としないが、「自由」を主張するデモ隊を罵倒する言葉であったことは確かだろう。[28]

「屌」や「閪」のような卑語は、広東語で「粗口」と呼ばれる。「粗口」は、若年層を中心に単に強い感情を表す強意語として常用されるが、もともとは性的な意味を持つ言葉であり、公共の場での使用には強いタブー意識も残る。警察官の口からこのような卑語が飛び出したという事実は、六月一二日の強制排除における道徳性や規律の欠如を示す事例として大いに拡散され、これをネタにしたパロディ画像も次々と作られていった（図1－14）。

「記你老母」は、中継映像の拡散後、

図 1-14　警察が設置したバナーに落書きされた「屌」の文字

図 1-15　金鐘の「記你老母」の張り紙。右に「自由閪」の合字も見られる

直ちにインターネット上で流行語となり、種々のイラストや張り紙にも用いられた（図1-15）。また政府が六月一五日に法案審議の「暫緩（一時停止）」を発表した際には「暫你老母（何が一時だ、このヤロウ）」というプラカードが掲げられるなど、「〇你老母」という言葉はその後も政府、警察の発言を揶揄するためにしばしば用いられる定型文と化していった。

また「自由閪」は、肯定的な意味を持つ「自由」という肯定的な言葉と「閪」という卑語とのアンバランス具合がおもしろがられたのか、運動参加者によって肯定的な自称としても用いられるようになった。性科学者の何式凝は「林鄭よ、自由閪に戻れ」と題された文章の中で、この言葉を「クィア」などと同様に罵倒語から自称に転用された言葉として説明している。

　モラルを欠いた警察の口から出た言葉とはいえ、「自由閪」という言葉はいみじくも正確にこちら側の理想を言い表していた。（…）「閪」は本来女性の身体に対する侮辱であるが、同性愛者が用いる「クィア」や「ゲイ」ももとは同じ由来を持つものであり、受動から能動への身体の自主化の過程を示している。（…）自由な「閪」は、主導的に自己の快楽を勝ち取り、より民主的な素晴らしい将来を勝ち取る。我々は、何をするにも北京の承認を求めなければならず、そのなすがままでしかない体制派の「閪」ではないのだ。ましてや正義のため、未来のために立ち上がった若者たちに冷血にも棍棒を振り下ろし、良心も脳味噌もなくしてそこかしこに（弾を）発射し、（胡椒水を）ぶちまける体制派の「撚［男性器］」ではないのだ。[29]

この言葉を用いたTシャツやプラカードも複数作られ、「自由闔」の三文字を一文字に組み合わせた合字も作られた[30]。

こうした「粗口」をもとにしたパロディは、広東語の俗語に精通し、かつそれがもともと警察によって発せられた状況を知る人にしか理解できないものであり、その点において、はじめから運動に一定の理解を持つ層の間でのみ流通することを期待されたシンボルである。そのことは、これらの標語の「英訳」からもわかる。「記你老母」には漢字の意味を直訳した「Remember Your Mother」、「自由闔」は「闔」の広東語での発音を音訳した「Freedom Hi」という英語が当てられ、イラストなどでもしばしば用いられた。いずれも、事情を知る広東語話者にしか通じない意図的な「誤訳」に基づく内輪向けのユーモアである。

このような「粗口」と政治との関わりは、二〇一九年に始まったものではない。強烈な感情表明を可能にする卑語と、強い意見表明を伴うデモ活動とは、元来相性が良いとも言える。雨傘運動時の民主派は「和理非」に「非粗口（粗口を用いない）」を足して「和理非非」という規則を提唱していたが、あえてそのような規則が必要なほどに、政治運動の現場において粗口の使用が蔓延していたことがうかがえる。雨傘運動後は、若年層を中心に、粗口を通じた意見表明もさらに増えていった。社会学者の張彧暋は、これを、旧来の民主派的な「建前」を忌避して「本音」を求める本土派の台頭と結びつけている。

「粗口」や雑言のような言葉は、他人から距離を置く場合にも、あるいは縮める場合にも使われています。（…）セックスを比喩する言葉だからこそ、憎しみも悲しみも表現できるのです。／（…）昔の民主化運動には、「平和・理性・非暴力」のほかに、「非粗口」という暗黙のルールもあって（!）、この四つをあわせた「和理非非」という「デモ四原則」がありました。／（…）しかし、雨傘運動以来、民主派の失敗を受け、この四原則はむしろ緩められました。本土派の支持者の大半を占める若い世代には、むしろ建前ではない本音の気持ちを伝えられる「粗口」こそが格好よく見えるのです。／「粗口」は品性の観点からは確かによくありません。しかし、香港文化や広東語を深く知ろうとするならば、「粗口」を知ることが必要です。[31]

右の文章は、張と文芸評論家・中国文学者の福嶋亮大との往復書簡形式の書籍からの引用である。福嶋は、この分析への返答のなかで、「粗口」が感情を凝縮してスピーディに流通させる性質に着目して、「すばしっこい貨幣のような言葉」と形容している。[32]

反送中運動では、警察が先に「非粗口」の禁を破ったこともあり、粗口を使用した「文宣」も瞬く間に広まっていった。スピーディに強い感情を伝達する「すばしっこい貨幣」である粗口は、シンボルの中に取り込まれることで、さらに「すばしっこく」広まり、警察に対する憎悪を急速に拡散させていったのである。

七月二一日　記号化する利君雅

警察や政府高官をネタにしたジョークを「ささやかな革命」と呼んだ先述の評論の発表から一日後

の七月二一日、警察に対する印象をさらに悪化させる事件が起きた。郊外の元朗《ユンロン》駅で発生した、白シャツ集団による無差別殴打事件（七二一事件）である。

一〇〇名を超える白シャツ姿の集団が駅構内に乱入し、香港島のデモからの帰宅者も含む利用客や、騒動を聞きつけて現場に駆けつけた民主派議員や記者を殴打したのである。重傷を負った被害者の中には、デモとは無関係に偶然現場に居合わせた調理師の男性も含まれていたことが報じられている。屈強な白シャツ姿の男たちが棒状の武器を手に丸腰の市民を殴打する光景は、国際社会においても衝撃をもって迎えられ、さまざまな憶測も呼んだ（この事件をめぐる疑惑については、第三章においても再び取り上げる）。

香港においては、事件直後から「警察はあえて襲撃を黙認したのではないか」との疑惑が取り沙汰されていた。事件当時の通報に付近の警察が即座に応じず、現場到着が遅れたためである。事件直後、武器を手にした白シャツ姿の男たちと機動隊が談笑しているように見える映像もソーシャルメディアに投稿されていた。到着が遅れた原因を記者に問いただされた元朗周辺地区の指揮官は、「遅れましたか？　時計を見れなかったものでね、すみません」と悪びれることなく答えていた。

警察部門トップを含む香港政府の高官たちは事件の翌朝にそろって会見を行い、事件を「黒社会（マフィア）」による市民への襲撃であるとしたが、記者の中には、こうした疑惑をめぐり、政府高官に厳しく詰め寄る者もいた。なかでも特に注目を集めたのが、パキスタン系香港人記者の利君雅である。[33]彼女は、この事件は警察と黒社会とが癒着した「やらせ（大龍鳳）」だったのではと疑う世論の声を行政長官らにぶつけ、さらに長々とあやふやな回答を続ける行政長官に対して「人語で喋ってください（講人話啦）」（つまり「まともな言葉で答えてください」）と詰め寄った。彼女の言動は保守派からは無作法な振る舞いとして批判を招いたが、政府に不満を抱く層からは称賛され、彼女を描いたイラストが多数作成され、ソーシャルメディアやレノンウォールを通じて拡散された（図1-16）。

図1-16　とある地下道の「レノンウォール」に貼り出された利君雅のイラスト

ある漫画家は八月八日、警察の記者会見に臨む記者を、すべて利君雅に置き換えた風刺画を自身のソーシャルメディアに投稿している。この日の会見では、記者が次々と厳しい質問をしており、インターネット上では「今日の会見では記者が全員、利君雅（のよう）だった」と語られていたためである。七月二一日を転機に、利君雅のイメージは、権力に与しないジャーナリストの象徴として、記号化され拡散されていったのである。

八月三一日　象徴としての日付

七二一事件から約一ヶ月後の八月三一日には、本章冒頭で触れたとおり、デモ隊を追って太子（プリンス・エドワード）駅に突入した警察の機動隊が、駅構内で警棒を振るい、市民を殴り殺したのではないか、という疑惑が生まれた。行為の主体は異なれども、どちらも駅構内や電車内で人々が殴打された事件だったという点で、両者は並べて語られるようになり、「七二一唔見人、八三一打死人（七二一には見殺し、八三一には人殺し)」という対句的な標語も広まった(図1-17)。

この「七二一」や「八三一」のように、運動に関連する印象的な出来事が起こった日付は、それ自体が事件や疑惑を指し示す記号として広く用いられるようになった。こうした日付の象徴化は、二〇一九年デモ以前の香港においても見られたものである。たとえば一九八九年六月四日に北京の天安門事件で起こった民主化運動の弾圧は、香港ではもっぱら「六四」あるいは「八九六四」と呼称され、毎年六月四日には大規模な追悼集会が開催されていた。二〇〇三年の国家安全条例反対デモ以降、毎年の定番となった七月一日の返還記念日デモは「七一遊行(七一デモ)」と呼ばれていた。二〇一四年八月三一日に発表され、雨傘運動の引き金となった行政長官選挙の実施方法についての中国全人代常務委員会の決定は「八三一決定」と通称されている。太子駅での事件のきっかけとなった八月三一日の抗議運動が企画されたのも、この「八三一決定」の五周年にあたる日だったからである。

図 1-17　黄大仙駅前の「721 には見殺し、831 には人殺し」という落書き

「七二一」「八三一」以外にも、反送中運動からは、立法会周辺でのデモが強制排除された日付を示す「六一二」をはじめ、象徴的な日付が数多く生まれた。イラストレーターの阿塗は、二〇二〇年の「六四」記念日前日、こうした日付を列挙した風刺画を投稿している(図1-18)。六四事件の際に撮影された写真で世界的に著名となった戦車の前に立ちはだかる「無名の反逆者」と同じ構図で、香港の警察車両

図1-18　阿塗の2020年6月3日のFacebook投稿のスクリーンショット

の前に立ちはだかる黄色いヘルメットをかぶった黒服の男を対比的に描いたイラストである。天安門版のイラストには「Never forget 8964」と書かれているが、香港デモ版のイラストでは「Never forget 8964612721811831929101111111119」と数字が大幅に増えている。

事情を知らない人には意味不明な数字の羅列かもしれないが、反送中運動にまつわる出来事を記憶していれば、そこに六一二（六月一二日）、七二一（七月二一日）、八一一（八月一一日）、八三一（八月三一日）……と、意味のある日付を読み取ることができる。六月一二日、七月二一日、八月三一日の出来事については、すでに説明してきた。八月一一日は警察のビーンバッグ弾が目に直撃し、女性が片目を失明する事故が起こった日である。以降は「ヤクザ警察、目を返せ」という標語が作られ、手で片目を覆った自撮り画像をソーシャルメディアに投稿することも流行した。九月二九日にも同様の事故が起き、インドネシア出身の記者が失明している。「八三一」に続いて「九二九」という数字が書かれているのは、この事件への言及だろう。続く「一〇一（一〇月一日）」と「一一一一（一一月一一日）」には、警察の実弾発砲によりデモ隊から重傷者が出ている。[34]

風刺画には、こうした解説は一切付されていない。これらの日付は、その日に起こった出来事とともにデモに共感する人々の心に深く刻まれており、数字を見ただけでその意図するところが理解できる人が多くいたからだろう。
二〇一九年の年末、シンガー・ソングライターの方皓玟《シャーメイン・フォン》が発表した楽曲〈人話（人の言葉）〉にも、そんなわかる人にはわかるシンボルが散りばめられていた。タイトルはもちろん、七二一事件翌日の会見における利君雅のセリフを題材にしている。歌詞の内容はあやふやな発言を続ける相手を粗口混じりに非難するものであり、タイトルを踏まえると、一連の政府の対応への批判が込められていることが想像できる。またこの楽曲のミュージックビデオは、七二一事件や八三一事件の中継動画をデジタル加工した映像で構成されていた（表1）。人物や物体の輪郭線のみを強調するような極端なエフェクトがかけられているため、おそらく初見では何が描かれているのか判別できないが、元ネタの中継動画を見たことがある人には一目瞭然である。YouTubeに投稿された同ビデオのコメント欄には、各シーンの元ネタとなった映像を示す「七二一」「八三一」「一一一一」のような数字の羅列や、「これは真の香港人でなければ理解できないミュージックビデオだな」というコメントが書き込まれていた。

このように二〇一九年デモに関連する出来事、とりわけ警察や政府の疑惑に関わる事件は、標語や日付、あるいは具体的な場面を描いたイラストとして抽象化された形で流通し、人々に記憶されていった。さらにそうした共通の記憶を前提として、〈人話〉のミュージックビデオの事例のように、それらを抽象化された形のままで取り込んだ画像や動画も作成されていく。こうして生まれる、既存のシンボルを複数織り込んだ「メタな」シンボルは、理解によりいっそう高度な文脈的知識を必要とし、運動に深く参与する者（当事者の言葉を用いれば「真の香港人」）だけが理解できるという点で、仲間内でのみ通用する内輪向けネタであったと言える。このようなシンボル生成を通じた象徴的出来事の反復

表1　方皓玟〈人話〉のミュージックビデオに用いられている抗議運動の映像一覧

秒数	用いられている映像と引用元
○分一一秒～	二〇一九年八月三一日、警察が太子駅で制圧行動を行い、駅構内や停車中の電車内のデモ隊や乗客を殴打した際の中継映像（八三一事件）
○分一八秒～	二〇一九年七月二一日、元朗駅で白シャツの集団が駅内に居合わせた人々を殴打した事件（七二一事件）の翌日に行われた政府高官会見の中継映像
○分二五秒～	デモの様子を写した中継映像（日付不明）
○分三三秒～	二〇一九年九月に水死体で発見された女性、陳彦霖の生前の姿を収めた防犯カメラ映像。警察は自殺と発表したが不審な点も多く、デモ支持者の間では運動への参加が原因で警察により殺害されたのではないかとの疑惑が取り沙汰された
○分四〇秒～	香港警察の定例記者会見の中継映像（日付不明）
○分四八秒～	八三一事件時の中継映像
一分三七秒～	七二一事件時、体制派議員の何君堯が実行犯と見られる白シャツ姿の男たちと握手を交わす様子を写した映像
一分四三秒～	七二一事件時、駅構内に侵入する白シャツ隊を写した中継映像
一分五二秒～	二〇一九年一一月一一日のデモの際、西灣河で警官がデモ隊に実弾を発砲する様子を写した中継映像
二分〇七秒～	路上でデモ隊を制圧する機動隊を写した中継映像（日付不明）
二分三四秒～	屯門公園で女性が披露するセクシーなパフォーマンスに興奮し、踊る老人男性。大陸出身と思われる女性たちが行うこうしたパフォーマンスは、二〇一九年デモが本格化する前の二〇一九年六月初旬に盛んに報道されて話題になり、二〇一九年七月六日に同公園でデモが行われるきっかけになった（このデモについては第三章を参照）
二分三七秒～	デモ隊を制圧し、中継する記者を制止しようとする機動隊の中継映像（日付不明）
三分〇七秒～	二〇一九年一一月一二日、香港中文大学のキャンパス内で強制排除を試みる警察に応戦する学生

を経て、警察や政権に対するデモ隊側の憎悪や主体意識も、繰り返し掻き立てられ継承されていったのだろう。

鍋底の約束

「過激化」するデモ

七二一事件の約一週間後の七月二七日、民主派団体が元朗《ユンロン》でのデモ行進を申請したが、警察は不許可とした。香港で合法なデモ活動を行うためには、事前に警察にルートなどを申請して、開催を許可する「不反対通知」を受け取る必要があり、この通知なしに行われたデモは、違法集会罪の取り締まり対象となる。二〇一九年六月九日以降の大規模なデモ行進は、いずれもこの警察の「不反対通知」を得た上で行われていた。しかし、この七月二七日の元朗デモ計画以降、警察は民主派による大規模デモ行進に対して、ほとんど開催許可を出さなくなった。

そのため七月末以降、合法的なデモ行進の開催は困難となり、抗議活動の中心は、逮捕のリスクが高い非合法な直接行動へと移っていった。二〇一九年三月から二〇二〇年二月までに行われた五二八件の抗議活動を分類した調査によれば、二〇一九年八月以降、それまで運動の中心であった大規模なデモ行進に代わり、コミュニティ単位での抗議、業界ごとのストライキや、突発的に起こるフラッシュ・モブ型の衝突などが主流になっていったという[35]。また同じ時期以降、抗議運動の数自体は増加を続けているものの、それに参加する人数は減少に転じている。つまり、非合法活動が主体となり、逮捕や負傷のリスクが高まったことで、積極的に抗議活動の現場に身を投じる層が限定されてきたということである。

リスク覚悟で前線に出る「勇武」たちは、警察の武力に対抗するため、ヘルメットやゴーグル、ガスマスクといった装備を身につけ、火炎弾などの手製の武器で応戦するようになった。警察側も鎮圧に新たな武器を用いるようになり、八月下旬以降は放水車が導入された。一〇月一日の国慶節（中華人民共和国建国記念日）のデモでは、六月以降の一連の抗議運動で初めて、実弾による負傷者が出ている。

また同じ頃から、政府を支援する巨大資本の店舗を対象にした破壊活動なども行われるようになった。八三一事件の際に、警察に協力して「死者」を隠蔽したのではないかとの疑惑を受けた鉄道会社のMTRも攻撃対象となり、各地で駅入口への放火や改札の破壊が行われた。

またデモを妨害した人や、デモ隊に危害を加えようとした人に対して、暴行が加えられる事件も複数報告されるようになった[36]。八月一三日、香港国際空港で座り込みデモが行われた際には、身分を隠して取材していた中国大陸の共産党系新聞『環球時報』の記者がデモ隊に殴打される事件が起きている。一一月にはデモ隊と口論をしていた男性が可燃性の液体をかけられ全身に火傷を負う事件や、デモを撮影していた日本人観光客がデモ隊に殴打される事件も起きた。

デモへの積極的な参加層は徐々に限定されつつあり、彼らの用いる暴力もエスカレートしつつあった。しかし、これらの暴力の行使を、大衆から孤立して思想を先鋭化させた一部の急進的分子による行動だと考えるべきではない。前線のデモ隊による行動が過激化しつつあったこの時期にも、大勢としてのデモへの支持は揺るがなかったからである。香港紙『明報』が二〇一九年九月上旬に実施した世論調査によれば、「警察の暴力は過剰である」という回答が七一・七パーセントに及んだのに対し、「デモ隊の暴力は過剰だと思う」との回答は三九・四パーセントにとどまっている。[37]香港市民のマジョリティは、これらの過激な抗議手法を相対的に容認していたのである。

梁天琦　不在の英雄

マジョリティの容認の下、抗議行動が急進化する中で目立って用いられるようになったのが、本章冒頭において言及した「光復香港、時代革命」という標語である。先述のとおり、この言葉は、もともと急進的な本土派の活動家、梁天琦《エドワード・リョン》が二〇一六年の立法会選挙に参戦した際に用いたものだったが、彼が暴動罪で逮捕・収監されたあとは、一部の過激派の主張として半ば忘れ去られていった。反送中運動の初期、たとえば二〇一九年六月のデモ行進の際には、この言葉は目立って用いられることはなかった。七月一日の立法会突入の際、建物内に残された落書きの中には「時代革命」という言葉も見られたが、このときも地元メディアは、突入者の中に梁天琦の支持者がいたことの証拠としてのみこれを取り上げていた。この標語は、まだデモ隊全体の象徴ではなく、一部の急進派の象徴だったのである。

しかし七月の半ばごろになると、この言葉が頻繁にレノンウォールに書き込まれたり、路上で唱えられたりするようになり、九月上旬に私が香港を再訪した際には、街の至るところに書かれていた

（図1-19、1-20、1-21）。八月六日には、中央政府の香港担当部局である国務院香港マカオ事務弁公室も会見の中で、この標語について懸念を示している。

ジャーナリストの張潔平は「香港反逃亡犯条例運動はいかにして臨界点に達したか」と題された七月末の論考において、大埔のレノントンネルで初めてこの言葉を目にしたときの衝撃について次のように書いている。

> 七月中旬、新界大埔のレノントンネルで、初めて「光復香港、時代革命」の文字を目にしたとき、心臓がドクリと音を立てた。七月二一日の上環で、デモ隊が中連弁［中国中央政府の香港における出先機関である中央政府駐香港連絡弁公室のこと］を包囲したあの夜（…）現場で黒衣の若者が大声で叫んでいたスローガンも「光復香港、時代革命」だった。（…）七月下旬に入り、反送中運動が各コミュニティに浸透し、行動範囲が広がっていくとともに、主流社会の「武力」に対する寛容度もまた上がった。そしてより多くの若者が、梁天琦という、一瞬の輝きを放って消えた、彼らの政治的指導者を想起するようになった。[38]

平和なデモ行進が武力で弾圧され、その要求が握りつぶされたことで、二〇一六年に先んじて実力行使に基づく「勇武」路線を実践した梁天琦への評価は一転しつつあった。九月上旬の大埔レノントンネルにも「梁天琦、ありがとう。私たちも今では目が覚めました」という言葉が貼られていた。一〇月九日、彼の上訴審が行われた際には、裁判所付近に多くの支持者が集結し、護送車を取り囲んで

「光復香港、時代革命」と叫ぶ一幕もあった。このとき集まった支持者の一人は、メディアの取材に対して「私たちに勇武抗争の必要性を教えてくれたのは梁天琦です」と答えている。獄中にあった梁天琦は、一貫して反送中運動の現場には不在であったにもかかわらず、この頃には、少なくとも一部の参加者にとって「運動の精神的指導者」になっていた。[39]

空虚なスローガン

ところで、この「光復香港、時代革命」は、あらためて考えてみると奇妙なスローガンである。あ

図 1-19　大埔レノントンネルに貼られた「光復香港、時代革命」

図 1-20　香港大学キャンパスにスプレーアートで描かれた「光復香港、時代革命」

図 1-21　香港島、中環の街角に落書きされた「光復香港、時代革命」

まりにも漠然としており、何を要求しているのか判然としないからである。香港を「光復」する、つまり取り戻すとはいっても、その方法や、あるいは誰から奪い返すのかは明示されていない。「時代革命」についても、「時代の革命」なのか「時代は革命」なのか、「時代」と「革命」という二単語の結びつきが不明確である。梁天琦自身、このフレーズの具体的な意味を説明することはなかった。あるときには記者からの「時代革命とは何ですか?」という質問に対して、「時が来ればわかる」とはぐらかしている。[40]

しかし七月中旬以降の反送中運動においては、不在の「英雄」がかつて発した気まぐれな言葉遊びのようなこの空虚な標語が、抗議運動全体を駆動する大きな影響力を持ったのである。この言葉は、空虚だったからこそ、用いる人によって異なる定義を持つものになり、雑多な出自の反体制派が共通して用いることのできる標語になった、とも言えるかもしれない。

また、この標語の曖昧さは、政府からの追及を避ける上でも一定程度有効だった。一〇月四日、区議会選挙の立候補者受付が始まると、選挙管理委員から、過去のこの言葉の使用を問題視され、その意味するところを説明するよう要求された候補者もいた。しかし、候補者たちはみな、香港基本法違反とみなされかねない香港独立や暴力革命との結びつきを避ける回答を行い、[41]結果として、この標語の使用を理由に立候補資格を停止された事例はなかったという。

国安法導入後、香港政府と中央政府は直々に声明を発表して、この言葉は「香港独立」を意味し、同法に抵触するとの見解を表明した。空虚で曖昧なこのスローガンに明確な定義を与えたのは、その言葉を路上で唱えたデモ隊ではなく、それを取り締まろうとした政府のほうだったのである。

九月一一日 「勇武」のアイコン化

「光復香港、時代革命」のフレーズは、さまざまな創作物の中にも引用されていった。たとえば、八月末、匿名の音楽関係者によって作成された行進曲風の運動歌〈香港に栄光あれ〉にも「夜明けが来た　光復しよう　この香港を／少年少女と共に　正義のための　時代革命」というフレーズがある。

九月以降、香港各地のショッピング・モールなどで、この歌を歌う活動が行われた。この歌を香港の「国歌」に例える参加者もおり、実際に、国歌斉唱のように胸に手を当てて、涙を浮かべながら歌う人々の姿も見られた。この楽曲からは、ミュージックビデオや各言語版の音源など、多くの二次創作も作られた。九月一一日には、管弦楽団と合唱団一五〇名がこの楽曲を演奏する動画が投稿され、多くの再生数を記録している。

この動画に登場する管弦楽団と合唱団のメンバーは全員が黒服を着て、マスクやガスマスク、ゴーグルで顔を隠し、帽子やヘルメットをかぶり、フル装備の「勇武」の姿を模している。もちろん、香港各地でこの歌を歌っていた多くの人々が、おそらく実際にそのような格好で前線の抗議活動に参加していたわけではない。むしろこの歌の歌唱は、合法的なデモ行進の開催が困難になったこの時期に残された、希少な「低リスク」で「和理非」的な抗議手法の一つだった。ショッピング・モールなどでの歌唱集会には、仕事帰り、買い物帰り風の私服姿の人々も多く参加していた。

「和理非」派との結びつきが強かったであろうこの楽曲の二次創作に、勇武風のフル装備が大々的に用いられ、好評を博したという事実は、この時期までに、前線の勇武派の姿が、普段はハイリスクな

図 1-22　葵芳駅のイラスト

抗議行動に参加することのない穏健なデモ支持者にとっても、運動全体を象徴するイメージとなっていたことをうかがわせる。

ヘルメット、ゴーグル、マスク、傘などをフル装備した典型的な勇武の姿は、この時期以降のさまざまな創作物に取り入れられるモチーフとなっていった。たとえば、それまでの香港における民主化運動では、天安門広場において用いられたアメリカの自由の女神風の「民主の女神」像が頻繁に掲げられていたが、これに代わり勇武風のフル装備をして傘を手にした新たな民主の女神像も作成された。

アート性の強い巨大な文宣イラストが多数掲示され、「レノン美術館」とも呼ばれるようになった葵芳駅のレノンウォールには、一〇月下旬、フル装備姿の女性を描いた大きなイラストも現れている（図1-22）。女性の身体には運動のさまざまな場面やスローガンが描き込まれている。[42] 前節に見た〈人話〉のミュージックビデオと同様、すでにデモ支持者の間で広く拡散、共有されたシンボルをコラージュした作品である。

葵芳駅での創作に携わったアーティストの一人は、こうしたアート性の強い大型の文宣について「扇動性はあるが情報性はなく、ただ誰もが見ればわかるような、そんな情緒に基づいている」と述べ、特定のデモ活動についての情報をシェアする「情報の文宣」とは異なる「情緒の文宣」と呼んでいる。[43] 単なる新情報の共有としての宣伝とは異なり、運動に参与する誰もが「見ればわかる」既知の情報を集めたシンボルが持ち得る、情緒を奮い立たせる力は、創作に携わった当人たちにも認識されていたということなのだろう。

このフル装備姿の女性のイラストは、反送中運動から生まれた代表的なシンボルの一つとなり、二〇二〇年六月に台湾で開かれた文宣展示会『反抗的晝筆』のポスターや、同時期に香港で出版された文宣イラスト集『吶喊 Voices』の表紙にも使用されている。

一〇月四日　マスクを取る日まで

一〇月四日、香港政府は、植民地時代に制定された「緊急情況規例條例」（通称「緊急法」）を発動し、身元を隠すためのマスクなどの着用を禁止する「禁止蒙面規例（覆面禁止法）」を制定した。緊急法は、緊急事態において、立法会の審議を経ずに法的拘束力を持つ規制を定める権限を政府に付与したものだが、一九七三年の石油危機時に発動されて以降、五〇年近く用いられることはなく、事実上死文化していた。香港政府は、返還後初の緊急法発動という異例の手段を用いるほど、覆面の規制を急いだのである。そのことは、顔を覆った前線の勇武の姿が、いかに抗議運動を象徴する強烈なイメージとなっていたかを逆説的に物語っているようでもある。

覆面が前線のデモ隊の象徴となるにつれて、「マスクを取ってお互いの顔を認識する」という言葉が、デモの勝利と終結を意味する比喩表現となった。次第にデモ現場にも「いつかマスクを取って〝鍋底〟で会おう」などの文言が書き残されるようになった。[44]「鍋底（煲底）」とは、建物の形が炊飯器（電飯煲）の底部に似ていることからつけられた、立法会庁舎外のデモエリアの通称である（図1‐23）。

図1-23 「鍋底」に集まる人々

一〇月一二日には、イラストレーターの阿塗が、自身のソーシャルメディアにこの言葉をモチーフにした『煲底之約（鍋底の約束）』と題されたコミックを投稿している（図1‐24）。はじめの三コマでは、「鍋底」に集まった人々がカウントダウンとともにマスクやヘルメットを外し、お互いの意外な素顔を笑い合う。そこに釈放された「義士」が到着し、敬礼とともに迎え入れられ、続くコマでは黄色いレインコート姿の梁凌杰をはじめとする犠牲者の写真を前に人々が「私たち勝ったんだよ」と涙を流す。そして最後の一コマにおいて、これらのシーンがすべて夢想であったことが明らかにされる。前線に立つデモ参加者が、こうした光景を思い浮かべながら、隣にいる仲間に「約束だ、一緒に勝つぞ」と呼びかけていたのである。

一一月二〇日には、デモ活動にも積極的に参加していた歌手の阮民安《トミー・ユン》が、この言葉をモチーフにした〈煲底之約〉という楽曲を発表している。小説家でもある民主派議員の鄺俊宇《ロイ・クオン》が手がけた歌詞は、「夢の中を共に」歩んだ「僕と君」がいつの日かマスクを外して「鍋底」での再会を誓い合う様子を歌っている。「夢」は、訴追を免れるため、デモ参加者がインターネット掲示板上の書き込みなどで「……という夢を見た」「夢の中で……した」という形式で活動経験を語ることが一般化したことから生まれた、抗議運動への参加を指す隠語である。

ミュージックビデオには、日本語での情報発信を積極的に行い、日本でも著名になった活動家の周庭《アグネス・チョウ》が出演している。学生服姿の彼女は、知り合いの男性の身を案じて香港の街を疾走する。終盤、ようやく立法会庁舎付近でフル装備の男性と再会した彼女は、彼のマスクを外して、その素顔を見る。

反送中運動の期間中に用いられた隠語についてまとめ、解説した研究者の銭俊華は、この「鍋底の約束」というシンボルが広まった背景について、「絶望の香港で政権に抵抗し続ける市民、特に前線に行っていつ死んでもおかしくない人には、このような希望が必要なのではないだろうか」と考察する。[45] 実際に、この言葉をモチーフとする創作が広まった一〇月から一一月にかけて、前線のデモ隊たちの戦いは、警察の圧倒的武力を前に、徐々に劣勢になっていった。これまで拠点を持たず、遊撃的な手段で警察と対峙してきた勇武も次第に追い詰められ、一一月下旬には、香港中文大学と香港理工大学に集結したデモ隊と警察との激しい衝突が起こった。後者においては、警察側がキャンパスを包囲し、その出入り口を徹底的に封鎖する戦術をとったため、デモ隊側には多くの負傷者と一〇〇〇人以上の逮捕者を出す、壊滅的被害が生じた。

図 1-24 阿塗による、2019 年 10 月 12 日の Instagram 投稿のスクリーンショット

一一月二四日　孤立しなかった過激派

理工大学包囲戦の最中に行われた一一月二四日の区議会選挙は、有権者の強い関心を集める選挙となり、返還以来最高となる七一パーセントの投票率を記録した。それまでの香港区議会では、親政府派が議席全体の六割程度を掌握し、多くの区において多

図 1-25　「11 月 24 日、血の負債を票で償おう」と区議会選挙投票を呼びかけるイラスト（『蘋果日報』2019 年 9 月 20 日号付録の特集号裏表紙に掲載された）

数派となっていたが、この選挙では、民主派候補者が民選枠全四五二議席中、八割を超える三八九議席を獲得し、全一八区のうち離島区を除く一七区で過半数を得る、民主派の圧勝となった。[46] 勇武の台頭による運動の過激化・急進化にもかかわらず、民主化運動に対する多数の市民の支持は失われていなかったのである（図1-25）。

前線でハイリスクな抗議活動を行う勇武の背後には、彼らを支持する大衆がいた。勇武を支援する人々は、警察の動きを監視してソーシャルメディア上で共有したり、逃走経路を確保したり、必要な物資を提供したりと、デモ現場の周辺でさまざまな後方支援活動を行っていた。また、運動の激化以降も、親北京派のビジネスをボイコットし、民主派支持を表明する小規模店舗などを積極的に利用する「黄色経済圏」など、新たな形で和理非的な抗議を継続するための活動も行われている。ある調査によれば、反送中運動に何らかの形での関わった経験のある人々のうち、こうした政治的消費運動への参加割合は二〇一九年一〇月時点で約八〇パーセント、一二月にはさらに増加し九九パーセントに迫っている。[47]

同じ調査者による、ネット掲示板「連登討論區」のキーワード分析によれば、二〇一九年の八月から翌年一月にかけて、「勇武」や「和理非」、「黄絲（民主派）」を上回り、最も頻繁に用いられていた言葉は「手足」だったという。[48] この言葉は、自分自身の四肢さながらの一心同体の仲間を意味する広東語であり、反送中運動期間中には、とりわけ逮捕されたり、負傷したりした前線のデモ隊を指す呼称として広まっていた。運動の急進化とともに、前線でリスクを冒して活動する勇武たちへの連帯感もいっそう表明されるようになっていたのである。

自ら前線での活動には参加しないデモ支持者の間では、勇武への負い目や罪悪感が共有されていた。デモへの参加経験がある者を対象とした先の調査では、二〇一九年八月時点で、被調査者の九一・九パーセントが「逮捕された抗議者に対して罪悪感を覚える」と回答している。

長期化する運動の中で、前線での抗議活動は、参加者の顔ぶれの面でも、彼らがとった方法の面でも先鋭化していったが、彼らは決して孤立してはいなかった、ということだろう。一部の「過激分子」の背後には、その姿を模したイラストや彫像を掲げ、いつか鍋底での再会の約束が果たされることを願いながら、彼らを支持し、連帯する無数の穏健な大衆がいた。

無文字の標語

大量の逮捕者を出す結果に終わった香港理工大学包囲戦のあと、勇武の行動は下火になっていった。さらに年明けからは、新型コロナウイルス感染症が拡大し、デモ活動自体が自粛されるようになる。休眠状態に入った抗議運動に追い討ちをかけるように、二〇二〇年五月、中国政府による香港版国安法の導入が突如として発表された。

六月三〇日の深夜に施行された同法により、国家転覆を企図したスローガンを叫んだり、シンボルを掲げたりすることは、それだけで刑罰の対象となった。中国国務院香港マカオ事務弁公室副主任は、同法の導入発表後、八月三一日の太子駅で死者が出たという「デマ」を流すことも処罰の対象になり得ると述べた。「光復香港、時代革命」という標語についても、香港政府が声明を発表し、香港独立や政権転覆を意味する言葉であり、国安法違反になり得ると表明した。

この法律により、二〇一九年の反送中運動を彩った煽動的な言葉やシンボルは、公の場から徹底的に排除されることになった。実際に、スローガンを掲げたり、唱えたり、あるいはそれが印字されたTシャツを着ていたりしただけで、逮捕された人もいる。

しかし、それによって、香港の根本的な問題は解決するだろうか。本章では、反送中運動の時系列を整理しながら、国安法導入以降の香港政府が「煽動文字」とみなした運動のスローガンが、そもそも人々を鼓舞する煽動性を備えるに至った背景を見てきた。

すなわち、まず、デモの場面を写した動画や写真が、大手メディアや小規模なネットメディア、あるいは居合わせた市民たちによって大量に共有され、素材が提供される。さらに、その中からとりわけ印象的なシーンが抜き出され、イラストや画像として加工され、文宣として広く共有されていった。そうして広まっていったシーンは、アイコンや標語、日付を示す数字などとしてさらに抽象化されて、後続する創作物の中にまとめて取り入れられていく。こうした抽象化と圧縮が繰り返されることにより、単一の標語やイラストの中に、運動に関連した複数の出来事が重層的に折り畳まれていった。運動のコンテクストを把握する人々にのみ理解可能なそれらのシンボルは、運動参加者に諸々の出来事とそれに結びつけられた感情をあらためて想起させる、連帯の象徴となっていった。

こうしたシンボルが生み出される過程と、おそらく、人々が特定の日付（七二一、八三一）、地名（元朗、太子）、言葉（「光復香港、時代革命」、粗口）、事物（ヘルメット、マスク、黒いシャツ）、そして他の人々（「手足」、警察）と関わるあり方は、運動の発生前とはすっかり変わった。哲学者のドゥルーズがフランス五月革命について書いたように、二〇一九年の香港における出来事はすでに人々の関係を変質させ、新たな意識を生み出してしまったようにも思える。

二〇二〇年五月、国安法の導入発表直後に起こった抗議デモの現場に、ある落書きが残されていた。壁に大きく「君と一緒に抗争できて、楽しかった」という言葉が書かれ、右下に、おそらく別の誰かが「Me too. Thx [Thanks], 手足」と書き足していた（図1－26）。

図 1-26 民間人権陣線による2020年5月24日のFacebook投稿

同法が正式に施行された翌日、七月一日に起こった抗議デモでは、路上に大きなバナーを敷いた人がいた（図1－27）。バナーに書かれた文字は「我哋真係好撚鍾意香港」。粗口の一つである「撚《ラン》」の字を交えて、香港への強い愛着を表現する言葉だ。「私たちは香港のことが〝死ぬほど〟好きだ」とでも訳せば、そのニュアンスが伝わるだろうか。

どちらの言葉も、制度への要求でも政治や正義の理想でもなく、ある評者の言葉を借りれば「香港人」として共同体に属することの「原始的で素朴な感情」を表明したものだった。[49] 反送中運動は、このような強烈な連帯感を生み出し、またそ

図 1-27　2020 年 7 月 1 日のデモ現場に掲げられたバナー

れに駆動されてきた。この感情は、言葉が人々を「煽動」した結果ではおそらくない。むしろ人々に共有されてきた感情が、言葉やシンボルに、煽動的な力を与えたのである。

「光復香港、時代革命」の使用が違法化されて以降、香港のインターネット上には、この八文字の漢字を極端に抽象化した記号や、広東語で音のよく似た別の文字に置き換える暗号的なイラストが複数投稿された。あるいは現実世界の路上には、白紙の紙を八枚掲げて立つ者もいた。記号表現がどれほど抽象化され、あるいは完全な空白になろうとも、二〇一九年以降のデモのコンテクストを共有している人々は、たちどころにその意味を理解できたのである。

煽動的な言葉を表面的に規制し、それを発する人々を逮捕したとしても、反送中運動をめぐる言葉にそもそも力を与えてきた、デモのさまざまな場面の記憶や、それを共有する人々同士の連帯感そのものを、根絶することは容易ではないだろう。その根本的な背景が解決されないかぎり、政治的沈黙により表面上は安定がもたらされた香港にも、潜在的な火種が残ることになるのかもしれない。

実際に、二〇一九年の政治危機にも、それ以前の香港社会の火種がさまざまな形で影を落としていた。次章からは、一見「本題」とは無関係に思えるトピック、たとえば好きな歌手や思い出のショッピング・モールやローカルな名物をめぐる反送中運動期間中の論争を取り上げながら、個別の断続的な政治的激動を越えて香港に「残響」を残す、ポピュラー文化の作用を見ていきたい。

註

1 ドゥルーズ、ジル『狂人の二つの体制――一九八三 - 一九九五』（宇野邦一ほか訳）河出書房新社、二〇〇四年、五六頁。

2 村井寛志「香港人アイデンティティは〝香港独立〟を意味するのか？――香港〝独立〟批判と〝自治〟をめぐる言説史から」、倉田徹・倉田明子編『香港危機の深層――「逃亡犯条例」改正問題と「一国二制度」のゆくえ』東京外国語大学出版会、二〇一九年、二〇〇頁。

3 萩原隆太「香港における『依法治国』の浸透――『参選風波』事件をめぐって」、倉田徹編『香港の過去・現在・未来――東アジアのフロンティア』勉誠社、二〇一九年、二五四 - 二六四頁。

4 倉田徹「香港民主化への厚い壁」、倉田徹編『香港の過去・現在・未来――東アジアのフロンティア』勉誠出版、二〇一九年、一〇 - 二二頁。

5 Cheng, Edmund W., Francis L. F. Lee, Samson Yuen, and Gary Tang, "Total Mobilization from Below: Hong Kong's Freedom Summer," *The China Quarterly*, First View, 2022, p. 22.

6 倉田徹「逃亡犯条例改正問題のいきさつ」、倉田徹・倉田明子編『香港危機の深層――「逃亡犯条例」改正問題と「一国二制度」のゆくえ』東京外国語大学出版会、二〇一九年、三四頁。

7 倉田明子「ネットがつくる『リーダー不在』の運動——通信アプリ『テレグラム』から見る運動のメカニズム」、倉田徹・倉田明子編『香港危機の深層——「逃亡犯条例」改正問題と「一国二制度」のゆくえ』東京外国語大学出版会、二〇一九年、一七一頁。

8 『立場新聞』編集部は、Facebook上のライブ中継の映像を事前事後の報告なしに各個人、団体が再利用することを許可していた。この中継動画のアドレスはhttps://www.facebook.com/watch/live/?v=628957620943315&ref=watch_permalink（最終閲覧日：二〇二二年一一月一〇日）。

9 一部のイラストはAbaddon, Childe ed., *Voices: The Art of Resistance*, Hong Kong: Rock Lion, 2020, pp. 166–171に収録されている。

10 こうした民主化運動における「死の神話化作用」は、韓国における「烈士」の象徴化を取り上げた真鍋祐子『烈士の誕生——韓国の民衆運動における「恨」の力学』平河出版社、一九九七年に詳しい。

11 Chu, Karen, "'Ten Years' Director Kiwi Chow 'Grief-Stricken' by Death of Hong Kong Protester," *Hollywood Reporter*, 17 June 2019. https://www.hollywoodreporter.com/news/ten-years-director-kiwi-chow-grief-stricken-by-death-hong-kong-protester-1218772（最終閲覧日：二〇二二年一一月一二日）

12 民間人権陣線のFacebookページへの二〇二〇年六月九日の投稿。

13 二〇一九年六月二〇日に投稿された「香港創作人製動畫——未爭取到五大訴求　不撤不散」。オリジナル動画はすでに削除されている。

14 Ayata, Bilgin and Cilja Harders, "Midān Moments: Conceptualizing Space, Affect and Political Participation on Occupied Squares," in *Affect in Relation: Families, Places, Technologies*, eds. Birgit Röttger-Rössler and Jan Slaby, London and New

York: Routledge, 2018, p. 125.

15 ヴァイディアナサン、シヴァ『アンチソーシャルメディア——Facebookはいかにして「人をつなぐ」メディアから「分断する」メディアになったか』（松本裕訳）ディスカヴァー・トゥエンティワン、二〇二〇年、二四二頁。

16 Sarfati, Liora, and Bora Chung, "Affective Protest Symbols: Public Dissent in the Mass Commemoration of the Sewŏl Ferry's Victims in Seoul," *Asian Studies Review* 42 (4), 2018, p. 566.

17 こうした落書きは Chan, Holmes, "The Writing on the Wall: Understanding the Messages Left by Protesters during the Storming of the Hong Kong Legislature," *Hong Kong Free Press*, 4 July 2019. https://www.hongkongfp.com/2019/07/04/writing-wall-understanding-messages-left-protesters-storming-hong-kong-legislature/（最終閲覧日：二〇二二年一一月一二日）に詳細に取り上げられている。

18 亞裹「第一批衝入立法會　最前線抗爭少年的自白——我有心理準備隨時會死」、『立場新聞』二〇一九年七月一二日。https://thestandnews.com/politics/專訪-第一批衝入立法會-最前線抗爭少年的自白-我有心理準備隨時會死/（最終閲覧日：二〇一九年七月一七日）

19 葉健民「建制派、你們知道發生了什麼事嗎？」、『明報』二〇一九年七月一二日。https://news.mingpao.com/ins/文摘/article/20190712/s00022/1562850413771/建制派-你們知道發生了什麼事嗎-(文-葉健民)（最終閲覧日：二〇二二年一一月一二日）

20 『民主派議員及民陣緊急聯合聲明』。https://www.facebook.com/CivilHumanRightsFront/posts/2333178010062910/（最終閲覧日：二〇二二年一一月一〇日）

21 梁啟智「他們不是在衝擊。他們在自殺。」、『Matters』二〇一九年七月二日。https://matters.town/@leungkaichihk/6844-

他們不是在衝擊-他們在自殺-zdpuAtjnFkUp1P6fD4udryPkAE4kC8jQqLFZZMbysVukVkhgS（最終閲覧日：二〇二二年一一月一二日）

22 小出雅生「わたしの見てきた香港デモ」、倉田徹・倉田明子編『香港危機の深層――「逃亡犯条例」改正問題と「一国二制度」のゆくえ』東京外国語大学出版会、二〇一九年、二四九-二五〇頁。

23 一部の例は、前掲註9の *Voices*, p. 11 に掲載。

24 野嶋剛『香港とは何か』筑摩書房、二〇二〇年、二五頁。

25 鍾曉烽「從港式幽默說起――反修例運動中的情感與抗爭日常」、『端傳媒』二〇一九年七月二〇日。https://theinitium.com/article/20190720-opinion-chung-hiu-fung-everyday-politics/（最終閲覧日：二〇二二年一一月一二日）

26 前掲註5 "Total Mobilization from Below," p. 16.

27 前掲註22「わたしの見てきた香港デモ」、二四九-二五〇頁。

28 実際の発言は、より一般的な罵倒表現である「豬閪（zyu hai）」（豚の〝閪〟）であったのではないかという指摘もある。しかし当時の香港では、この警官の発言は「自由閪」として広まっていった。

29 何式凝「林鄭，請你做返個自由閪！」、『立場新聞』二〇一九年六月二四日。https://thestandnews.com/politics/林鄭-請你做返個自由閪/（最終閲覧日：二〇二〇年一〇月一日）

30 こうした「粗口」含みの合字は、これ以前にも政治運動に限らず、香港のオンライン掲示板でしばしば作成されていたものであり、ネットカルチャーの一部とも言える。二〇一九年にはほかにも、警察の「警」の字と黒社会（ヤクザ）の「黒」を組み合わせた「ヤクザ警察」を意味する合字も作成されている。こうした合字の事例については、吉川雅之「字体の新造と変形の最前線――激動の香港に見る」、『FIELDPLUS』二四号、二〇二〇年、六-七頁に詳しい。

31 福嶋亮大・張彧暋『辺境の思想――日本と香港から考える』文藝春秋、二〇一八年、六五頁。

32 同上、八〇頁。

33 利君雅はもともと、香港最大のテレビ局TVBの広東語チャンネルで、非華人として初めてニュースリポーターを務めた経歴を持ち、事件以前から一定の知名度を持つジャーナリストであった（小栗宏太「世界都市の舞台裏――マイノリティたちの苦悩」、倉田徹・倉田明子編『香港危機の深層――「逃亡犯条例」改正問題と「一国二制度」のゆくえ』東京外国語大学出版会、二〇一九年、二二一 - 二二四頁）。

34 最後の「一一一九」（一一月一九日）のみ、抗議運動に関連する衝突などはおそらく発生していないため正確な意図は不明だが、二〇一九年のこの日、警察内の強硬派として知られた鄧炳強が香港警察トップの警務處處長に任命されており、そのことを指し示していると思われる。

35 前掲註5 "Total Mobilization from Below," pp. 20–21.

36 これらの暴力行為は「私了」（私的解決）と呼ばれていた。元来は、警察や司法に頼らずに、民間で揉め事などを解決することを指す。「私了」が正当化される背景には、反デモ派、親政府派の暴力を警察は真剣に取り締まっていないのではないかという疑惑があった。七二一事件以降の警察に対する不信感の高まりを背景とした現象であったと考えるべきだろう。

37 『明報』二〇一九年九月一六日。

38 張潔平「49天、香港反送中運動如何來到臨界點?」、『Matters』二〇一九年七月二八日。https://matters.town/@anniez/7411-49天-香港反送中運動如何來到臨界點-zdpuB2ZHV88bmbfSc6eK8MLBppUC31RwxVLDZbLpt2QMhwZKT（最終閲

覧日：二〇二二年一一月一二日）

39　朝雲「旺角衝突成時代先驅　梁天琦成運動精神領袖」、『立場新聞』二〇一九年一〇月一〇日。https://thestandnews.com/politics/旺角衝突成時代先驅-梁天琦成運動精神領袖（最終閲覧日：二〇二〇年八月二九日）

40　林彦邦「有關時代革命」、『立場新聞』二〇一九年一〇月六日。https://www.thestandnews.com/politics/有關時代革命/（最終閲覧日：二〇一九年一〇月六日）

41　たとえばある候補者は、「光復」とはかつて市民が享受していた自由や暮らしの安寧を取り戻すという意味であり、「革命」も流血革命を指すのではなく「産業革命」「技術革命」というような大変革を指す、と説明している（眾新聞「張秀賢、劉青等人收選舉主任信件　要求解釋FB上的『光復香港、時代革命』」、『眾新聞』二〇一九年一〇月一五日。https://www.hkcnews.com/article/24193/2019區議會選舉-光復香港,時代革命-張秀賢-24193/張秀賢,劉青等人收選舉主任信件-要求解釋fb上的「光復香港,時代革命」、最終閲覧日：二〇二二年一一月一二日）

42　この表現手法は、セーラームーン風の女性の体にハローキティやポケモンなどのキャラクターを描き込んだ日本のアーティスト、大友昇平のボールペン画『平成聖母』へのオマージュであろう。

43　陳零「葵芳大型文宣創作人現身——唔好再縮喇，我哋無犯法」、『眾新聞』二〇一九年一一月五日。https://www.hkcnews.com/article/24623/葵芳連儂隧道-文宣創作人abaddon-反送中文宣-24647/葵芳大型文宣創作人現身-唔好再縮喇,我哋無犯法（最終閲覧日：二〇二二年一一月一二日）

44　『立場新聞』記者の何桂藍によれば、「いつの日かマスクを取って会いたい」という言葉は二〇一九年六月三〇日の自殺者追悼集会ですでに叫ばれていたという。記者本人の七月四日のFacebook投稿より。https://www.facebook.com/photo.php?fbid=10155999648492827&set=a.10150108445227827（最終閲覧日：二〇二二年一一月一二日）

45 銭俊華『香港と日本——記憶・表象・アイデンティティ』筑摩書房、二〇二〇年、一三七頁。

46 新界地区の九つの区議会には、民選枠以外に合計二七議席の新界原居民（第三章にて詳述）代表者の自動当選枠が設けられていた。

47 前掲註5 "Total Mobilization from Below," p. 20.

48 同上、p. 25.

49 查映嵐「我哋真係好撚鍾意香港」、『立場新聞』二〇二〇年七月二日。https://www.thestandnews.com/culture/我哋真係好撚鍾意香港/?fbclid=IwAR2PxC7UWyxqdxI_yhLzm2XvxXO5j4V3J4gBX_foI4I4p0RLfa3RD5eZs_4（最終閲覧日：二〇二〇年七月三日）

第 2 章
不協和音
ポピュラー音楽からみる香港危機

「張敬軒《ヒンス・チョン》を私に返せ」
「容祖兒《ジョーイ・ヨン》を私に返せ」
——2019 年 12 月 8 日、国連人権デー・デモの現場に残された落書き

香港の歌手は奪えても

二〇一九年一二月八日、世界人権週間に合わせて、香港島で民間人権陣線（民陣）が主催する集会とデモが行われた。反送中運動の大義をあらためて国際社会に呼びかけることを目指したものだ。警察は、参加者に暴力行為や破壊行為を行わせないことを条件に「不反対通知」を出した。七月二一日以来、久々に開催が許可された民陣主催のデモとなり、[1]主催者発表で約八〇万人が参加した。

行進そのものは平和裡に終わったが、周辺では警察と勇武の衝突が起こった。また、それに伴い、周辺にある政府寄り資本の店舗の窓ガラスが破られたり、店頭がスプレーで汚損されたりする事件も複数起こった。もっとも、八月以来の「過激化」した運動の中で、それらの破壊行為はすでに幾度となく繰り返されており、このデモだけの特徴ではなかった。

湾仔にある時計宝飾店のガラスには、この日のデモのあと、スプレー書きで「張敬軒《ヒンス・チョン》を私に返せ」、「容祖兒《ジョーイ・ヨン》を私に返せ」という言葉が残されていたという（図2－1）。張敬軒と容祖兒は、共に一〇年以上香港の音楽シーンの第一線で活躍していた人気歌手の名前だ。二人は、この宝飾店を経営するコ

図2-1　ネットメディア『熱血時報』による2019年12月8日のFacebook投稿

ングロマリット「英皇集団《エンペラー・グループ》」傘下の芸能プロダクションに所属していた。

いったいなぜ、反送中運動のデモ現場に、このような、運動の直接的な要求とはかけ離れているように見える「歌手たちを返せ」という落書きが現れたのだろうか。

直接的なきっかけは、二人のソーシャルメディアへの投稿にあった。それが中国への愛国心を表明するものであったために、運動を通じて中国政府への反発が激しく高まっていた情勢もあり、デモに共感するファンたちは失望し、ある種の裏切り行為と受け止めた。しかし、だとしてもなぜ、それが彼ら個人の態度への批判のみならず、巨大資本に対する、彼らを「私に返せ」という要求につながったのだろうか。

この背景を理解するには、香港においてポピュラー音楽と社会問題とが複雑に絡み合ってきた長い歴史を知る必要がある。張敬軒や容祖兒の事件は、決して特殊なものではない。張敬軒の愛国的なソーシャルメディア投稿を受けて、ある香港の音楽ファン向けのFacebookページには「#香港の歌手は奪えても私たちの共通の記憶とローカルな文化は奪えない」というハッシュタグ付きの投稿が掲載されていた。[2] 個別の歌手ではなく「香港の歌手」が奪われている、という認識が存在していたのだ。そしてそうした歌手たちは、ただの個人的な嗜好の対象ではなく、「私たちの共通の記憶」や「ローカルな文化」を構成するものだと考えられている。

前章で取り上げた「光復香港」というスローガンは、字義どおりに解釈すれば「香港を取り戻す」という意味である。つまりそこには、香港がすでに何らかの形で奪われ、失われたという含意がある。香港において、歌手たちは、いかにしてローカルな記憶や文化を代表する存在として台頭したのか。さらに、どのような過程を経て彼らがファンたちの手から奪い取られたのか。本章では、それを探ることで、「光復香港」を唱えた人々が取り戻そうとしたものはいったい何であったのか、ひいてはこのスローガンがなぜあれほどの訴求力を持ち得たのかという前章以来の問題について、引き続き考えたい。

反送中運動のソングブック

張敬軒や容祖兒ら、一部の歌手たちの態度が失望を招いた一方で、二〇一九年の反送中デモに共感した人々は、運動の大義の普及や実現のために音楽を活用していた。前章でも、デモに関連する流行語などを取り入れた創作物「文宣」の例として〈人話〉や〈煲底之約〉、そして〈香港に栄光あれ〉などの楽曲について言及したが、半年間以上続いたこの抗議運動は、それ以外にも無数の運動歌を生み出している。

たとえば、のちに詳しく取り上げるMy Little Airportというインディーズ・バンドは、二〇一九年七月二〇日に〈今夜雪糕〉という楽曲をリリースした。このタイトルは、直訳すると「今夜はアイスクリーム」という意味だが、アイスクリームを意味する広東語「雪糕（syut gou）」の発音は英語の「should go」に似ているため、「今夜は（デモに）行くべきだ」という呼びかけだとも解釈できる。歌詞の中では、デモに参加した者が経験する具体的な光景が描かれる。

手袋をとったとき　アザで認識できた友達（…）
地下鉄の券売機のてっぺんに積まれた小銭
〝鉄馬〟をひとしきり押し終えて流れ出た汗
最終列車の車両の扉

「手袋を……」は、前線のデモ隊がマスクとゴーグルをつけて、互いに人相を識別できない状態であったことへの言及だろう。また、当時のデモ隊の間では、移動に電車を用いる際には行動履歴を追跡されることを恐れてＩＣカードなどを使わず、現金を用いて旧来の乗車券を購入することが呼びかけられていた。後続のデモ隊の退避を支援するため、券売機の上に小銭や購入済みの乗車券を置いていく支援の動きも見られた。「地下鉄の……」はおそらくそういった場面を指している。「鉄馬」は、警察が路上封鎖の際などに用いる移動式のフェンスの俗称である。デモ隊はこれを移動させて、バリケードの素材として用いていた。

同曲の冒頭では、「何も言うことはない」という言葉が日本語、イタリア語、ドイツ語、スペイン語、フランス語で繰り返されている。これは警察に捕まり、取り調べを受けた際に言うべき言葉とし

表2　JB〈Fuck the Popo/ 屌狗〉に見られる抗議運動への主な言及

歌詞抜粋（翻訳）	言及されている事例
二百萬加一　我地守住一齊封（200万＋1　俺たちは一緒に封鎖する）	6月16日デモの参加人数（主催者発表）である「200万人＋1」
催涙彈　橡膠子彈　你班撚樣自由揮　我咪帶住眼罩口罩頭盔　做個自由閪（催涙弾にゴム弾　そっちがしたい放題自由なら　俺はギアを身につけて　なってやるよ自由バカ）	6月12日の警官の発言から生まれた流行語「自由閪」（自由バカ）
你哋擺明作賊心虛 所以膊頭冇冧把（本音じゃ後ろめたい　だから肩に番号がない）	6月12日に出動した機動隊員の制服の肩に個人識別番号がなかったこと
意志堅定　態度鮮明　講明　不撤就不散（意志は固く態度も鮮明　撤回なくして撤退なし）	デモ隊のスローガン「撤回するまで撤退しない」（不撤不散）
我地罷工又罷課　吾係同你班傻 hi 玩（俺らのボイコットはお前らと遊ぶためじゃない）	6月12日に呼びかけられていた仕事や学校のボイコット
快啲叫肥盧落黎　嗲兩句　快啲叫一哥（盧を呼んでこい　話がある　早く長官を呼べ）	6月21日、デモ隊が対話を要求していた香港警察トップの盧偉聰
And we sing hallelujah to the lord（そして歌う主にハレルヤ）	デモ現場で歌われていた讃美歌〈Sing Hallelujah to the Lord〉

てデモ期間中に周知されていた、弁護士に会うまで黙秘を主張する文言「我冇嘢講（何も言うことはありません）」の翻訳である。

広東語と英語の言葉遊びを活かしたタイトルといい、デモに関連する具体的な光景や文言を盛り込んだ歌詞といい、理解に高度な背景知識を要求される楽曲である。ほかにもヒップホップ・グループやラッパーが運動期間中に発表した楽曲、たとえばフィリピン系香港人ラッパーのJBが六月二五日にリリースした〈Fuck the Popo／屌狗〉や、一九九〇年代から活動する著名ヒップホップ・グループのLMFが一〇月五日にリリースした〈二零一九〉には、運動に関連する文言が大量にサンプリングされている（表2、表

表３　LMF〈二零一九〉に見られる抗議運動への主な言及

歌詞抜粋（翻訳）	言及されている事例
為公義我哋一致／光復革命機會點止一次（正義のため一致／光復革命の機会は一度きり？）	「光復香港、時代革命」というスローガン
準備好發夢注定天意（夢を見る準備はOK　さだめ運命）	デモに参加することを指す隠語「夢を見る」（發夢）
你有槍又有彈有霧　用血肉之軀對抗照 fuck the popo（あんたに銃やタマやガスがあろうとも　血と肉で対抗　変わらぬ Fuck the Popo）	JB の楽曲の歌詞などに出てくる「Fuck the popo」
你要攬炒有排同你玩（「攬炒」をお望みならつきあってやるよ）	デモ隊の戦略を示す言葉「攬炒」（死なば諸共）
催淚彈　驅散　又折返　撐起自由雨傘（催涙弾で散っても　また戻り開く自由の雨傘）	雨傘運動時の運動歌〈撐起雨傘〉
兄弟爬山　一夜之間／逆權運動正在進化（山を登る兄弟　一夜の間に／進化する反逆運動）	スローガン「山を登る兄弟たちは　それぞれの方法で努力する」
以暴易暴 槍桿對頭顱　唯有用勇武態度對抗（暴には暴で　頭に銃を突きつけられたら　勇武の態度で対抗するしかない）	「武をもって暴を制す」（以武制暴）ことを掲げ、実力行使を辞さないデモ隊の一派である勇武派

3）。前章で見たイラストや動画などの視覚的創作物と同様に、これらの「抗《プロテ》争歌《スト・ソング》」も、運動に共感する人々の間で共有される内向きの文宣の一種だったのだろう。

　二〇一九年の六月から七月にかけて香港で発表されたプロテスト・ソングをまとめた自費出版雑誌『F for: Hong Kong Protest Music』には、全二六曲がリストアップされている。[3] 八月から九月の楽曲を取り上げた続編にはさらに三〇曲が取り上げられている。[4]〈人話〉〈煲底之約〉なども含め、それ以降に発表された楽曲を足していけば、リストはいっそう長大になるだろう。

　この雑誌には、もともと運動のために作られたわけではない既存の流行歌も収められている。たとえば勝利を目指して戦う気持ちを歌う歌詞がデモ期間中に注目を集めた、アニメ『デジモン』の広東語版主題歌〈自動勝利 Let's Fight〉などである。[5] このように既存の楽曲を運動に転用する事例は、ほかにも複数見られた。運動の初期には、とりわけ集会やデモに参加したキリスト教関係者によって讃美歌〈Sing Hallelujah to the Lord〉が歌われた（この歌は、先述の〈Fuck the Popo／屌狗〉でも言及されている）。前章で言及した〈ロンドン橋落ちた〉の替え歌〈有班警察殺進仔（落第組の警察だ）〉も類例だろう。また先述のとおり、日本では、国安法違反容疑で一時拘束された活動家、周庭《アグネス・チョウ》が留置所で欅坂46の〈不協和音〉を思い浮かべていたというニュースが盛んに報道されていた。

反送中運動は、さまざまな形で、歌と密接に関わっていたのである。

香港における歌と政治

社会運動は歌う

香港においては、歌とデモの組み合わせは意外なものではない。反送中運動以前の著名な社会運動、民主化運動からも、いくつもの運動歌が生まれてきた。

たとえば一九八九年、北京の天安門広場において政治改革を求める学生たちのデモが盛り上がりを見せ、香港においてもさまざまな支援の動きが広がった際には、歌手や芸能関係者によるチャリティ活動が行われた。五月二三日にはレーベルの垣根を超えて一五〇人以上の歌手が集まり、チャリティ・ソング〈為自由（自由のために）〉がレコーディングされた。さらに同二七日には同曲に参加した歌手に加え、さらに多くの芸能関係者が集まったコンサート「民主の歌を中国へ」も開催されている。[6]テレビやラジオを通じて生中継されたこのコンサートは一二時間にわたって続き、一三〇〇万香港ドルの寄付金を集めたとされる。

六月四日、天安門における運動が軍隊投入による強制排除という結末を迎えると、翌年以降、香港では毎年この日に、犠牲者を追悼して中国政府に天安門の学生運動の評価見直しを求める集会が行われるようになる。この毎年の六四集会の会場でも、天安門の民主化運動を引き継いでいくことを誓う〈自由花〉をはじめとする運動歌が歌われることが恒例となった。

二〇一四年の雨傘運動においては、運動歌の歌唱は、占拠空間における重要なアクティビティの一つともなっていた。この運動では、複数の音楽関係者が集まり新たに制作された運動歌〈撐起雨傘（開け雨傘）〉のほか、ミュージカル映画『レ・ミゼラブル』の劇中歌〈民衆の歌〉に広東語詞をつけた〈問誰未發聲（誰がまだ声を上げていないというのか）〉、人気ロックバンドのBeyondが一九九三年にリリースした自由を歌うヒットソング〈海闊天空〉など、いくつもの歌が占拠現場で歌われていた。[7]

香港出身の社会学者、張彧暋は、二〇一八年に出版された書籍の中で「香港の社会運動では必ず歌が歌われる」と述べている。[8]

「香港人」の声

香港の社会運動で歌が歌われるのはなぜだろうか。張彧暋は、香港に豊かな「劇曲とポップソングの土壌」があることを理由に挙げている。もちろん、音楽やポップソングはどの地域、社会にも存在し、それぞれの場所で豊かな土壌を形成しているに違いない。しかし、香港においては、広東語で歌われる流行歌の興盛が、香港社会における「香港人」意識の誕生と並走してきたという特別な歴史的背景がある。だからこそ、それは本章冒頭で触れたように、単なる個人的消費の対象ではなく、集合的なアイデンティティ意識に関わる「私たちの共通の記憶」や「ローカルな文化」の拠り所として認識されてきた。

香港を含む中国南部の広東地域では、伝統的に、地域の共通言語である広東語（廣府話）で演じられる「粤劇」や、そこから派生した比較的短い歌曲「粤曲」が庶民に親しまれてきた。[9]植民地化されて以降の香港には、英語圏のポップソングや、その影響を受けた上海租界発の歌謡曲である「時代曲」も流入した。[10]そのため、一九五〇年代から六〇年代にかけての香港では、ポピュラー音楽の中心は標準中国語（マンダリン）で歌われる上海の時代曲や英語で歌われるロックであり、広東語で歌われる楽曲は古臭く、低俗なイメージを持たれていたとされる。[11]

しかし一九七〇年代に入ると、「カントポップ（粤語流行曲）」と呼ばれる、広東語で歌われる歌謡曲の流行が起こる。一九七四年にはテレビ局無線電視（TVB）が放送したドラマ『啼笑因縁』の同名主題歌をはじめ、テレビドラマ発の広東語楽曲がいくつもヒットした。同じ年には、ビートルズ風の英語バンド、The Lotus のボーカルとして一九六〇年代後半から活躍し、TVBの番組出演や映画でも人気を博していた許冠傑《サム・ホイ》が広東語曲のみを収録したフルアルバム《鬼馬雙星》をリリースし、大ヒットさせている。〈啼笑因縁〉を歌った仙杜拉《サンドラ・ラン》も許冠傑も、先端的な英語ポップソングの歌唱で知られたシンガーであり、彼らが歌う新しいポップソングの流行により、旧来の広東語歌謡のイメージが刷新されたとされる。[12] 以降、カントポップは香港の音楽業界のメインストリームとなり、一九八〇年代の譚詠麟《アラン・タム》、張國榮《レスリー・チャン》、梅艷芳《アニタ・ムイ》、一九九〇年代の「四大天王」ら、スター歌手を次々と輩出して、香港を超えて広く東アジア、東南アジア各地で人気を博した。

広東語で歌われるカントポップがメインストリームとなった一九七〇年代は、大陸各地からの新規流入者が人口の多数を占める移民社会であった戦後香港社会に独自の帰属意識が形成され、中国人でもイギリス人でもない「香港人」という独自のアイデンティティ意識が誕生した時期ともされている。[13] この頃には、戦後すぐに香港で生まれた香港を故郷とする人々が成人し、軽工業の発展やマクルホース総督（在任一九七一～八二年）時代の積極的な公共政策により、市民の生活水準も向上していた。カントポップをはじめとするポピュラー文化の消費拡大は、そうした生活に余裕のある新興中産階級の増加とも関わる現象であった。

文化研究者の呉俊雄は「一九七四年生まれ——香港ポピュラー文化の前世と今世」という論考において、カントポップのヒットソングが多く生まれた一九七四年を、香港の戦後ベビーブーム世代の「集合的ローカル意識」が形成された重要な年だとし、新たな大衆的娯楽の普及と公共政策との関わりからその背景を論じている。[14] 独自のローカルなポピュラー文化の生成が、香港人としてのアイデンティティ形成と密接に関わっていたという認識は、一九九七年の返還と前後して多く発表された「香港人」や「香港人意識」をめぐる論考においても踏襲されている。[15]

一九七〇年代当時のカントポップの流行歌の中にも、生まれつつあった香港への愛着や帰属意識を直接の題材とするものがある。たとえば羅文《ロマン・タム》が歌った一九七九年リリースの〈獅子山下〉[16]では、さまざまな背景を持つ人々が香港という「最果て」に集い、共に力を合わせて「香江」（香港の雅称）の「朽ちることのない名句」を記していく様子が歌われている。

人生は喜びあれども　涙もつきもの
ぼくらみんな　出会いは獅子山の下（…）
互いの心の矛盾を解き
一緒に理想を追おう
同舟の仲間が　誓い寄り添えば
恐れるものは何もない
この最果てで共に　手をとり山道を踏みならし
ぼくらみんな　苦難と努力で書き残す
あの朽ちることのない香江の名句[17]

タイトルにある「獅子山」とは九龍半島中央に聳える山の名前であり、戦後に大陸から移り住んできた人々の多くは、この山の麓に建設されたバラックや公共住宅に暮らしていた（図2－2）。「獅子山の下」で出会い、見ず知らずの他人と協力しながら努力する人々の姿を歌ったこの歌は、多くの香港住民の経験と重なるものだった。

獅子山は、返還後の今日に至るまで、香港という共同体の重要な象徴となっている。二〇一四年の雨傘運動の際には、この山に普通選挙を要求する垂れ幕が垂らされ、二〇一九年にはこの山をライトアップする活動も行われた。〈香港に栄光あれ〉のオンライン配信版のアートワークにも、このライトアップされた獅子山の写真が用いられている。民主化運動だけではなく、獅子山や〈獅子山下〉は、返還後の香港政府のキャンペーンにおいても繰り返し引用されている。[18]

この〈獅子山下〉の作詞者、黄霑《ジェームズ・ウォン》は、一九七〇年代以降、それまでの「古臭い」「低俗だ」という偏見を打ち破り大衆的な流行となった広東語流行歌について、「香港人」が見つけた「自分自身の固有の声」であった、と述べている。[19] カントポップは、戦後香港に生まれた「香港人」というアイデンティティ意識に伴走してきた「香港人の声」として認識されているのである。流行歌が、香港という共同体への帰属意識そのものと想像されているのだとすれば、その共同体の価値観をめぐる運動の中で、歌や歌手が重視されることも不思議ではないのかもしれない。

芸能と政治の距離

しかし、たとえば他地域におけるフォークやロック、あるいはヒップホップとは異なり、カントポップは必ずしも、はじめからカウンター・カルチャーや反体制的政治運動と強く結びついた音楽ジャンルではなかった。カントポップは、あくまでも産業的・商業的な流行であり、他地域の音楽業界からの影響を強く受けていた。楽曲の大部分は西洋や日本の歌謡曲のスタイルを模倣しており、歌詞の面でも、〈獅子山下〉のような少数の例外を除けば、大半はローカルな社会事情ではなく恋愛感情を取り上げたものであった。歴史家のジョン・キャロルは、一九七四年に「誕生」したカントポップの特徴を端的に、「西洋スタイルの流行音楽に広東語の歌詞をつけたセンチメンタルなラブソング」とまとめている。[20]

一九七九年から九一年上半期までの期間、公共放送の香港電台（RTHK）の週間ヒットチャートに登場した楽曲の歌詞内容を分析した音楽評論家の黄志華は、ほとんどの時期において、社会風刺を題材とした歌詞は年間一、二曲程度であったと指摘している。黄は、ヒットチャートのランク外の楽曲を含めたとしても、社会風刺を題材にした楽曲は香港でリリースされるすべての楽曲のうちせいぜい八パーセント程度だろうと推測し、「社会風刺を描く楽曲は決してポピュラー音楽の主流ではない」と結論づけている。[21]

図 2-2　九龍・黄大仙の集合住宅と獅子山

唯一の例外として、先述した六四事件の直後である一九九〇年、九一年には、立て続けにこの事件に関連した楽曲がリリースされ、ヒットしていたが、[22]その流行はすぐに廃れ、中国政府に配慮したマスメディアの自主規制のためか、あるいは単にそうした楽曲の市場価値が薄れたためか、政治的な楽曲はすぐに再びカントポップの主流からは外れていった。[23]そして、以降の一九九〇年代の香港の音楽業界は、「四大天王」がリードする華やかなアイドル・ポップの全盛期を迎える。黄霑《ジェームズ・ウォン》はこの時期のカントポップについて、「六四事件のあと、香港は反省し始めた。しかし反省の結果は、流行曲にはあまり反映されなかった」とまとめている。[24]

一九八九年当時、民主化運動支援のチャリティ活動に参加していた芸能関係者の中にも、返還後は一転して中央政府寄りの姿勢を鮮明にした者もいる。[25] たとえば近年では中国共産党にきわめて肯定的な立場を取り、雨傘運動時にもデモ参加者を非難したジャッキー・チェンも、一九八九年のコンサートには参加していた。エレクトロポップ・デュオの達明一派のボーカルである黄耀明《アンソニー・ウォン》や、アクティビストとしても著名な何韻詩《デニス・ホー》のように、民主化運動への積極的な支持を表明する著名アーティストもいるが、彼らはあくまでも例外的な存在だと言える。カントポップの歌手たちは、少数の例外を除けば、概して政治運動と距離をとっていた。

もっとも、世界のポップシンガーたちに目を向けたとき、こうした香港の特徴は、決して珍しくはない。商業的利益が重視されるポピュラー音楽業界では、潜在的にオーディエンスを分化しかねない題材は好まれず、ミュージシャンの所属会社は一般には政治的表現を自己規制する傾向にある、という研究者の指摘もある。[26] ミュージシャンによる明確な政治的メッセージの発信や、政治活動への参画は、むしろ特殊かつ例外的な状況下においてのみ可能となることであり、総じて商業主義的なポピュラー音楽は、政治と距離をとる傾向があるのである。[27]

社会派ソングの台頭

それでは、二〇一九年にプロテスト・ソングを歌ったのは、どんな歌手たちだったのだろう。メインストリームの音楽業界が政治と距離をとる中で、彼らはどのように活動空間を確保し、注目を集めてきたのだろうか。ここでは、社会情勢への風刺で知られるインディーズ・ミュージシャンのうち、おそらく香港で最も知名度の高いMy Little Airportのキャリアを例として取り上げたい。

「ドナルド・ツァン、死んでくれ」

My Little Airport（MLA）は、二〇〇一年、香港樹仁學院ジャーナリズム学科の学生だったニコル（本名・區健瑩、メインボーカル）と林阿P（本名・林鵬、コンポーザー、サブボーカル）の二人によって結成され、二〇〇四年にインディーズ・レーベルの維港唱片（Harbour Records）からデビューした。デビュー直後からコアな音楽ファンの間では国際的に評価の高いグループだったが[28]、香港内では二〇〇九年の五月一五日、動画配信サイトにアップロードした楽曲〈ドナルド・ツァン、死んでくれ[29]〉が大きな話題を呼び、広く一般に知られる存在になった。

ドナルド・ツァン（曽蔭権）とは、当時の香港の行政長官の名前である。彼は、MLAが楽曲を発表する前日の一四日、六四事件にまつわる答弁の中で「事件から時間が経った今では、香港人は「中国の」国家の発展を評価している」と発言し、民主派議員や世論の強烈な反発を招いていた。翌日に発表されたMLAの楽曲では、おそらくきわめて簡素な自宅録音用の機材で録音されたと思われるノイズ混じりの音質で、行政長官の発言への不満が弾き語られている。

　ドナルド・ツァン、死んでくれ　俺たちは絶対デモするぜ

ドナルド・ツァン、死んでくれ　とっととクビになってくれ
たとえばもし今日あんたが誰かに手を切りつけられて
二〇年後にその相手は出世して行政長官にでもなってて
そしたら罪の追及をやめるのか「功績に免じて」って（…）
董建華［前任の行政長官］は仕事ぶりこそカスだったが
良心はお前ほどすさんじゃいなかった
お前が誇るべき任期中最大の功績は
市民の民主への要求を強化したことだ[30]

MLAのこの楽曲は、世間の注目を集めていた彼の発言を即座に取り上げたものであったために、まさに時宜を得た楽曲として、同様の不満を抱く人々の間で広まった。

この楽曲の成功は、おそらくソーシャルメディアの普及をはじめとする新時代のメディア環境と密接に関わるものであった。アーティストが自身の端末で音楽を録音し、配信プラットフォームに即座に投稿できる環境なしには、ある日に起こった事件を題材にした歌を翌日に発表することはできなかっただろう。

また、行政長官を「死んでくれ」と罵る楽曲は、たとえ制作できていたとしても、マスメディアを通じてオンエアすることは難しかったかもしれない。この点でも、アーティスト自身が直接的に音楽を配信できるインターネット上のサービスが普及した意義は大きかった。この頃には、香港ではヒッ

プホップ・グループのLMFをはじめ、旧来の放送局のコードに抵触する「粗口」混じりの「過激な」楽曲を発表し、インターネットを通じて人気を得るアーティストがすでに現れていた。[31]

MLAのような政治に関連した過激な発信を行うインディーズ・アーティストが台頭した背景には、第一に、このように既存のレコード・プロダクションや放送網に依存することなく楽曲を制作し、流通させることを可能とした、インターネット上のオルタナティブな創作空間の広がりがあったと言えるだろう。

また付言しておけば、当時としてはごく当たり前ではあったのだが、国安法導入以前の香港においては、一国二制度の枠内において相当な言論の自由が認められていたことも、彼らが活動空間を確保できた背景の一つだと言えるだろう。仮に政府や行政長官を口汚く批判したとしても、せいぜい保守的な層から眉を顰められたり、既存の放送網から締め出されたりする程度で、公権力から創作を理由に逮捕される危惧はおそらくなかった。筆者の知るかぎり、MLAやLMFも含め、この時期に楽曲が原因で刑事罪に問われた事例はおそらくない。

ラブソングの死

規制の不在により政治的発信が可能な空間があった、という消極的な理由のほかにも、当時の香港社会には、アーティストの政治的発信を後押しする積極的な要因もあった。政治問題、社会問題の顕在化と、それに対する市民の関心の高まり、すなわち返還後香港社会の「政治的覚醒」ないし「政治化」である。

国家統合を強める法律の導入、民主化の実施などの政治制度上の問題に加え、アジア通貨危機やSARS流行による香港経済の低迷など、返還後の香港では、さまざまな社会問題が浮上した。停滞する香港経済へのテコ入れ策として、二〇〇三年に導入された大陸との経済緊密化協定（CEPA）は、観光客の増加による街の景観や商業空間の変化、大陸からの投機に伴う不動産価格の高騰など、さまざまな弊害も生んでいた。これらの一連の問題は、いずれも中国大陸と香港との摩擦に関わるものであることから、「中港矛盾」と総称される。

こうした情勢の中で、社会問題に対する香港の人々の関心も高まった。インターネット上の掲示板では、旧来の「政治に無関心な香港人」のイメージどおり、政治問題に関心を持たず目先の経済活動にのみ従事する人々を揶揄する「港豬（香港の豚）」という用語も生まれた。雨傘運動前後の時期には、浮世離れして庶民の暮らしを知らない富裕層を「地に足がついていない」と非難する「離地」という言葉が流行語になっている。

MLAの楽曲は、政治に関心を持たない浮世離れした態度が問題視される時代にあって、まさに地に足のついた態度で、生活上のさまざまな問題を歌にした。彼らの歌詞は、作詞・作曲担当の林阿Pの言葉を借りれば「鬱陶しい愚痴」のような、[32]ある音楽レビューサイトの表現を用いれば「日記の一ページを読んでいるような」、些細な日常生活上の不平や不満に満ちている。

二〇〇九年のアルバムに収録された〈邊一個發明了返工（仕事なんて発明したのは誰だ）〉は、生活資金を得るために必死に働いて「魂すらも大財閥に売り渡す」ことの不条理を歌い、二〇一一年リリースの〈西西弗斯之歌（シーシュポスの歌）〉では、退屈なアルバイトをギリシャ神話に登場するシーシュポスの終わらない苦行に例えている。[33] 二〇一四年のアルバム《適婚的年齢（結婚適齢期）》の歌詞に登場する人物は、「もうこれ以上高い家賃は払いきれない」からと近所で進められている地下鉄の開通工事が遅れることを望んだり（〈土瓜灣情歌〉）、「もうすぐ頭金は貯まりそうだし、小さな部屋ならなんとかローンも払える」とプロポーズをしたり（〈我在暗中儲首期〉）、吉野家で遭遇した親戚夫婦の姿を見て、独りでファストフードを食べる自分の生活の惨めさを思い知らされたり（〈給親戚看見我一個人食吉野家〉）する。

これらの不満は、きわめて個人的な経験として語られているものの、おそらく香港社会全体の雰囲気や、若者のリアルな経済事情、恋愛事情を踏まえたものでもある。音楽評論家の梁偉詩はMLAのこれらの楽曲を、「不動産覇権下に生きる一般的労働者の生活の実情」を描いたものとして評価している。[34] 不動産覇権とは、二〇一〇年代の香港における流行語の一つで、先述の不動産価格の高騰に伴う生活費の増加などの社会問題を指す。

社会問題を取り上げるMLAの姿勢は、当時の香港の音楽シーン全体の趨勢ともリンクしていた。社会問題への関心が高まる時代にあって、ラブソングばかりを歌うカントポップ業界への不満の声もあがりつつあったからである。[35] 梁偉詩は、MLAの人気を、こうした情勢の中で「歌詞を以って時事を論じる（以詞論事）」ヒット曲が増加した返還後香港の音楽業界全体のトレンドの中に位置づけている。[36]

この時代、社会派の楽曲を武器にメインストリームでの成功を手にした歌手の例に、二〇〇五年にデビューしたシンガーの謝安琪《ケイ・ツェー》がいる。デビュー直後から、加熱する美容ブーム、ゴシップ報道の弊害、外国人家政婦問題、バスの危険運転などの身近な社会問題を取り上げた楽曲と共に注目を集め、彼女自身の飾らないパーソナリティもあって「庶民の歌姫（平民天后）」と呼ばれる人気歌手となった。[36]デビュー翌年にはユニバーサル傘下のメジャー・レーベル、シネポリー（新藝寶）に移籍している。

彼女が二〇〇八年にリリースした〈囍帖街〉は、時事問題を取り上げた社会派楽曲であったにもかかわらず、その後も多くのアーティストによってカバーされるカントポップのスタンダード・ナンバーとなった。タイトルの「囍帖街」とは、香港島灣仔にある利東街の別名である。結婚式の招待状である「囍帖」をはじめ、結婚用品を売る店が立ち並ぶことからそう呼ばれるようになった。香港で式を挙げたカップルにとって思い出深い通りとして長く親しまれていたが、当時は政府主導の再開発が進められていた。

謝安琪の楽曲は、愛情の有限性を嘆くラブソングの体裁をとりながら、開発に伴う強制立ち退きや歴史的建築物の取り壊しという社会問題をクロスオーバーさせていた。[38]

美しい景色も毎日常にあるわけではない
梯子もただ登り続けるわけにはいかない
愛した相手とも一生一緒にはいられない
きっと恐れることもないのだろう

忘れてしまおう　かつて愛した人
あの時　囍帖に箔押しされたあの名前
ウェディングフォトを飾ったあの壁も
美しい古い月日の一切も　明日同時に取り壊し
忘れてしまおう　かつてあった家
小さなテーブル　ソファー　冷蔵庫に　二人分の紅茶
温かい日々も所詮は借り物　時がくれば返すのだろう
次の世代を待ってはくれない　そうだろう[39]

当時の香港では、二〇〇六年から翌年にかけて、大規模な反対運動を引き起こした植民地期の埠頭の取り壊し計画をはじめ、類似の問題が大きな注目を集めており、歴史的建築物などを保全しようとする「保育運動」と呼ばれる活動も広がっていた。この〈囍帖街〉もこうした社会的関心に呼応する楽曲であった。社会問題への関心が高まる時代、ＭＬＡや謝安琪のような地に足のついた態度で身近な問題を取り上げる歌手たちの活動を後押しする聴衆もまた生まれていたのである。

なお謝安琪は、メジャーでの成功後も社会派アーティストとしてのイメージを保持し続け、雨傘運動時に作成された運動歌〈撐起雨傘〉にも参加している。

身近な社会問題への関心は、必然的に香港内のローカルな空間への関心ともつながっている。ＭＬＡの楽曲には、しばしば香港の具体的な地名が登場し、二〇〇九年の《介乎法國與旺角的詩意（モンパルナスと旺角《モンコック》の間の詩意）》から二〇二一年の《Sabina 之涙》に至るまでのすべてのアルバムに、必ず最低一曲は香港内の地名をタイトルに含む楽曲が収録されている。[40] 具体的な土地のイメージに根ざすローカリズムが、社会風刺と並ぶ、彼らの歌詞世界の特徴の一つだと言えるだろう。[41]

文学者のジャネット・ンは、二〇〇九年の著作において、二〇〇〇年代の香港のポピュラー文化には、それまでの国際化路線を反省し、ローカル性へと回帰する「内向きの転換」が見られると指摘している。[42] 一九八〇年代や九〇年代、香港発の映画や音楽は、国際的な評価を獲得する一方で、徐々にローカル色を失っていったという。もちろん、それは香港域外の消費者に受け入れられづらい要素を減らすという配慮の結果であり、当時は「疑う余地のない経済戦略」とされていた。しかし、こうした国際化路線が、香港の観衆、聴衆との距離を生んでしまったのではないかと彼女は指摘する。

その反動か、返還後、とりわけ二〇〇三年のＳＡＲＳ危機以降は、「ローカルなものへの回帰」とも言える、古き良き香港を懐古するような文化スタイルが流行した。彼女はその例として、一九九二年に一度引退していた許冠傑《サム・ホイ》が、二〇〇四年五月にカムバックを果たしたことを挙げている。

一九七〇年代に許冠傑が率いたカントポップ・ブームは、芽生えつつあった香港というローカルな共同体意識に寄り添うものだった。しかし、二〇〇〇年代の彼の復帰に象徴される「ローカルなものへの回帰」は、単なる過去の繰り返しではなく、返還を挟み三〇年以上の時を経た香港という場の根本的な変化を示しているように思われる。

許冠傑とMLAの歌詞を比較分析したミラン・イスマンギルは、前者において肯定的に描かれていた香港というローカリティが、後者においては主として否定的な言葉で語られている、と指摘する。[43] 許冠傑の楽曲で生まれつつある新たな共同体が祝福されているのだとすれば、MLAの歌詞においては、その変貌や喪失が嘆かれているのである。

香港内の具体的な地名を取り上げることが多いMLAの作品の中で、例外的に「香港」そのものに言及する〈美麗新香港〉という歌がある。雨傘運動の前夜、二〇一四年に発表されたこの楽曲のテーマも香港の変貌である（タイトルはオルダス・ハクスリーのディストピア小説『すばらしい新世界』の中国語訳『美麗新世界』からとられているものと思われる）。この歌の主人公は「君が出てくと決めてから」生活に起こったさまざまな変化への不満を述べ、最後には「こんな香港もう私の地元じゃない」[44]と嘆く。

君が出てくと決めてから　誰も知らない私の悩み
もうパーティに長居する気力もなく　友達に声をかける勇気もない
離れた君が見ない間に　景色もすっかり様変わり
もう早起きをする理由はないけど　ぐっすり眠れる枕もない
こんな世界のホームシック　ただ君がいない時のこと
こんな香港もう私の地元じゃない　まるで海外旅行中[45]

文化研究者の朱耀偉は、この歌について、まさに当時の「香港の人々の心情を言葉にした」と評価している。[46]中国への国家統合が進められる中で、香港らしさの消失への危惧は、当時の社会で広く共有されていた感覚だったからである。

MLAの〈美麗新香港〉は、コメディ映画の主題歌にも採用され、香港のアカデミー賞とも言われる映画賞「金像賞」の楽曲賞部門にノミネートされた。二〇一五年四月、この賞の授賞式典が行われた際にはMLAも生演奏を行ったが、この出演時に彼らは物議を醸すパフォーマンスを行った。ボーカルの歌唱が終わったあと、ピアノ伴奏を担当していたメンバーが、イギリス国歌の旋律を演奏したのである。香港で式典を中継していたテレビ局TVBは異変を察知してCMに切り替えたが、大陸でのネット中継はそのまま継続されたため、一部始終が流れてしまった。

彼らがピアノで演奏したイギリス国歌の旋律は徐々に崩れていき、最後には完全な不協和音となって終わった。このパフォーマンスをどのように理解すべきだろうか。中国共産党機関紙『人民日報』傘下の『環球時報』は、これを「政治的意味に満ちた」ものとして問題視した。[47]事件の直後に公開された同紙の記事は、歌詞中の「君」について、イギリスを指すものだと解釈し、楽曲全体が植民地統治時代を美化していると批判した上で、「英国の奴隷」などの厳しい言葉を交えながらMLAを非難している。

インディーズ・バンドの「鬱陶しい愚痴」のような些細な社会風刺は、やがてインターネット上の流行となり、批評家たちから時代精神を代表する楽曲としての評価を受け、さらには中国共産党系メディアから直接苦言を呈されるほどの注目を集めるようになった。こうしたMLAの歩みは、返還後の香港において歌手が政治と接点を持つに至る、一つの典型的なあり方を示しているように思われる。ローカルな社会問題への関心の高まりは、オルタナティブな創作空間で活躍するアーティストたちに新たな活力を与え、彼らの生み出す楽曲は、変わりゆく香港において、人々の心情を代弁する歌としての評価を得ていく。そして、その往還の中で膨れ上がったローカリズムは、やがて国家の逆鱗に触れるのである。

北進する歌手たち

返還後の国家統合に起因する（と考えられた）ローカルな社会問題への関心が高まる中で、インディーズ的な活動空間を活かして、積極的にそうした情勢に対するコメントを行うアーティストが人気を集めた。彼らの姿が際立たせるのは、同じ時代に香港で活動しながら、政治的発言を避けるメインストリームの歌手たちの態度である。社会問題への関心が高まる中で、「政治化」した聴衆は、そんな歌手たちの態度に不満を示すようになる。返還後の香港において、歌は社会問題への不満を表明するための媒体となっただけでなく、それ自体がまさに政治論争の争点として、その渦中に置かれるようになっていったのである。

対中依存の高まり

そもそも香港のメインストリームの歌手たちは、なぜ政治について沈黙したのだろうか。先述のとおり、香港に限らず、歌手たちが商業的な利益を考慮して、政治的話題を避けることは決して珍しくはない。しかしそれだけでなく、返還後の香港においては、大陸市場の影響力の高まりを通じて、商業的利益そのものが政治問題と密接に関わっていた。

返還後の香港経済がアジア通貨危機、SARSの流行といった相次ぐ危機に見舞われたことはすでに触れたとおりである。これに対して、中国政府は大陸・香港間の経済緊密化協定（CEPA）の締結や大陸からの個人旅行解禁など、香港経済を支援するための一連の政策を実施した。こうした経済融合がミクロなレベルで摩擦を引き起こしたこと、そしてMLAのようなアーティストがそれを取り上げてきたことも先述のとおりだが、この支援策を転機に、香港と大陸とのマクロな関係性も大きく変貌していった。

中国研究者の遊川和郎は、かつては中国にとって「金の卵を産む鶏」だった香港は、大陸経済の成長に伴い、反対に大陸から「施しを受ける」対象となったと指摘する。香港のGDPの対中国比は、一九九四年には二四・二パーセントだったが、二〇〇〇年には一四・三パーセントとなり、二〇一〇年には三・七パーセント、二〇一五年には二・九パーセントと、香港経済の相対的な規模は大幅に縮小している。[48] 経済学者の曽根康雄は、このような中国と香港の経済的地位の逆転を、「中国の経済発展に貢献する香港」から「中国の経済発展に依存する香港」への変化と形容している。[49]

エンターテインメント業界においても、類似の現象が起きている。かつて大陸を含む中華圏の流行をリードした香港の娯楽産業は、返還後に売上高の急激な低下に悩まされ、徐々に強大な大陸市場への依存を強めていった。[50]

先述のCEPAには、香港の娯楽産業を振興するための条項も含まれている。中国の映画市場は、年間に上映することのできる輸入映画の数を厳しく制限しており、旧来は香港映画もその中に含まれていたが、この取り決めにより、香港と大陸の会社が合作した映画は、特別に国内映画として扱われることになった。これにより、香港で制作される商業映画の大部分が中国大陸資本との合作になった。

合作映画の増加には、弊害もあった。その一つが、香港とは異なる大陸市場の検閲基準の遵守が求められることである。[51]この影響で、政治問題や社会問題を正面から描く映画はもちろん、心霊現象を描写するホラー映画も制作が難しくなった。[52]大陸市場への経済的依存は、必然的にその政治検閲への従属も意味するのである。

文化研究者の朱耀偉は、こうした合作映画をめぐる事例を踏まえ、返還後に生じた香港と中国大陸の関係性の変化を「新北進想像」という言葉で表している。「北進想像」とは、中国大陸の改革開放直後の香港経済界、文化界に見られた「優れた香港が後れた大陸に進出し、大陸を変える」という優越意識を批判するために用いられた言葉であった。しかし、返還後の経済低迷により、香港は中国大陸を変えるどころか、反対に生き残りのために大陸市場に依存するようになる。「北に進出し、大陸を変える」のがかつての北進想像だったとすれば、返還後の新北進想像においては「北に進出するために、香港が変わる」のだ。

「人民元に屈する」

「北進」が生き残りのための重要な戦略となったのは、音楽業界においても同様である。二〇一四年一月には、若手歌手のG.E.M.（鄧紫棋）が、大陸のテレビ局である湖南衛視の番組に出演したことがきっかけで、大陸のみならず、台湾も含めた中華圏全体で大ブレイクを果たした。[53] 彼女の成功は、カントポップ市場の縮小に悩む若手歌手たちのモデルとなり、メジャー・レーベルの若手歌手の大陸での番組出演が相次いだ。[54] ベテラン歌手たちの中からも、大陸の音楽番組への出演をきっかけとして再ブレイクを果たす者が現れた。G.E.M.のブレイク以降、香港の歌手たちは「北」に活路を見出したのである。[55]

香港の歌手たちの政治問題への沈黙も、こうした経済的な対中依存の高まりという文脈の中で理解された。つまり歌手個人の政治信条の問題ではなく、大陸市場から得られる利益に配慮した結果だとみなされていったのである。

二〇一九年一〇月一日、中華人民共和国の建国記念日である国慶節には、歌手の張敬軒《ヒンス・チョン》が大陸のソーシャルメディアにおいて行った建国を祝う内容の投稿が、香港のファンたちの不興を買った。この日も香港では激しい抗議デモが起こり、警察の実弾発砲における負傷者も出ていたため、あまりにも無神経な投稿だと受け止められたのである。このとき、彼のInstagramには「あなたもついに人民元に屈したのか」というコメントが寄せられている。[56]

実際に、反体制運動を支援する香港の芸能関係者に対して、大陸当局が経済を通じた間接的な圧力をかける事例もある。たとえば「封殺」と呼ばれる、大陸市場からの締め出し措置である。My Little

Airportの楽曲は、二〇一九年九月に大陸の音楽配信サイトから一斉に配信が停止された。一一月には、著名作詞家の林夕の作詞曲三〇〇〇曲以上が、同じく大陸において配信停止となったと報じられている。林夕は雨傘運動時に〈撐起雨傘〉の作詞にも関与するなど、民主化運動への支持を積極的に表明しており、反送中運動にも声援を送っていた。この年の一二月末、大陸のテレビ番組において彼の作詞曲が演奏された際には、作詞者欄が「佚名（作者不詳）」となっていたとも報じられている。

このような締め出しは、当然、音楽関係者にとって大きな損失となる。中国大陸市場が大きく成長し、それに対する依存が高まった今日の香港芸能界にとってはなおさらである。こうした中国大陸市場の経済的影響力が、香港の歌手に、中国当局を刺激しかねない政治的発信を自重させている要因の一つであったことは想像に難くない。

実際に「封殺」されそうになったことをきっかけに、香港政府や中国政府への支持を表明した歌手もいる。楊千嬅《ミリアム・ヨン》は、二〇一九年八月、大陸のソーシャルメディアで出回っていた出所不明の香港独立派有名人リストに自身の名前が掲載されていたことを受けて釈明に追われ[57]、所属会社を通じて「中国を愛しており、香港は中華人民共和国の不可分の一部だと信じている」と表明した[58]。容祖兒《ジョーイ・ヨン》は、二〇一九年一一月、自身のソーシャルメディア上に前髪で右目が隠れた自撮り画像を投稿したところ、大陸のソーシャルメディアにおいて、香港デモ支持のジェスチャーだと誤解され、批判にさらされた。当時、警察の発砲したビーンバッグ弾を右目に受けた女性が失明したことを受けて、デモ支持者の間で右目を手で隠した画像を投稿する動きが広がっていたためである。この投稿の直後、大陸のテレビ番組の出演者リストから、彼女の名前が削除されたとも報じられている。結局、彼女は誤解を招いたことを謝罪し、「祖国を熱く愛している」と表明した[59]。

本章冒頭で言及した張敬軒や容祖兒を「返せ」という標語がデモ現場に出現した背景には、こうした事情がある。香港と大陸との経済的関係が変化する中で、香港の歌手たちはますます大陸市場を重視するようになっていった。香港が抱える問題については沈黙し、大陸での営業活動に邁進する彼らの姿に、香港の聴衆は、大陸市場の経済的影響力の高まりの中で「香港の歌手」が一人また一人と「奪われている」という認識を強めていったのである。

紅に染まる香港

大陸資本の影響力の高まりは、芸能関係者に限らず、香港の言論状況に大きな影響を与えてきた。たとえば返還後の香港においては、「染紅（赤く染める）」と称される大陸資本による香港メディアの買収が進められた[60]。こうした動きの中で、長らく香港の地上波テレビ放送を事実上独占し、芸能業界にも大きな影響力を発揮してきたテレビ局ＴＶＢや、歴史ある英字紙『South China Morning Post』など複数の放送局や新聞が大陸資本の傘下に置かれていった。

こうした大陸資本の浸透は、所属記者による自己検閲も含め、間接的な政治検閲につながることが危惧された[61]。実態はどうあれ、少なくとも市民の大手メディアに対する心象は変化している。ＴＶＢは、雨傘運動や反送中運動の際、デモの争点となった政治問題を取り上げず、デモ隊側の暴力行為ばかりを強調するなど偏向報道をめぐる批判が相次ぎ、中国の国営放送局ＣＣＴＶになぞらえて「ＣＣＴＶＢ」と揶揄された[62]。メディアに対する市民の信頼度を調査した香港中文大学の民意調査センターの報告によれば、全放送局中、二〇〇九年には七・三〇ポイントで公共放送のRTHKに次ぐ第二位だったTVBの評点は、雨傘運動後の二〇一六年には五・八八ポイントで最下位に下落した。二〇一九年の調査ではさらに大幅に数値を下げ、四・四五ポイントとなっている。[63]

二〇一九年には、こうした大陸資本の経済的影響に対抗するために「黄色経済圏」と呼ばれる活動も行われた。これは大陸資本や大陸で展開する香港資本のチェーン店を中心とした香港政府、香港警察を支持する飲食店、すなわち体制派の「青い店舗（藍店）」をボイコットし、代わりにデモを支持する中小店舗、すなわち「黄色い店舗（黄店）」を利用することで大陸の経済的影響力に対抗することを目指す活動である。「青色」と「黄色」という比喩自体は雨傘運動時に生まれたものだが、明確な運動戦略としての「黄色経済圏」が登場したのは二〇一九年の反送中運動が最初である。

大陸市場の相対的重要度が増し、経済的影響力を通じた間接的圧力が高まる香港において、娯楽や消費も、重要な政治的争点とみなされるようになったのである。

政治化時代のポピュラー文化

社会問題への関心の高まりを受けて、それを積極的に歌にする歌手と、彼らのパフォーマンスを非難する政府当局。経済的リスクを考慮して、政治的発言を控えたり、中国への愛国心を積極的に表明したりする歌手たちと、彼らの態度に憤慨するファンたち。相反するように見える二つの現象は、どちらも返還後香港のポピュラー音楽をめぐる現実であり、その影響が二〇一九年の政治危機にも影を落としていた。

デモ現場で歌が歌われるからといって、ただその事実を指摘しただけでは、香港における音楽と政治をめぐる実態を説明し尽くせるわけではない。カントポップが常に政治的、反体制的なメッセージを媒介してきたわけでもなければ、すべてのミュージシャンが民主化運動の支援に回ったわけでもない。香港における政治と音楽との関わりは、単純な協調とも対立とも言い難い、複雑な不協和音をなしている。

その様相は、政治化時代の香港におけるポピュラー文化の一つのあり方を示しているように思われる。

政治の代わりに歌を歌う

かつて香港において、ポップソングを含めたポピュラー文化は、この街の脱政治性の象徴とみなされていた。つまり、人々が映画や歌や買い物に熱中しているのは、彼らが「政治に無関心」である証拠だ、ということだ。社会学者の張彧暋も、香港の社会運動で歌が歌われる理由にまつわる友人の談として「香港人は政治理念を語るのが下手だから、歌を歌う」という自嘲的な説に言及している。[64] 文化批評家の周蕾《レイ・チョウ》は、類似の議論を「補償ロジック（compensatory logic）」として取り上げている。[65] 植民地下の香港住民は、政治的権力のような「本質的」な何かを欠いていた代わりに、経済などの他の活動にエネルギーを集中したのだとするロジックである。

研究者たちは、こうして形成された脱政治化されたポピュラー文化や、それに熱中する住民たちの姿を、良くも悪くも香港を特徴づける現象として取り上げてきた。社会学者の呂大樂は、いわゆる「香港意識」とは、反植民地主義などの反抗意識に基づくものでも既存の文化の延長でもない「ただの香港における生活経験」にすぎず、それゆえ「中心を欠いた」「浅薄」なものだと指摘している。[66]呂大樂は、文化研究者の馬傑偉、呉俊雄と共に編集した香港文化研究論集の序文においても「圧縮された植民地経験により、民衆の感情のやり場がどこにもなかったため、メディアと消費活動、すなわち「普及文化」と総称されるものに対して異常な期待が託されるようになった」ことが香港の特徴だと述べた。[67]

日本の文化人類学者の瀬川昌久も、香港人アイデンティティを支えるのは「「儒教文化」や「中国四千年の歴史」や「中国伝統歌謡」でもなく、また「資本主義」でも「共産主義」でも」なく「ポピュラー・カルチュア」、すなわち香港における「普通の生活」そのものである、と指摘している。瀬川が例として挙げるのは、高層の共同住宅での生活、街の隅々に至るまで張りめぐらされた交通網、広東語のテレビ番組、流行歌、それに「街角のスーパーマーケットに並ぶ安価で国際性豊かな生活消費財」である。[68]

瓦解する共通体験

こうした議論においては、ポピュラー文化が、政治問題の顕在化が防がれた植民地香港において、香港住民の間で自然と広まった共通体験として想像されていた。しかし本章において見てきたとおり、政治化が進む返還後の香港社会においては、ポピュラー文化の生産や消費そのものが政治的争点となり、分断をもたらしている。

かつて、人々の共通体験としてのポピュラー文化が、香港人というアイデンティティ意識の生成に果たした役割を強調した文化研究者の馬傑偉は、二〇一四年七月、『明報』紙に「二つの香港」という記事を寄稿している。雨傘運動前夜の政治情勢は、彼の目には、路上占拠運動を支持する一派とそれに反対する一派との間で、香港が真っ二つに引き裂かれているように映ったようだ。かつて香港に集った人々の共通体験を歌う象徴的な楽曲〈獅子山下〉の歌詞を引用しながら、彼は二つに分かれてしまった香港を嘆いている。

香港が分裂している。むごたらしく真っ二つに。片方にはオキュパイ・セントラル［を支持する］派があり、もう片方には和諧［（中国共産党のスローガンの一つで社会調和を意味する）を重んじる］愛国派がいて、スイカのようにぱっくりと割れている。（…）台湾では青（国民党）と緑（民進党）の対立が家庭や友人関係にも深く影響しているが、（…）同様の亀裂が香港でも蔓延しつつある。（…）かつては獅子山の下で共に努力し、何より生活を第一に、みんなで一緒になって「香江の名句」を書いてきたというのに。今では香港は様変わりし、二つの香港が生まれている。我と彼、自分の仲間とそれ以外とを分ける境界線が、家庭や友人を引き裂いているのだ。[69]

かつての香港ポピュラー文化研究が前提としてきた、素朴な「脱政治的」共通体験としてのポピュラー文化は、返還後の政治的分断の拡大の中で、もはや瓦解してしまったように思われる。しかし、だからこそ、ポピュラー文化と香港との結びつきは、香港の人々にとって今まで以上に強く意識されているように思える。歌手や歌を「自分たちのもの」として考える人々は、彼らが「奪われる」ことに激しく憤り、それを取り戻そうとする。

変貌や喪失の中で、人々はただ無意識に文化を消費するのではなく、能動的にそれを守り、取り戻そうとするようになる。かつて学者たちが唱えた「ポピュラー文化が香港人意識を作った」というテーゼは、自らの行動の政治的意義を意識せず、ただ個人的に消費物を享受していた人々の浅薄な行為の積み重ねが、意図せざる結果として、香港人という集合意識を基礎づける共通体験を提供した、という前提に立っている。

そこでは「ポピュラー文化」と「香港人アイデンティティ」との結びつきは、研究者が観察の結果として導き出したものにすぎず、ただ「普通の生活」を送っているだけの大部分の当事者にとっては、決して意識されないものだったはずである。しかし、今日の政治運動の中では、「香港らしい」文化をめぐる問題が、運動当事者によって、重要な争点の一つとして強く意識されている。つまり、かつては批評家や学者たちが外部から香港を観察し、分析した結果見出されていた概念が、今や香港の当事者自身の意識に取り込まれ、彼らの意識や感覚に影響を与えているのではないか。

歌は誰のものか

娯楽や消費がますます大きな政治的争点となる中で、カントポップ業界が持つ過去の資産、すなわち往年の名曲たちも、さまざまな、時に矛盾する思惑の下に、積極的に再利用されている。ここでは最後に、とりわけそうした雑多な文脈での「動員」が目立つ例として、Beyond の楽曲を取り上げたい。

Beyond は、一九八〇年代後半以降、数多くの名曲を送り出したロックバンドである。一九九〇年代には日本市場への進出を図ったが、その活動の最中、一九九三年、日本のテレビ局での番組収録中の事故によりフロントマンの黄家駒が急死してしまった。人気の絶頂期に悲劇的な形で活動休止を余儀なくされた彼らのヒットソングは、カントポップの黄金期を象徴する楽曲として、以降も親しまれている。

黄家駒が作詞・作曲し、彼の死の直前、一九九三年にリリースされた Beyond の〈海闊天空〉は、すでに述べたように、六四事件の追悼集会や、雨傘運動など、香港のさまざまな政治運動において歌い継がれてきた。この曲のタイトルは、二〇一九年の運動歌〈僢底之約〉の歌詞にも引用されている。[70]

黄家駒の創作した楽曲の中には、ネルソン・マンデラの活動にインスピレーションを受けた〈光輝歳月〉（一九九一年）のように明確に政治運動を題材としたものもあるが、〈海闊天空〉はそれとは異なる。歌詞は「自由」を貫く意思にこそ言及しているものの、その内容は全体に抽象的で曖昧であり、むしろラブソングとしての解釈も可能である。張彧暋は、この楽曲はリリース当初は放任を求める若者の歌かと思われていたが、次第に「自由という理想の追求」が社会運動の文脈で注目されるようになったと指摘する。[71] つまり、この歌は、社会運動の中で歌い継がれることで、もとの曲が持っていた以上の意義を獲得していったのである。

Beyondの楽曲は、香港発の娯楽が大陸でも影響力を持っていた時代の産物でもあり、大陸の聴衆にもよく知られる。そのため「北進」を目指す歌手にとっても重要なレパートリーとなる。G.E.M.（鄧紫棋）も、ブレイクのきっかけとなった大陸のテレビ番組への出演時にBeyondのヒット曲〈喜歡你〉（一九八八年）をカバーしている。このカバーに対しては、Beyondの正当な解釈とは言えないという批判の声も寄せられたが、G.E.M.自身はこの楽曲を演奏する前に、自身のFacebook上で「もちろん［大陸の番組でも］カントポップを歌います。私は香港の歌手ですから」と表明している。彼女にとっては、Beyondの楽曲をカバーすることは、自身の「香港の歌手」としてのアイデンティティを表明する手段だったのである。

Beyondの楽曲を活用する可能性は、民主化運動の参加者以外にも開かれている。二〇一九年の反送中運動のさなかには、香港内においてマイノリティである南アジア系の人々が、「私たちも香港人だ」と主張するためにこの楽曲を歌う一幕もあった。

発端は、一一月に民主派活動家が襲撃された事件だった。その実行犯を南アジア系の人物だったとする報道がされたことで、デモ支持者と南アジア系の住民との間の緊張が高まった。それを受けて事件直後の週末に計画されていたデモに合わせて、南アジア系香港人の有志が、南アジア系コミュニティの象徴となっている建物である重慶大廈《チョンキン・マンション》に集い、デモ隊への連帯を表明して、マイノリティへの差別や偏見を止めるように訴えた。現場を目撃したあるジャーナリストは、〈海闊天空〉の合唱がこの日のハイライトであった、と記している。

今日最も感動的だったのは、友人たちがチョンキン・マンションの入り口に立ち、一緒にBeyondの〈海闊天空〉を歌ったことだった。広東語の歌詞もたいそう流暢で、デモ隊に受け入れられていた。［南アジア系香港人のソーシャル・ワーカーである］ジェフがマイクで「私たちだって香港人だ！　そうだろ！」と叫ぶ（群衆が「そうだ！」と答える）。現場でボランティアをしていた理学療法士は（…）「チョンキン・マンションがこれほど楽しげな雰囲気で、路上の人々と一体化していたのはこれまで見たことがない。多元的で包容力のある香港精神を真に体現していた」と語った。[72]

ポピュラー文化の消費が、マジョリティの香港人によって「香港人」アイデンティティの主張に用いられてきた過去があるからこそ、マイノリティもまた、それを通じて自らの「香港人らしさ」を能動的に主張することが可能になっている。「Beyondを歌ってきたのが香港人だ」という認識が存在してきたからこそ、「私たちもBeyondを歌う」ということが、アイデンティティの表明になり得るのである。

ここではまさに、かつて学者たちが観察の結果として導き出した「ポピュラー文化が香港人を作った」という認識が、人々によって明確に意識され、主体的に共同性を表明するためのアクティブな指標として機能している。

無意識の共通体験とされてきたポピュラー文化が、返還後の変貌の中で瓦解することでかえって意識化され、政治的意義を持つようになる。本章では、ポピュラー音楽にまつわる事例を通じて、このような図式にたどり着いた。次章では、こうしたプロセスをさらに検討するために、映画や音楽などのメディア文化の事例からは一旦離れ、それと並んで香港におけるポピュラー文化研究の主要な対象となってきた、買い物や飲食といった、より幅広い消費行動に焦点を当てたい。

とりわけ注目したいのは、香港郊外の新興住宅地区に出現した特殊な消費空間である。そこでは、返還以前には地域住民のコミュニティ意識が育まれてきたが、返還後には、解禁された大陸からの個人旅行の影響を受け、そのあり方は大きく変貌してしまった。そしてその変貌にまつわる住民の認識が、かつての姿を取り戻そうとする抗議運動を触発してきたのである。

補論――ポピュラー音楽と理工大学包囲戦

香港におけるポピュラー音楽と政治との関わりを取り上げてきた本章の締めくくりとして、反送中運動期間中のある事件に触れておきたい。

二〇一九年一一月、香港警察は香港理工大学を包囲し、内部に立てこもるデモ隊と対峙した。包囲のさなか警察は、警察車両のスピーカーを通じて投降を呼びかけていたが、時折、同じスピーカーを通じて、カントポップの往年のヒット曲を複数流していたという[73]。

流された楽曲の中には、歌詞が持つメッセージから、それが選ばれた理由を容易に想像することができるものもあった。たとえば、追いかけることや、逃げ隠れすることがテーマになった楽曲や、学園や青少年を主人公にした歌など、内部のデモ隊の境遇とつながり得る歌詞を持つ歌である。

しかし、大半は当時の状況とはまったく無関係なラブソングだった。

学生たちが、過去に聴いたポップソングを耳にすることで、それに結びつけられたかつての日常を想起し、士気を失うことを狙ったものだろうか。当時大学内部にいた学生たちは、警察により徹底的に退路を断たれていたため、いずれにせよ投降して逮捕される以外の選択肢は考えられなかった。無邪気に恋愛を歌う歌ほど、彼らの置かれた状況を、対比的に強烈に浮かび上がらせるものはなかったのかもしれない。実際に、当時の様子を写した映像には、内部の人々が、警察が放送する歌を耳にして激しく動揺する様子も記録されている。流行歌が喚起するイメージは、時に警察にとっても重要な「武器」となり得るほどに強力なものなのだろう。[74]

なお、理工大学包囲戦に関連して逮捕された者の中には、ミュージシャンもいた。二〇一九年にソニーミュージック香港からデビューしたばかりの新人歌手であった荘正《レスター・チョン》である。彼は、二〇一九年一一月一八日、同大学周辺にいたところを「暴動」に参加した容疑で逮捕され、起訴された。彼はソニーに対して自主的に契約解除を申し入れた。二〇二三年一月に有罪が確定し、執筆時点の現在も服役中である。有罪判決前、保釈期間中には〈裂〉という新曲をリリースしている。二〇二二年一二月に YouTube に投稿された同曲のミュージッビデオには、ラストライブを行い、仲間や恋人と入獄前の最後の日々を過ごす彼の姿も記録されている。[75]

註

1 それまでにも民陣主催の集会は、警察の許可の下に八月一八日、八月三一日、一〇月一日、一〇月二〇日などに開催していた。これらの集会では、民陣が参加者に対して、特定のルートを歩いて集会会場となった公園から帰るように呼びかけたため、路上では事実上デモ行進と同様の光景が見られた。このような散会時に事実上のデモ行進を伴う集会は「流水式集会」と呼ばれていた。

2 https://www.facebook.com/cantopopfans/photos/你搶得走香港歌手但你搶不走我們的共同回憶和本土文化一日之間不少人也失去了%20多年偶像廣東歌之所以要保育正正是廣東話本土文化共同回憶的重要性成為一個土生土長香港人的一/838986293166354/（最終閲覧日：二〇二三年一一月一二日）

3 Chan, Damon, ed., *F for: Hong Kong Protest Music Vol. 1 Jun-Jul 2019*, Self-published, 2020.

4 Chan, Damon, ed., *F for: Hong Kong Protest Music Vol. 2 Aug-Sep 2019*, Self-published, 2023.

5 同上、pp. 112–113. 鄭伊健が歌い、二〇〇〇年にリリースされた。和田光司が歌った日本語版主題歌〈Butter-Fly〉に広東語詞をつけたものである。

6 Lee, Joanna Ching-Yun, "All for Freedom: The Rise of Patriotic/Pro-Democratic Popular Music in Hong Kong in Response to the Chinese Student Movement," in *Rockin' the Boat: Mass Music and Mass Movements*, ed. Reebee Garofalo, Boston: South End Press, 1992, pp. 129–147.

7 こうした楽曲の例は、Rühlig, Tim, "'Do You Hear the People Sing' 'Lift Your Umbrella'? Understanding Hong Kong's Pro-democratic Umbrella Movement through YouTube Music Videos," *China Perspectives* [Online] 2016/4. http://journals.openedition.org/chinaperspectives/7125（最終閲覧日：二〇二三年一一月一二日）などに詳しい。

8 福嶋亮大・張彧暋『辺境の思想――日本と香港から考える』文藝春秋、二〇一八年、六八頁。

9 劉靖之『香港音樂史論――粵語流行曲　嚴肅音樂　粵劇』香港：商務印書館、二〇一三年、六 - 八頁。

10 後者は一九四九年の共産党政権成立後、上海の音楽関係者が数多く香港に亡命してきたことによって、戦後初期の香港で大きな影響力を持った。また一九六六年の日本公演、フィリピン公演に先立つ一九六四年、ビートルズがアジアでいち早く香港公演を行ってからは、若年層を中心に英語ロックの流行も起こった。

11 黃湛森『粵語流行曲的發展與興衰』香港大学博士論文、二〇〇三年、六三頁。Chu Yiu-Wai, *Hong Kong Cantopop: A Concise History*, Hong Kong: Hong Kong University Press, 2017, Chapter 2.

12 同上、p. 46.

13 日本語による論考として、日野みどり「香港人であることと中国人であることと――香港の社会変動とアイデンティティー」、瀬川昌久編『香港社会の人類学――総括と展望』風響社、一九九七年、一九五 - 二三〇頁。森川眞規雄「「近代性」の経験――香港アイデンティティ再論」、可児弘明ほか編著『民族で読む中国』朝日新聞出版、一九九八年、三三六 - 三六三頁。芹澤知広「文化とアイデンティティー――「香港人」・「香港文化」研究の現在」、青木保ほか編『文化という課題』岩波書店、一九九八年、一四三 - 一七一頁。谷垣真理子「香港人意識と中国人意識」、毛利和子編『現代中国の構造変動七　中華世界――アイデンティティの再編』東京大学出版会、二〇〇一年、二一七 - 二五四頁など。

14 吳俊雄「生於 1974――香港流行文化的前世今世」、『香港經驗――文化傳承與制度創新』香港：商務印書館、二〇〇九年、一五九頁。

15 たとえば日本語によるまとめとして、瀬川昌久「香港中国人のアイデンティティー」、末成道男編『中原と周辺――

人類学的フィールドからの視点』東京外国語大学アジア・アフリカ言語文化研究所、一九九九年、二七 - 三九頁。

16 一九七〇年代に公共放送の香港電台（RTHK）が制作した同名ドラマの主題歌として採用された。

17 「人生中有歡喜　難免亦常有淚／我哋大家　在獅子山下相遇上（…）放開彼此心中矛盾／理想一起去追／同舟人　誓相隨／無畏更無懼／同處海角天邊　攜手踏平崎嶇／我哋大家　用艱辛努力寫下那／不朽香江名句」（黃霑作詞、一九七九年）

18 たとえば二〇〇七年の返還一〇周年記念ソングである〈始終有你〉には、「獅子山が長城に触れる（獅子山觸得到長城）」という一節が含まれている。二〇一三年に制作された〈同舟之情〉では、〈獅子山下〉に歌われた「同舟の仲間」のイメージが全体に活用されており、曲の間奏にあたる部分では〈獅子山下〉の一節がもとの歌詞、メロディのまま挿入されて歌われている。ほかにも新型コロナウイルス感染症が香港で猛威を振るった二〇二二年二月には、大手テレビ局無線電視（TVB）が〈獅子山下〉の旋律に新たな歌詞をつけた〈獅子山下　同心抗疫（獅子山の下、心を合わせて感染症対策）〉を発表している。

19 前掲註11『粵語流行曲的發展與興衰』、八九頁。

20 キャロル、ジョン・M『香港の歴史——東洋と西洋の間に立つ人々』（倉田明子・倉田徹訳）明石書店、二〇二〇年、二六九頁。

21 黃志華「一種文化的偏好？　論粵語流行曲中的諷刺寫實作品的社會意義與藝術價值」、冼玉儀編『香港文化與社會』香港：香港大學亞洲研究中心、一九九五年、一六九頁。ただし彼の分類方法には疑問もある。たとえば明確に社会問題への言及を含む楽曲のみが「社会風刺」楽曲に分類されており、比喩的に社会情勢を歌う楽曲は含まれていない。一例として、海外に移民した友人への思いを歌う達明一派の〈今天應該很高興〉（一九八九）は、海外移民の増加という社会現象を歌った歌として集計されているが、一般に大陸と香港の関係を比喩的に歌ったものと解釈されている彼らの〈你還愛我嗎？〉（一九八八）は含まれていない（二一四頁）。

22 先述のとおり、歌手による支援コンサートも行われ、キャンペーン・ソング〈為自由〉もリリースされた。学生運動家たちの強制排除後は、〈為自由〉の作曲者である盧冠廷《ロウェル・ロウ》による《1989》、ロックシンガーの夏韶聲《ダニー・サマー》による《你喚醒我的靈魂（君は僕の魂を目覚めさせた）》、エレクトロポップ・デュオの達明一派による《神經（狂気）》など、事件を題材にしたアルバムが複数リリースされている（前掲註6 "All for Freedom," p. 137）。

23 Ho, Wai-Chung, "The Political Meaning of Hong Kong Popular Music: A Review of Sociopolitical Relations between Hong Kong and the People's Republic of China since the 1980s," *Popular Music* 19 (3), 2000, p. 349.

24 前掲註11『粵語流行曲的發展與興衰』、一六二頁。

25 二〇一九年には、六月三〇日に人気歌手の譚詠麟《アラン・タム》が警察支援者たちの集会に登壇し、ファンたちの失望を招いた。翌日のデモ現場では、彼のCDやレコードを破壊する人々の姿も見られた。七月二〇日の類似の体制派の集会では、ポルトガル系マカオ人女優・歌手のマリア・コルデロ（通称〝肥媽〟）が感情を露わにしながらデモ隊を非難するスピーチを行った。譚詠麟もマリア・コルデロも一九八九年のチャリティ・コンサートには参加していたため、ソーシャルメディア上には、彼らの変節を非難する投稿も複数見られた。マリア・コルデロのスピーチについては、このスピーチの音声を加工して警察を揶揄するパロディソングが作成され、デモ支持者の間ではよく知られる楽曲となった（〈肥媽有話兒〉、二〇一九年九月二日にYouTubeにて発表。国際的なファッション・ブランド、ディオールのCMソングとしても著名なオーストラリアの歌手シーアの楽曲〈シャンデリア〉の替え歌である）。

26 たとえば Cloonan, Martin, "Call That Censorship? Problems of Definition," in *Policing Pop*, eds. Martin Cloonan and Reebee

Garofalo, Philadelphia: Temple University Press, 2003 や、Street, John, *Music and Politics*, Cambridge, UK: Polity, 2011 など。

27 たとえばカウンター・カルチャーのイメージが強いロックのようなジャンルにおいても、ヒットチャートを賑わす楽曲はラブソングが大部分を占めており、基本的にはプロテスト・ソングのリリースは、インディーズ・レーベル所属のアーティストなど周縁的なアクターによってなされるのみである。そのため「ロックは政治的」というイメージは単なる「神話」にすぎない、という指摘もある（Weinstein, Deena, "Rock Protest Songs: So Many and So Few," in *The Resisting Muse: Popular Music and Social Protest*, ed. Ian Peddie, London and New York: Routledge, 2006, pp. 3–16）。英語圏以外の事例を見ても、たとえば「アラブの春」と音楽の関わりを検討した中町信孝は、エジプトにおいて革命運動が進展しても、メジャー歌手たちの中からデモへの賛同者はなかなか現れなかったと指摘している。革命の当初からプロテスト・ソングを発表し、積極的に支援を表明したのは、アマチュアのロックシンガーやラッパーなど、レコード会社からの制約を受けにくく「当初から革命に参加する「自由」を持っていた」ミュージシャンばかりであったという（中町信孝『「アラブの春」と音楽――若者たちの愛国とプロテスト』DU BOOKS、二〇一六年、一七二頁）。

28 MLAの楽曲は、デビュー直後からマドリードのインディーズ・レーベル Elefant Records などを通じて世界にも配信され、一定の国際的評価も得ている。二〇〇八年にはスコットランドのインディーポップ・バンド、BMX Bandits が彼らのファースト・アルバム収録の楽曲〈You Don't Wanna Be My Girlfriend, Phoebe〉をカバーした。日本のインディーズ音楽紹介サイト「INDIE NATIVE」は彼らを「香港インディーポップの至宝」と形容している（https://www.indienative.com/2017/12/hey-hey-baby　最終閲覧日：二〇二一年九月二八日）。

29 https://www.youtube.com/watch?v=qiV0qSgfFeM（最終閲覧日：二〇二一年九月二八日）

30 「donald tsang, please die／我哋實上街／donald tsang, please die／When will you be fired?／假設 donald 今日你俾人斬咗

隻手／二十年後嗰個人發咗達又做埋特首／你會否因為佢嘅成就然後叫自己不要追究？（…）董建華雖然做野係渣／但係良心都唔會好似你咁差／你任內最驕人嘅成就／就係強化市民對民主嘅要求」（林阿P作詞、二〇〇九年）

31 香港の音楽業界における「デジタル化」の影響を分析した黄志淙は、一九九九年にメジャーデビューしたLMFの楽曲はマスメディアの放送コードに抵触する卑語を多く含んでおり、ラジオやテレビでのオンエアは困難であったが、インターネットを通じて人気を獲得したと指摘している（Wong Chi Chung, Elvin, *The Working of Pop Music Culture in the Age of Digital Reproduction*, PhD Thesis, The University of Hong Kong, 2010, p. 274）。彼らの活躍により、青少年層の間で爆発的な「粗口歌」のブームが起きた（LMFとそのブームについては、以下の論文に詳しい。馬傑偉「粗口音樂與青少年次文化」、馬傑偉・吳俊雄主編『普普香港 一——閱讀香港普及文化2000–2010』香港：香港教育圖書公司、二〇一二年、二三一-二三四頁。Cheuk, Michael Ka Chi, "The Lazy Element: LMF and the Localization of Hip Hop Authenticity," in *Cultural Conflict in Hong Kong: Angles on a Coherent Imaginary*, eds. Jason S. Polley, Vinton W. K. Poon, and Lian-Hee Wee, Singapore: Palgrave Macmillan, 2018, pp. 149–166. Lin, Angel M. Y., "MC Yan and his Cantonese Conscious Rap," in *Made in Hong Kong: Studies in Popular Music*, eds. Anthony Fung and Alice Chik, London and New York: Routledge, 2020, pp. 132–142)。

32 Yung, Vanessa, "Hong Kong Indie Band My Little Airport's Five Sold-Out Gigs at Kitec Show They've Struck a Chord," *South China Morning Post*, 2 October 2015. https://www.scmp.com/lifestyle/music/article/1863458/hong-kong-indie-band-my-little-airports-five-sold-out-gigs-kitec（最終閲覧日：二〇二一年九月二九日）

33 神の怒りをかったシーシュポスは、大きな岩を山頂に運ぶことを命じられたが、山頂まで登ると岩は再び麓まで転がり落ちてしまい、永遠に達成することはできない。歌詞の後半にはこの神話を独自に解釈したアルベール・カミュの

『シーシュポスの神話』への言及もある。歌詞全体のナラティブも、神話それ自体よりもこのカミュの解釈に沿うものになっている。

34 梁偉詩『詞場——後九七香港流行歌詞論述』香港：匯智出版、二〇一六年、二〇四頁。

35 たとえば二〇〇五年には、劇作家・評論家の林奕華が「情歌已死（ラブソングは死んだ）」という評論を発表している。

36 朱耀偉・梁偉詩『後九七香港粵語流行歌詞研究II』香港：亮光文化、二〇一五年、四八頁。

37 彼女の初期の楽曲は、弁護士資格を持ち、政界への進出歴もあるミュージシャンの周博賢《エイドリアン・チョウ》が制作していた。デビュー時の所属レーベルも、彼が設立したインディーズ・レーベルである。

38 朱耀偉・梁偉詩『後九七香港粵語流行歌詞研究I』香港：亮光文化、二〇一五年、一〇〇–一〇一頁。

39 「好景不會每日常在／天梯不可只往上爬／愛的人　沒有一生一世嗎／大概不需要害怕／忘掉愛過的他／當初的囍帖金箔印着那位他／裱起婚紗照那道牆／及一切美麗舊年華　明日同步拆下／忘掉有過的家／小餐枱、沙發、雪櫃及兩份紅茶／溫馨的光境不過借出　到期拿回嗎／等不到下一代　是嗎」（黃偉文作詞、二〇〇八年）

40 〈浪漫九龍塘〉《介乎法國與旺角的詩意》所収、二〇〇九年）、〈給金鐘鐵地站車廂內的人〉《香港是個大商場》所収、二〇一一年）、〈牛頭角青年〉《寂寞的星期五》所収、二〇一二年）、〈土瓜灣情歌〉《適婚的年齡》所収、二〇一四年）、〈我以後不再去長洲〉《火炭麗琪》所収、二〇一六年）、〈彌敦道的一晚 good trip〉《你說之後會找我》所収、二〇一八年）、〈詩歌舞街〉《Sabina 之淚》所収、二〇二一年）など。

41 MLAの歌詞におけるローカリティへの言及について、とりわけ許冠傑の歌詞世界との比較を試みた論文 Ismangil, Milan, "Hong Kong Is (No Longer) My Home: From Sam Hui to My Little Airport," in *Made in Hong Kong: Studies in Popular*

Music, eds. Anthony Fung and Alice Chik, London and New York: Routledge, 2020がある。

42 Ng, Janet, *Paradigm City: Space, Culture, and Capitalism in Hong Kong*, Ithaca, NY: State University of New York Press, 2009, Chapter 6.

43 前掲註41 "Hong Kong Is (No Longer) My Home," pp. 124–131.

44 原文では「地頭」という言葉が用いられている。これは通常マフィアなどの勢力下にある地域、つまり「縄張り」「シマ」を指す俗語であるが、転じてある人にとって馴染みが深い場所を指すこともある。

45 「自你決定要走以後　沒人知我有多難受／再沒勇氣在派對逗留　蹤見朋友不敢問候／自你遠去不再回頭　青山綠水不再依舊／再沒有早起身的理由　再沒可安睡的枕頭／這世界只有一種鄉愁　就是沒有你的時候／這香港已不是我的地頭就當我在外地旅遊」（林阿P作詞、二〇一四年）

46 朱耀偉によれば「消失（disappearance）」や「死」は、返還後の香港のポピュラー文化に頻出するテーマであった。たとえば二〇一三年に公開された、一台のバスの乗客が、人間が消失した異世界の香港に迷い込んでしまう様子を描いたミステリー映画『ミッドナイト・アフター』（原題『那夜凌晨、我坐上了旺角開往大埔的紅VAN』）のポスターには、大きな文字で「香港が一夜にして消えた（一夜之間香港沒有了）」と書かれていた。第一章でも言及した二〇一五年公開のオムニバス映画『十年』では、二〇二五年の香港を舞台に、広東語から表現の自由まで、中国化の進展の中でさまざまなものが消失してゆくさまが、悲観的な未来予想図として描かれている。

47 凌徳「港乐团加奏英国国歌引争议　网民称其不懂殖民统治」、『环球时报』二〇一五年四月二二日。https://world.huanqiu.com/article/9CaKrnJKe2E（最終閲覧日：二〇二一年九月三〇日）

48 遊川和郎『香港——返還二〇年の相克』日本経済新聞出版社、二〇一七年、四七頁。

49 曾根康雄「香港は〝金の卵を産むニワトリ〟ではなくなったのか?――特殊な相互依存関係の変貌」、倉田徹編『香港の過去・現在・未来――東アジアのフロンティア』勉誠社、二〇一九年、二六頁。

50 香港の音楽業界のディスク売上高は、一九九七年の一七億香港ドルから二〇〇六年には五億六〇〇〇万香港ドルへと激減している。これを受けて、作詞家の黄霑は二〇〇四年に、商品としてのカントポップはもはや「死んだ」と発言している（前掲註38『後九七香港粵語流行歌詞研究Ⅰ』、一二頁）。映画業界を見ても、一九九七年段階では五億五六三〇万香港ドルあった香港産映画の香港域内における興行収入は、二〇〇六年には二億四四八〇万香港ドルまで下落している（Chiu, Stephen W. K., and Victor K. W. Shin, "Hong Kong Film Industry Reconstituted: Pathways to China after the Golden Age," in *Routledge Handbook of Contemporary Hong Kong*, eds. Tai-lok Lui, Stephen W. K. Chiu, and Ray Yep, London and New York: Routledge, 2018, p. 365）。業界の功労者の相次ぐ早逝も一つの時代の終わりを大きく印象づけた。二〇〇二年には歌手の羅文が五七歳で、二〇〇三年には張國榮と梅艷芳がそれぞれ四六歳と四〇歳でこの世を去った。二〇〇四年には黄霑自身も肺癌のため六三歳で死去している。

51 ここでは詳しく取り上げない弊害として、ローカルな事情に根差した表現の喪失が挙げられる。たとえば、大陸側の観客へのアピールのために、合作映画からは、広東語に基づく言葉遊びや香港内の具体的な地名への言及が減ったとの指摘がある（Szeto, Mirana May, and Yun Chung Chen, "Mainlandization or Sinophone Translocality? Challenges for Hong Kong SAR New Wave Cinema," *Journal of Chinese Cinemas* (6) 2, 2012, pp. 115–134）。香港内には、このような商業的理由に基づく大陸の観客への迎合を、ある種の「セルアウト（裏切り）」とみなす者もいた（Yau, Esther C. M., "Watchful Partners, Hidden Currents: Hong Kong Cinema Moving into the Mainland of China," in *A Companion to Hong Kong Cinema*, eds. Esther M.K. Cheung, Gina Marchetti, and Esther C. M. Yau, Chichester: Wiley Blackwell, 2015, p. 22）。

52 Pang, Laikwan, "The State against Ghosts: A Genealogy of China's Film Censorship Policy," *Screen* 52 (4), 2011, pp. 462–476.

53 二〇〇八年に一七歳の若さでデビューしたG.E.M.は、すでに香港内では複数の音楽賞を受賞するなど、一定のキャリアを築いていたが、大陸の番組ではまったくの無名歌手として扱われていた。彼女が初登場し、自作曲を披露した際に共に口ずさむ観客はおらず、共演した他の歌手からも「誰だ」という声が上がっていた。香港芸能界が中国大陸でも自動的に注目を集める時代は終わった、ということを如実に示す一幕である。G.E.M.の大陸におけるブレイクは、ある意味では、中国大陸の芸能市場における香港の相対的な地位の低下の象徴であった（小栗宏太「岐路に立つ中国返還後の香港音楽――カントポップの「死」と中港矛盾下の模索」、倉田徹・小栗宏太編著『香港と「中国化」――受容・摩擦・抵抗の構造』明石書店、二〇二二年、一三五－一五八頁）。

54 二〇一五年に『中国好声音』（浙江衛視）に出演したGin Lee、二〇一八年に『創造一〇一』（騰訊視頻）に出演した許靖韻《アンジェラ・ホイ》など。

55 東方日報「北上唱歌有前途　G.E.M.嗌出新天地！」、『東方日報』二〇一八年九月一五日。https://hk.on.cc/hk/bkn/cnt/entertainment/20180915/bkn-20180915120029611-0915_00862_001.htm（最終閲覧日：二〇二二年九月三〇日）

56 「國慶日微博發生日快樂帖被圍攻　張敬軒Ｉｇ舌戰網民」『明報ＯＬ』二〇一九年一〇月二日。https://ol.mingpao.com/ldy/showbiz/latest/20191002/1570010507269/國慶日微博發生日快樂帖被圍攻-張敬軒ig舌戰網民（最終閲覧日：二〇二二年一一月一二日）。反対に、第一章で取り上げた運動歌を歌った阮民安《トミー・ユン》は、反送中運動への支持を表明したFacebookへの投稿の中で、妻が経営するファッション・ブランドが大陸市場から締め出される危惧があることを綴った上で「俺は貧しくて、人民元が大好きだが、香港のことはもっと大好きだ」と表明している（張嘉敏「阮民安被指博見報深夜發文指無懼失去内地市場――一定喺雞蛋呢邊」、『香港〇一』二〇一九年八月二七日。https://www.hk01.com/即時

娯樂/368327/阮民安被指博見報-深夜發文指無懼失去內地市場-一定喺雞蛋呢邊　最終閲覧日：二〇二二年一一月一二日）。

57　六月一五日に梁凌杰が転落死した際、自身のソーシャルメディアに「ＲＩＰ」と投稿していたことがきっかけではないかと推測されている。

58　陳栢宇「楊千嬅被網友質疑撐「港獨」所屬公司發聲明——她一直深愛中國」、『香港〇一』二〇一九年八月一四日。https://www.hk01.com/即時娛樂/363873/楊千嬅被網友質疑撐-港獨-所屬公司發聲明-她一直深愛中國（最終閲覧日：二〇二二年一一月一二日）

59　彭嘉彬「容祖兒口罩相引誤會　ＩＧ公開致歉——我熱愛祖國!-」、『香港〇一』二〇一九年一一月五日。https://www.hk01.com/即時娛樂/394645/容祖兒口罩相引誤會-ig公開致歉-我熱愛祖國（最終閲覧日：二〇二二年一一月一二日）

60　倉田徹『香港政治危機——圧力と抵抗の二〇一〇年代』東京大学出版会、二〇二一年、二六八頁。

61　媒体の所有資本の変化が報道に与えた影響については、Lee, Francis L. F., "Changing Political Economy of the Hong Kong Media," *China Perspectives* 2018/3, 2018, pp. 9–18 に詳しい。

62　梁啟智「為什麼無線電視會被稱為ＣＣＴＶＢ?-」、『香港第一課』香港：春山出版、二〇二〇年、三〇八－三一七頁。

63　無作為に抽出された一八歳以上の香港市民一〇〇〇名程度に電話調査を行い、各メディアに対して一（最も信頼していない）から一〇（最も信頼している）までの数値で評点をつけさせ、その平均を算出した数値である。https://www.com.cuhk.edu.hk/ccpos/b5/research/Credibility_Survey%20Results_2019_CHI.pdf（最終閲覧日：二〇二四年二月二日）

64　前掲註８『辺境の思想』、六八頁。

65 Chow, Rey, *Ethics after Idealism: Theory-Culture-Ethnicity-Reading*, Bloomington and Indianapolis: Indiana University Press, 1998, p. 171.

66 呂大樂『唔該、埋單——一個社會學家的香港筆記』香港：Oxford University Press, 二〇〇七年、三〇-三一頁。

67 呉俊雄・馬傑偉・呂大樂「港式文化研究」、呉俊雄・馬傑偉・呂大樂編『香港・文化・研究』香港：香港大學出版社、二〇〇六年、九頁。

68 前掲註15「香港中国人のアイデンティティー」、三五-三六頁。

69 馬傑偉「兩個香港」、『明報』二〇一四年七月九日。https://news.mingpao.com/pns/兩個香港/web_tc/article/20140709/s00018/1404843042214（最終閲覧日：二〇二二年一一月一二日）

70 「誰一起　天高　海闊　地厚（誰と共に この広い空と海と大地）」。「天高」と「地厚」は、黃家駒の死後にリリースされたBeyondの別の楽曲〈十八〉の歌詞から取られている。この楽曲は本土派活動家の梁天琦が好んで歌ったことで著名となり、彼の活動を追ったドキュメンタリー映画も『地厚天高』と名づけられている。

71 倉田徹・張彧暋『香港——中国と向き合う自由都市』岩波書店、二〇一五年、一八八-一八九頁。

72 譚蕙芸「重慶大廈的最美麗一刻」、『立場新聞』二〇一九年一〇月二一日。https:// www.thestandnews.com/politics/重慶大廈的最美麗一刻/（最終閲覧日：二〇二〇年一〇月八日）

73 湯璧瑜・黃蕊獻「警紅磡站金曲放題　理大示威者斥不能掩飾心中慚愧」、『香港獨立媒體網』二〇一九年一一月一八日。https://www.inmediahk.net/node/1068725（最終閲覧日：二〇二二年一一月一二日）

74 類似の事例は、他地域の警察にも見られる。二〇一五年、フィリピンの警察は、アジア太平洋経済協力会議（APEC）開催の現場で起きた反グローバリゼーションデモの参加者に対して、ケイティ・ペリー、デヴィッド・ゲッタ、ドリー・パートン、ビージーズなどの楽曲を流して応戦したという（前掲註26 *Music and Politics*, p. 45）。

75 https://www.youtube.com/watch?v=Fr1onkvsAQI（二〇二二年一二月一九日投稿、最終閲覧日：二〇二四年二月二日）

第3章

もう一つの前線

郊外からみる香港危機

「思いもよらなかった。自分が十数年暮らしてきた小さな町が、毎日通学のたびに通った歩道橋が、いつも駅へ向かうバスに乗ったあの道が、警察と市民の衝突の舞台になるなんて。ましてやその写真が、毎週のように読んでいた国際雑誌に載るなんて」

――2019年8月8日、あるFacebook投稿より

「まさか大埔が……」

二〇一九年八月上旬、国際的な経済誌『エコノミスト』の表紙に掲載された香港の写真が局所的な話題を呼んだ。写真自体には特段、変わったところはない。白煙を吹き出す催涙弾、マスク姿のデモ隊、路上に転がった雨傘。この年の六月以降の数ヶ月で、あるいは雨傘運動以降の五年間ですでに、香港の人々がすっかり見慣れてしまったはずの光景だ（図3－1）。

話題となったのは、その写真が撮影された場所だった。雨傘運動をはじめ、多くの抗議運動において警察と市民との衝突の舞台となってきたのは、香港島の官庁街である金鐘や、九龍の繁華街である旺角《モンコック》などだった。しかし、この写真はそれらの都市部の街ではなく、郊外にある「大埔《タイポー》」という街で撮影された一枚だったのだ。大埔は、私が香港留学時代に住んでいた街だったので、私自身もその景色には見覚えがあった。

図3-1 『エコノミスト』2019年8月10日号表紙

大埔は、古くは市場が栄えた街だったというが、植民地化以降の香港の政治的・経済的中心からは遠く離れている。一九八〇年代以降はニュータウン開発が進められ、高層アパートや商業施設がそれなりに建てられてはいたが、暮らすにはそれなりに便利でも、外部の人間が訪れる特別な理由もあまりないような、要するにごく一般的な郊外である。国際誌のカバーを飾ったことなど、これまでなかっただろう。なぜそんな街が、警察と市民との激しい衝突の舞台となったのだろうか。

この号の『エコノミスト』を入手し、記事の中身に目をやると、香港をめぐる米中の利益対立について論じるものが中心で、大埔への言及はまったくなかった。表紙写真にも、撮影場所を示すキャプションはつけられていない。そのため、海外の読者は単に香港でのデモを写したありがちな一枚として受けとめたに違いない。

しかし、この街に住んだことのある人間にとっては違った。それは他の大埔在住者も同じだったらしい。この表紙を掲載したエコノミスト誌の Facebook 投稿には、住民からの驚きのコメントがいくつも寄せられていた。大埔在住者向けのコミュニティ・ページにも転載され、大埔出身の著名人の中にも、自身のアカウントでこの画像をシェアする者がいた。

大埔出身のある若い国際関係学者は、二〇一九年八月八日、自身の Facebook ページにこんな投稿をしていた。

> 幼い頃から大埔で育った人間として、中高生の頃から『エコノミスト』を読んでいた人間として、最新号の表紙には本当に胸に迫るものがあり、心が痛んだ。／思いもよらなかった。自分が十数

年暮らしてきた小さな町が、毎日通学のたびに通った歩道橋が、いつも駅へ向かうバスに乗ったあの道が、警察と市民の衝突の舞台になるなんて。ましてその写真が、毎週のように読んでいた国際雑誌に載るなんて。[1]

ここに、香港危機をめぐる大きな認識のギャップが存在しているように思う。確かに香港における抗議運動の主な争点は、「一国二制度」の堅持や民主化の実現、あるいは国家統合への反対など、あくまで香港全体の前途に関わるものであった。また、そこにはアメリカをはじめとする国際政治上のアクターたちの、よりスケールの大きな利害も絡んでいたかもしれない。しかし、抗議運動期間中の具体的な出来事は、すべて香港内の具体的なコミュニティの中で起こっていたのだ。

そこは、必ず誰かにとっての日々の生活空間であり、思い出に満ちた故郷である。だからこそ、一つ一つの衝突が、起こる場所によって、住民たちの間に特別な感情を喚起する。二〇一九年七月一四日には、香港内の別の郊外の街、沙田《シャーティン》にあるショッピング・モール「新城市広場《ニュータウン・プラザ》」で大規模な衝突が起こった。この事件の翌日、ある沙田育ちのアーティストが『立場新聞』に「沙田、私が子供の頃に住んだ場所」という文章を寄せ、この街の思い出を綴っている。記事はこう結ばれていた。

新城市広場での戦闘というのは、たとえば「金鐘のショッピング・モールである」太古広場《パシフィック・プレイス》で起こるのとは、僕にとってはまったくの別物だ。香港島の人が太古広場を自分の家だと思っているのかどうか、僕にはわからないけど、なんたって新城市広場だ。何度もご飯を食べた場所、何度も飲茶をした場所、いくつもおもちゃを買った場所。僕だけじゃない。僕と似たような世代の沙田人は似たような感情を抱いているはずだ。警察は、警棒を振り下ろすたびに、人々の体を傷つけただけでなく、多くの人の心もまた傷つけたのだ。金鐘や中環とはわけが違う。警棒によって粉々に砕かれたのは、香港庶民の平凡な暮らしのイメージだ。粉々にされたのは、僕の幼少期だ。[2]

このショッピング・モールでは、遡ること四年前の二〇一五年二月にも警察とデモ隊の衝突が起きている。このデモは、大挙して押し寄せる大陸人買い物客から、このモールを「取り戻す」ことを掲げたものだった。このときも、警察が催涙スプレーや警棒を用いてデモ隊を排除した数日後、『立場新聞』には、かつて幼少期を過ごした沙田を懐かしむエッセイ「沙田は私の家（沙田是我家）」が投稿されている。

たかがモールのために泣くなんて、と不思議に思われるかもしれない。でもたぶんこう考えるべきだ。沙田生まれ沙田育ちの人間にとって、新城市広場は、そして「それが位置する」沙田中心部は、もはや「たかがモール」を超越した意味を持っているのだ、と。それは私たちの消費の場所であり、私たちの成長の拠り所であり、そして故郷の中心を占める存在だ。この家が警察に、催涙スプレーに、旅行客に、スーツケースに占拠され、蹂躙されるのを見ると、本当に心が痛む。この感覚は、政治的な立場とも反中感情ともあまり関係がない。ただ「沙田は私の家」という感情からくるものだ。[3]

図 3-2 インターネット掲示板「連登討論區」に投稿された「催涙弾ビンゴ地図」。2019 年 8 月 6 日時点

戦後香港社会に芽生えた香港という共同体への帰属意識や「香港人」としてのアイデンティティが、抗議運動の原動力の一つになってきたことは、これまでに見てきたとおりである。しかし、大埔や沙田での戦闘を嘆くこれらの評論において問題になっているのは、香港全体ではなく、その下位にある、郊外のより小さな共同体に対する帰属意識である。[4]

反送中運動が長期化するにつれて、抗議活動は香港全土に広がり、こうしたコミュニティ単位の帰属意識とも共鳴していった。二〇一九年の七月以降、それまでの香港社会運動史上、たびたび抗議運動の舞台となってきた香港島や九龍の官庁街や金融街、繁華街だけでなく、郊外の各地でもレノンウォールが設置されたり、デモや集会が開催されたりするようになった。そのため、各地でデモ隊と警察との衝突が起こり、催涙弾が放たれるようになった。インターネット上では、これまでの運動期間中に催涙弾が放たれた地区をビンゴのように塗りつぶしていく、皮肉な遊びに興じる者もいた（図3－2）。大埔で撮影された『エコノミスト』誌の表紙も、おそらくこうした衝突の中で撮影されたものである。

こうしたコミュニティ単位での抗議活動や、それに対する感傷的な反応の背景には、おそらく特定の政治制度の実現を望むからだけではなく、単なる中国に対する反発からでもなく、ただ自分の思い出が詰まった街への愛着のために、日々の政治の動向に怒り、悲しみ、憤る人々がいた。香港における政治危機を正しく理解するには、香港全体の歴史だけではなく、こういった個別のコミュニティの歩みにも目を向ける必要があるだろう。

そこで本章では、新界郊外のニュータウンの一つである沙田と、その街で人々の間に特別な感情を喚起してきた「新城市広場」というショッピング・モールを取り上げたい。香港の中でも大陸に近い位置にある新界のニュータウンは、返還後の香港の社会変動や「中港矛盾」の中で、とりわけ顕著にその影響を受けてきた。郊外における生活空間の変貌は、各地で街のかつての姿を取り戻そうとする活動を触発した。第一章において取り上げた「光復香港」という標語も、こうした新界における抗議活動の中から生まれたのである。

こうした返還前後の新界ニュータウンの歩みの中で、この新城市広場は、「たかがモール」を超越した、特別な空間へと転じていった。その誕生と変貌、そして喪失の物語は、このモールのために人々が涙を流す理由を明らかにするだけではなく、「光復香港」という言葉を叫んだ人々が「取り戻そう」としていたものにまつわる示唆を、私たちに与えてくれるはずである。

しかし、この新界という地域は、これまでの香港情勢を解説する記事や書籍において、その位置付けが十分に論じられてきたとは言い難い。そこで、まずイギリスによる統治開始から返還に至るまでの、この地域の特殊な歩みを整理しよう。

「新界」という場所

新たなテリトリー

もしいま手元に香港について書かれた本書以外の出版物があったら、開いてみてほしい。ガイドブックでも、専門書でも、雑誌でも、あるいは小説でもかまわない。その本のどこかに、きっと香港全体を描いた地図が掲載されているだろう。それを見ると、今日香港と呼ばれている領域のうち、日本でも比較的名の知れた「香港島」や「九龍」は南端のごく一部にすぎず、大部分は「新界」と名づけられた地域に分類されていることがわかる。新界は、香港の総面積、約一一〇〇平方キロメートル（東京都の約半分ほど）のうち、九割近くを占めている。

では、その本の中で、新界を取り上げた箇所はどれだけあるだろうか。研究書であれ、フィクションであれ、大部分の記述は新界ではなく、香港島と九龍（以下「港九地域」）に充てられているのではないかと思う。歴史的に香港の中心として栄えてきたのは、この二地区だからだ。「一〇〇万ドルの夜景」と呼ばれた香港島の「ピーク（山頂）」の絶景や、色鮮やかな看板が立ち並ぶ九龍の目抜き通りなど、著名な観光地も、軒並み新界ではなく、港九地域にある。新界を除外した港九地域のみの地図を「香港全図」として掲載している観光ガイドを見たこともある。
学術書であっても、状況はあまり変わらないかもしれない。むしろ、香港内においてすら、新界は語られることの少ない、影の薄い地域だった。新界で調査を行った社会学者の張少強は、香港に関する書籍は、学術書も一般書も示し合わせたかのように港九地域のみを取り上げており、「あたかもこの両地域を論じれば香港全体を論じたことになるかのような」状況が長らく続いている、と指摘している。[5]

つまり新界は、面積としては香港の大部分を占める地域でありながら、香港をめぐる言説の中では、著しく周縁化されてきたのである。

この「影の薄さ」の要因の一つは、新界が香港に組み込まれた時期と経緯にある。英語で「ニュー・テリトリーズ」と呼ばれる新界は、その名が示すとおり、遅れて香港に加えられた「新しい領土」だったのだ。[6]

一八四二年に割譲された香港島、一八六〇年に割譲された同島対岸の九龍に遅れること数十年、一八九八年の英清間の条約[7]によって九九年間の期限付きでイギリスに租借された地域が、今日の新界である。既存の植民地を防衛するための緩衝地帯を望んだイギリスの意向に基づき、結ばれた租借条約だった。それ以前には、イギリス領香港と清朝は、今日も九龍に「界限街《バウンダリーストリート》」として残る一本の通りで隔てられたのみだったが、租借地の獲得により、香港の領域は九龍半島北方の深圳河まで延長され、清朝側と強固な自然的・地形的境界で隔てられることになった。[8] つまり、新界とは、あくまで植民地の本体である港九地域の安定的発展のために獲得された地域であった。当時のイギリス首相は、この条約締結を「香港植民地のわずかな拡張(a slight extension to the colony of Hong Kong)」[9]と形容している。

一香港二制度

租借地の南部には、第二章でも言及した獅子山を含む海抜五〇〇メートル前後の山々が聳えている。割譲地の北端である界限街からこの山地に至るまでのエリアには、地理的には九龍半島北部と連続した平地が広がっている。この平地部は、租借直後から「新九龍」として、法律上、割譲地である九龍の一部に組み込まれた。[10]新九龍は厳密には租借地の一部であるが、今日に至るまで行政上も九龍の一部として扱われ、一般的にも新界の一部であるとは認識されていない。そこで本書でも、単にこれ以降「新界」といえば、新九龍を除いた、獅子山以北の地域を指すものとする。

この獅子山以北の新界では、既存の植民地とは異なる行政制度、法制度が敷かれた。これらの差異の一部は、返還後も保持されている。新界の歴史をまとめた『新界簡史』の著者、劉潤和は、新界の歴史的扱いを、返還後の香港が大陸の他地域と異なる制度下に置かれた「一国二制度(一國兩制)」になぞらえて、「一香港二制度(一港兩制)」と呼んでいる。[11]この異なる制度により、新界は港九地域とは違う個性を持つようになった。イギリス領時代に香港政庁の新界担当官(理民官)を務めたジェームズ・ヘイズは、自身の経験も交えながらイギリス統治以降の新界の歴史をまとめた著作に『大いなる差異(The Great Difference)』というタイトルをつけている。[12]

こうした差異の存在が、今日に至るまで、香港をめぐる語りの中で新界が周縁化される理由である。新界は、香港の一部でありながら、あまり香港らしくないのだ。

そもそも、イギリスはなぜ、新界で異なる制度を敷いたのか。その理由の一つは、イギリス領に組み込まれる以前から、強大な住民たちのネットワークが存在していたことにある。もともと山がちで人口の少なかった港九地域とは異なり、新界には西部から北部にかけて「元朗平原」と呼ばれる耕作に適した肥沃な平地が広がっていたため、古くから複数の有力士族が居住して村落を形成し、械闘と呼ばれる周辺の氏族や村落との武力衝突を繰り返しながら、友好的な氏族・村落との間で強固な同盟関係を形成していた。[13] 彼らの一部は、こうした村落間の組織を活用してイギリスによる統治にも抵抗し、一八九九年四月には、武装蜂起した村落住民とイギリス軍の間で武力衝突も起こっている（新界六日間戦争[14]）。

蜂起は短期間で鎮圧され、中心となった村落もすぐにイギリス側への恭順を示したため、本格的な反植民地運動に発展することはなかったものの、イギリス側はこれらの村民を強硬に同化させるのではなく、彼らの既存の慣習や組織を部分的に残し、活用する形で統治を進めた。法律面では、一九一〇年に「新界条例」が制定され、新界地区に限り、土地の親族単位での所有や男系男子のみへの相続など、イギリス統治以前の慣習法に基づく土地管理が容認された。[15] 行政の面では、港九地域にはない「理民府」という担当部署が設置された。[16] 理民府の担当官である「理民官」は、担当地区において香港総督の権限を委任され統治にあたる役職であったが、[17] その実際の職務は、中国の地方官である「父母官」の役職を引き継ぎ、村の有力者と交渉にあたり、彼らと利害の調整を行うことであったとされる。[18] そのため、伝統的な村の有力者の権力も、非公式な形ではあるものの保持された。第二次世界大戦後には、各村の村民が普通選挙により「村代表」を選出し、地区ごとの村代表から構成される地方議会に類似した代表機関「郷事委員会」も整備された。[19]

残された中国

先ほど、学術界においても新界はさほど注目を集めてこなかったと書いたが、これには例外がある。イギリスへの租借後も間接統治的制度の下で、部分的に既存の村落組織が残された新界は、中国南部の農村社会を研究したい学者たちにとって、格好のフィールドとなったからである。[20]とりわけ一九四九年の共産党政権成立以降、西側諸国の研究者たちが中国大陸でのフィールドワークを行えなくなると、彼らはこぞって新界を目指した。

中国の親族構造について研究を行っていたイギリスの社会人類学者、モーリス・フリードマンは、一九六三年に香港の新界で三ヶ月の調査を行い帰国したあと、指導学生に「新界は一九世紀の博物館のようなところだ」と興奮して語ったという。[21]以降、一九六〇年代から八〇年代にかけて、フリードマンの学生であるヒュー・ベイカーやロバート・グロウヴスらをはじめ、複数の人類学者や社会史家が世界有数の密度で調査を行っている。[22]

しかし、これらの調査の主眼は、あくまでも中国や華南にあった。この時期に出版された民族誌のタイトルも、「香港」や「新界」ではなく、「中国の（Chinese）」や「華南（South China）」を冠したものが目立つ。そのうちの一つ、『資本主義と中国の小作農』の著者であるアメリカの人類学者、ジャック・ポッターは自らの著作について、本来は中国で調査を行いたかったが、政治状況のために「中国に可能なかぎり近い新界」で妥協せざるを得なかった「欲求不満の人類学者」の作だと形容している。[23]

彼らにとって、新界社会は、単なる「残された中国」、すなわち大陸の不完全な代替物でしかなかったのである。そのため、その有り様を香港社会全体の歩みに位置づけたり、新界固有の特性を理解したりしようとする意識は希薄であった。

実際のところ、人類学者らが調査を行った時点で、新界は大きな変化の只中にあった。戦後、大陸から逃れてきた難民、移民が大量に流入したことにより、当時の香港は急激な人口増加を経験していた。これにより、新界の人口も一九四六年の一七万人から、一九六〇年には四〇万人、一九六六年には八三万人へと急増している。[24] ポッター自身も、こうした新規人口を担い手として、新界農村における農業の主軸が旧来の稲作から野菜栽培へと移りつつある様子を観察していた。

人口が増加し、新来者が増えることで、旧来の新界住民は独自のアイデンティティ意識を強めていった。歴史学者の鄺智文は、この時期から、イギリスによる領有以前からの住民とその子孫を新来住民と区別する「新界原居民」という呼称が定着していったと指摘する。[25] 彼らは政府に認められた先述の村落組織を通じて、伝統的生活の保護を名目に、さまざまな特権的待遇を要求するロビイング活動を展開していった。そのため新界原居民は、返還後の今日においても、複数の法律上の特権を有している。[26] なお新界原居民の一部には、後述するとおり、第一章において取り上げた「七二一事件」への関与をめぐる疑惑もある。

瀬川昌久は、旧住民がアイデンティティ上の危機を迎えたこの時代、外部から新界農村の伝統を観察する研究者が多数やってきたことは「研究の対象としての伝統文化を探し求める人々と、伝統文化の保持者たることによって自分たちのアイデンティティーを確立しようとする人々との、まさに絶妙

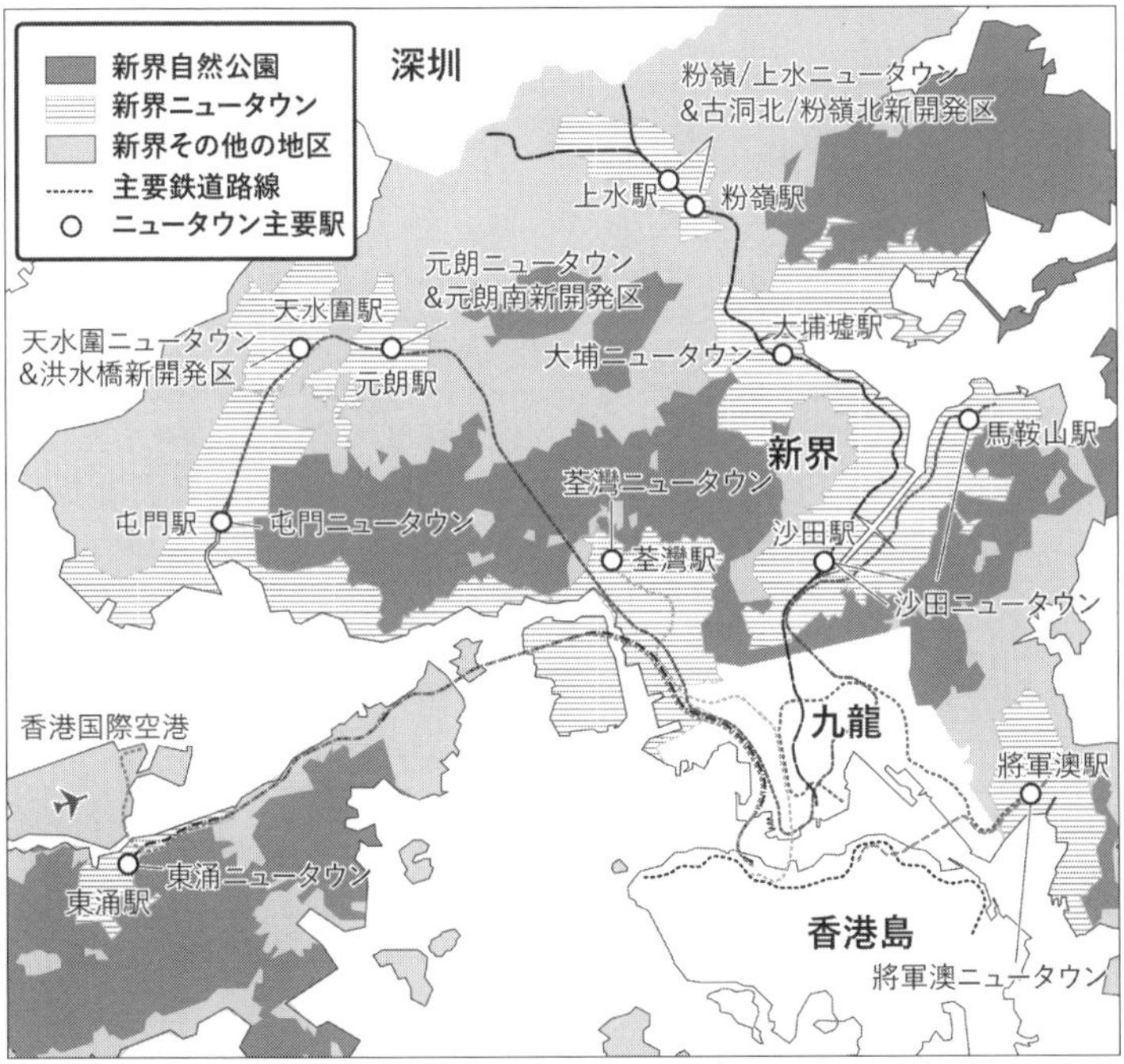

図 3-3 新界のニュータウン、自然公園の分布と主要鉄道路線・駅

な出会い」であった、と分析している。[27]この両者の出会いの結果、新界には、都市部の発展とは切り離された「伝統社会」としてのイメージがついて回るようになる。これも、都市社会としての香港をめぐる主流の語りの中においてなかなか新界が取り上げられない、もう一つの理由だろう。

後述する郊外化を経た今日の新界についても、都市部とは隔絶された「田舎」である、というイメージは色濃く残っている。[28]

都市の付属物へ

一九七〇年代以降の新界では、政府による埋め立てを主体とする大規模なニュータウン開発が進められた。ニュータウン指定を受けていない村落地区においても、一九七二年一一月以降、新界原居民に住宅開発に関する特権が認められたため、住民たちによる自発的な農地の宅地化が進行した。[29] これらの郊外化の進展により、一九七一年時点では香港全体の一六・九パーセントにすぎなかった新界人口の割合は、返還直前の一九九六年には四六・七パーセントまで上昇した。この比率は返還後もおおむね維持されている。

先に触れたヘイズは、一九八三年に新界農村史をまとめた著作を発表しているが、その序文において、自身の研究対象は「慌ただしく摩耗して、徐々に都市化され香港・九龍の付属物となりつつある、私たちが今日知るような」新界ではなく、「かつての牧歌的で、あまり開発されていない田舎の僻地」としての新界である、と述べている。[30] すでに当時、新界といえば郊外、というイメージが支配的になりつつあったということだろう。今日では、自然公園に指定された山間部を除き、新界の大部分がニュータウンや新開発区[31]に指定されている（図3-3）。

沙田ニュータウンの見た夢

想像力の上では「伝統社会」と結びつけられていた新界は、実際には急速な開発により、香港都市社会の一部に組み込まれていったのである。港九地域と一体化した宅地開発により、新界を単独で中国に返還することは不可能となり、新界の租借期限である「一九九七年」をもって、香港全体の主権がイギリスから中国へ移譲された。[32] 新界の運命であった一九九七年という期限が、香港全体の前途を決することになったとも言える。

新界のニュータウン開発の背景には、戦後香港の大幅な人口増加に伴う住宅不足があった。一九七二年、香港政府は、一〇年間で一八〇万人の香港住民に公共住宅を提供する「十年建屋計画」を発表しているが、目標とする住宅の七八パーセントは新界のニュータウンに建設される予定になっていた。[33]公共住宅の整備は、第二章で触れたマクルホース時代の香港における公共政策の代表例として言及されることもあるが、これは新界のニュータウン開発と不可分のプロジェクトであった。マクルホース時代の新中流階級多くは、新界に建設された新たなコミュニティの中で、憧れの生活を実現してきたのである。

なかでも、理想的な計画都市として、のちの時代のニュータウン計画の模範とされたのが、香港における第一世代のニュータウンの一つとして建設された沙田ニュータウンだった。

図3-4　19世紀の地誌にも記載される地域の名勝「望夫石」から沙田ニュータウン方面を望む。望夫石は沙田海周辺の山の一つに立つ巨岩であり、子を背負った母が海を見渡しているように見えることから、海に出かけた夫の帰りを待つ妻が石と化したとの伝説が生まれ、この名で呼ばれる

沙田ニュータウンの開発

沙田ニュータウンは、新界西部の屯門《トゥンムン》とともに、一九七三年に新設された政府のニュータウン開発部門「新界拓展署（New Territories Development Department）」の下で開発が進められた最初のニュータウンである[34]（図3－4）。

沙田は、新界東部に位置する大きな入江（沙田海）に面した

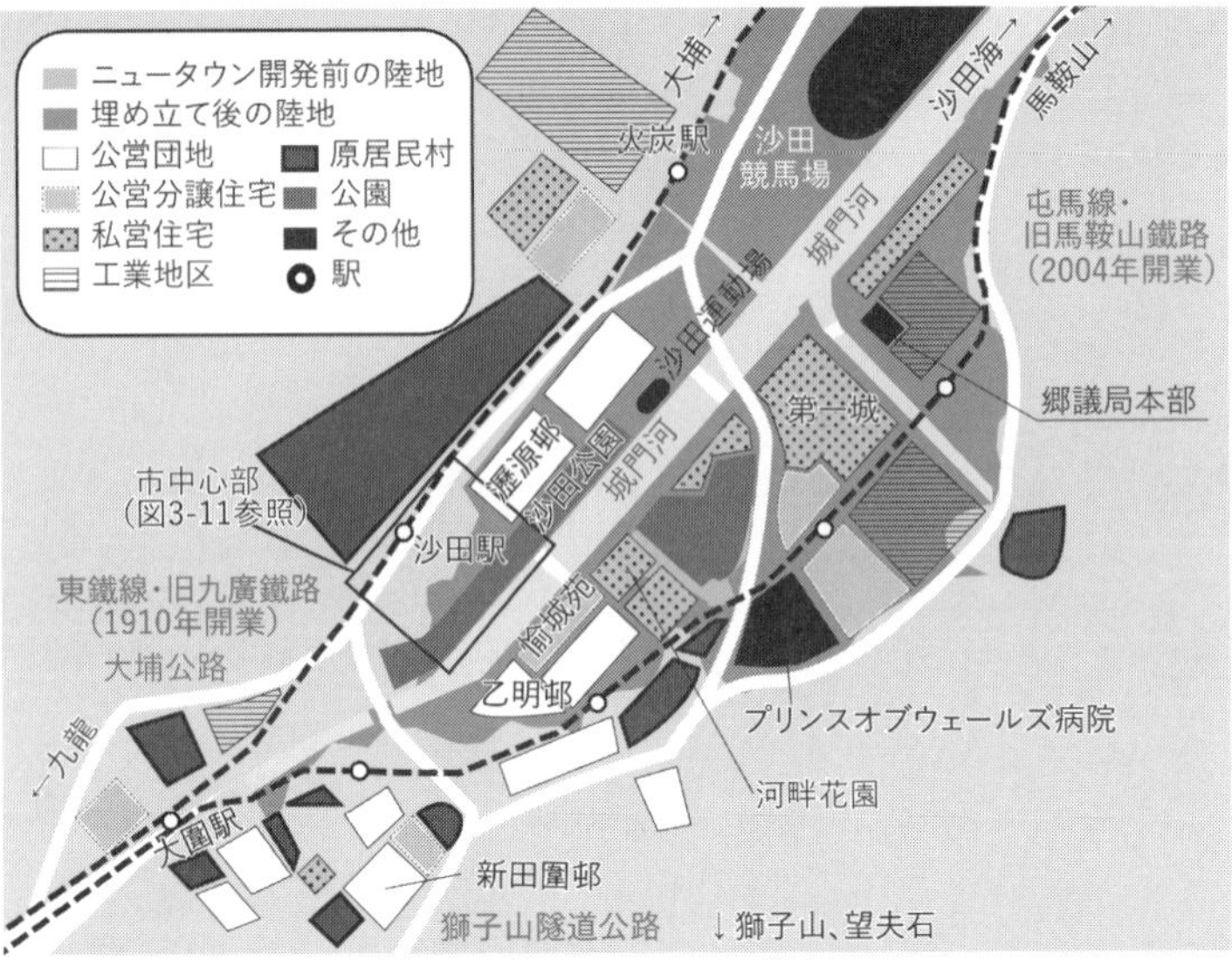

図3-5　沙田ニュータウン概略図

狭い沖積地であり、周辺を標高五〇〇メートル級の山々に囲まれている。山々から入江に注ぐ川により歴史的に水資源に恵まれ、イギリス統治以前は「瀝源」、すなわち「滴る源」と呼ばれた。かつてこの広大な入江には、多くの水上居民がボートを浮かべており、観光客向けの巨大な水上レストランも営業され、都市部の観光客にも人気だったという。

ニュータウン開発は、周辺の山から削り出した土砂を用いて入江を両側から埋め立てる形式で進められた。そのため今日では、この広大な入江はほぼ消失し、ニュータウン中心部を流れる「城門河」としてわずかに残るのみとなっている[35]（図3-5）。

一九七五年、城門河西岸の埋立地にニュータウン内最初の公営団地「瀝源邨」が完成して入居が始まった[36]（図3-6、3-7）。その後も公営団地の建設が進められ、一〇年後の一九八六年までに、この街には四〇万人近くが居住するようになった[37]。

理想の計画都市

香港政府の主導下で一から計画、開発された最初のニュータウンである沙田には、計画都市の理想が色濃く反映されていたという。当時の政府の開発白書や、建設関係者の回顧録、都市開発学者の論文は、そろってこのニュータウンが、一九五〇〜六〇年代のイギリスの都市開発思想に基づき、「社会的に調和のとれた」「自給自足型の」コミュニティとして設計されたことを強調している。[38]

「社会的に調和のとれた」とは、貧困層や富裕層など、住民が特定の社会階層に偏るのを防ぐことを指す。これを達成するために、沙田ニュータウン内には多様な形態の集合住宅が計画的に配置された。香港の公営住宅には、主として低所得世帯に貸し出される賃貸住宅「公屋」と、政府が主体となって

図 3-6　瀝源邨の棟の一つ「壽全樓」

図 3-7　瀝源邨内部の商業施設

図 3-8　沙田公園内にかかる歩行者専用の橋「瀝源橋」からの景色。正面奥の高層建築は居屋（公営分譲住宅）の「愉城苑」、右側奥の建物は公屋（公営団地）の「乙明邨」

建設するものの分譲住宅として販売される「居屋」とがある。[39] 沙田ニュータウンには、この二種類の公営住宅のほか、一九八一年に城門河東岸に建設された「第一城」をはじめ、民営の高層住宅も複数建てられた（図3-8）。拓展署の資料によれば、一九八六年の段階で、ニュータウン住民の五〇パーセントが「公屋」、三六パーセントが民営住宅、一四パーセントが「居屋」に入居していたとされる。建築学者の葉嘉安は、こうした多様な居住形態の混在により、香港におけるニュータウンは、貧困や低所得者層と結びついたネガティブなイメージを避けることに成功した、と分析している。[40]

二〇一六年に公開された香港映画『最初の半歩』（原題『點五步』）は、沙田の少年野球チーム「沙燕隊（沙田マーティンズ）」が日本のチームに勝利を収めた実話に基づく作品で、建設から間もない一九八〇年代のニュータウンの様子を描いている。「公屋」に住む高校生である主人公は、団地暮らしから抜け出すことを夢見ている。映画の冒頭、彼によるナレーションでは、当時のニュータウンの様子について、「引っ越してくる人も多く、また出て行く人も多かった。僕らみたいな団地っ子にとって、団地を出るということは、すなわち成功を意味していた」と語られている。

チームメイトの中には山に建てられたバラックに暮らす者もいて、物語の終盤には彼らが公営団地への入居を認められ、歓喜する様子も描かれている。建設当初の沙田ニュータウンが、多様な階層の人々が共に暮らしながら、居住環境の向上を目指すことのできる流動的空間として想起されていることがうかがえる描写である。九龍のバラックを出て沙田ニュータウンの公共住宅に入居した人々は、隣接する「居屋」や民営住宅の住民とも間近に触れ合いながら、社会上昇を夢見ることができたのだろう。

第一世代ニュータウンの第二の特徴である「自給自足」は、都市部に依存せず、ニュータウン内において労働や教育、余暇など、居住以外の生活上の需要が満たせることを指している。この思想に基づき、ニュータウン内の各住宅区は「パッケージ」と呼ばれる単位に分割して開発され、それぞれのパッケージ内にマーケットや飲食店、学校などのエッセンシャル・サービスが均等に配置された。[41] またニュータウン全体の住民による利用を想定し、公園などのオープン・スペースや工業用地、病院、運動場や競馬場、駅周辺の「市中心《タウンセンター》」など、主として娯楽や労働に関わる施設の開発を想定したスペースも各地に用意された。

自給自足の理想がどれだけ達成されたかについては疑問もある。沙田ニュータウン周辺の工業地区は、香港の工場がより労働力の安価な大陸に移転しつつあった時勢もあり、あまり誘致が進まなかった。[42] そのため、大部分の住民は都市部に通勤していたものと思われる。[43] 沙田は新九龍地区とは山を隔てるのみでほぼ隣接しており、もともと都市部との往来には有利な立地だったことも、この傾向に拍車をかけたのだろう。沙田にはニュータウン開発以前から九広鉄道（現在のMTR東鉄線）の駅もあり、一九六七年にはトンネル（獅子山隧道）も開通していたため、鉄道でも車でも十数分ほどで九龍側に出ることができた。

沙田ニュータウンの「自給自足」は、労働の面では失敗していたかもしれないが、都市部との往来が容易だったことにより、職住分離に伴う弊害が目立たなかったという面もある。同時期に開発された屯門においては、長時間通勤に伴う親世代の不在時間の拡大や、それによる家庭の貧困化、青年非行などが社会問題となり、これらはのちに「ニュータウン症候群」とも呼ばれた。[44]

思い出の中のニュータウン

またニュータウン内には教育や娯楽施設が充実していたため、働きに出る必要のない青少年層にとっては「自給自足」の理想はおおむね達成されていた。幼少期を沙田ニュータウンで過ごした人々の回想では、コミュニティが自律的で完結しており「街の外に出る必要がなかった」ことがしばしば語られる。香港各地の公共団地を撮影する写真家として活動する男性は、自身の作品集の中で、以下のように書いている。

周到に企画された八〇年代の沙田ニュータウンの団地は、完璧に行き届いた一つのコミュニティだった。それぞれにモール、マーケット、遊技場、公民館、広場、駐車場、球技場があり、華麗な建築ではないものの、生活上の必要は基本的に完全に自給自足できる。団地とは、一つの独立したコミュニティである——そんな先入観が、知らず知らずのうちに幼い私の心に植えつけられ、私の団地に対する第一印象となった。[45]

本章冒頭で言及したエッセイ「沙田、私が子供の頃に住んだ場所」の著者も、「沙田でなんでもそろうので、遠出しなくてよかった」と書いている。一九八〇年代に沙田ニュータウンで生まれたという「沙田は私の家」の著者も、「ニュータウンの計画がもともと自給自足だから」「幼年から少年期にかけての自分の活動範囲は沙田にあった」と振り返っている。彼は、沙田だけを活動範囲とする「田舎の子供（郷下仔）」のような暮らしが、自分の郷土意識を形成したのだろうと分析している。

住民たち自身の好意的な印象もあり、沙田ニュータウンは香港における政府主導の都市開発の成功例とされている。[46] 沙田での成功体験が模範となってしまったため、その後の開発計画においても、時代状況や個別の地区の特性、他地域での失敗経験を考慮せずに、沙田の成功例ばかりが踏襲される「沙田コンプレックス」という悪習が生じたとの指摘もあるほどである。[47]

新城市広場の誕生

理想化された沙田ニュータウンのイメージは、とりわけ返還後の変貌の中で、懐かしい栄光の時代として回顧されていった。先述の映画『最初の半歩』も、警察による強制排除目前の雨傘運動の占拠現場で、野球のボールを見つけた主人公が、かつての沙田ニュータウンでの日々を思い出すところから物語が始まっている。

実話をもとにしたこの映画には、ある興味深い脚色がある。史実としての沙田の少年野球チームの勝利は一九八二年の出来事であるにもかかわらず、作中では一九八四年に変更されているのである。この改変の意図は簡単に推測できる。一九八四年は、香港の中国への返還が決まった象徴的な年だからである。映画の中でも、英国首相のサッチャーと中国国務院総理の趙紫陽が、香港返還を定めた中英共同声明に署名した際の映像が一瞬映し出される場面がある。

さらに沙田ニュータウンのローカルな歴史に目をやると、この年は、沙田ニュータウンを象徴する商業施設「新城市広場《ニュータウン・プラザ》」が完成した年でもある。作中の主人公の回想でも「あの年の沙田は、どんど

図3-9　新城市広場南翼のローマ式広場の外観

ん賑やかになっていった。新城市広場の完成、ヤオハンのオープン、最初の城門河ボートレース」と、新城市広場の完成や、その核テナントとなった日系小売店の「ヤオハン」の開店が、沙田ニュータウンの発展を象徴づける出来事として言及されている。

一九八四年一二月に完成し、翌年一月に正式に開業した面積約一〇〇万平方フィートの巨大ショッピング・モール、新城市広場は、沙田駅に直結した娯楽・商業地区「沙田市中心《シャーティン・タウン・センター》」の中心施設として設計され、さまざまな店舗のほかレストランや遊技場、映画館を備えていた（図3-9）。オープン当初から人気を博し、一九八六年時点では、平日に一五万人、休日には二〇万人程度が訪れていたという。[48] 香港はおろか世界でも有数の集客数を誇る商業施設として知られ、かつて運営会社、メディア、そして市民たちは誇りを持ってこの新城市広場を「世界で最も賑わうショッピング・モール」と呼んできた。[49]

公共施設としてのモール

この新城市広場というショッピング・モールの特徴は、先述したとおり「自給自足的」なコミュニティとして開発された沙田ニュータウンの中枢を担う施設として、徹底して地域住民の利益を念頭に設計された点にある。香港におけるショッピング・モール開発の歴史を整理した社会学者の呂大樂は、北米やイギリスの事例とは異なり、明確なモータリゼーションを伴わなかった点を特徴に挙げている。[50]

香港における大規模消費施設の建設は、当初は主に都市部における観光客向けの開発の一環としてスタートしたが、一九八〇年代に入ると、新興住宅地の駅や集合住宅に直結した、地域住民向けのショッピング・モールが建設されていった。新城市広場もその一例である。香港においてはそもそも自家用車の普及率が低いため、ショッピング・モールも遠方から客を呼び込むことを想定した広域型モールではなく、あくまで駅周辺の地域住民による利用を想定したネイバフッド型、コミュニティ型のモールとして発展したのである。

さらに新城市広場の場合には、民営の商業施設ではあるもののニュータウン開発という公共のプロジェクトの一環として建設されたこともあり、設計段階で公権力の積極的な介入も行われた。開発・運営にあたった新鴻基地産の当時の担当者によれば、ディベロッパー側としては、顧客数を増やすために地下に広大な駐車場を建設する計画を立てていたが、政府側はニュータウン中心部の交通量増加につながることを懸念し、難色を示したという。[51]

結局、政府側の新界担当官と複数回の面談を重ねたのち、地下スペースのすべてを駐車場とするのではなく、ローラー・スケート場、ボーリング場、卓球場など、住民のための娯楽施設を併設することを条件に、駐車場設置が認められた。同じエピソードは当時の沙田担当の理民官であったパトリック・H・ヘイズの回想でも触れられており、政府側にとっても印象的な争点であったことがうかがえる。[52]

民間の商業施設に対して、政府がこれほど強く介入することができた背景には、この施設の開発をめぐる土地契約があった。都市計画研究者のロジャー・ブリストウによれば、新城市広場の建設にあ

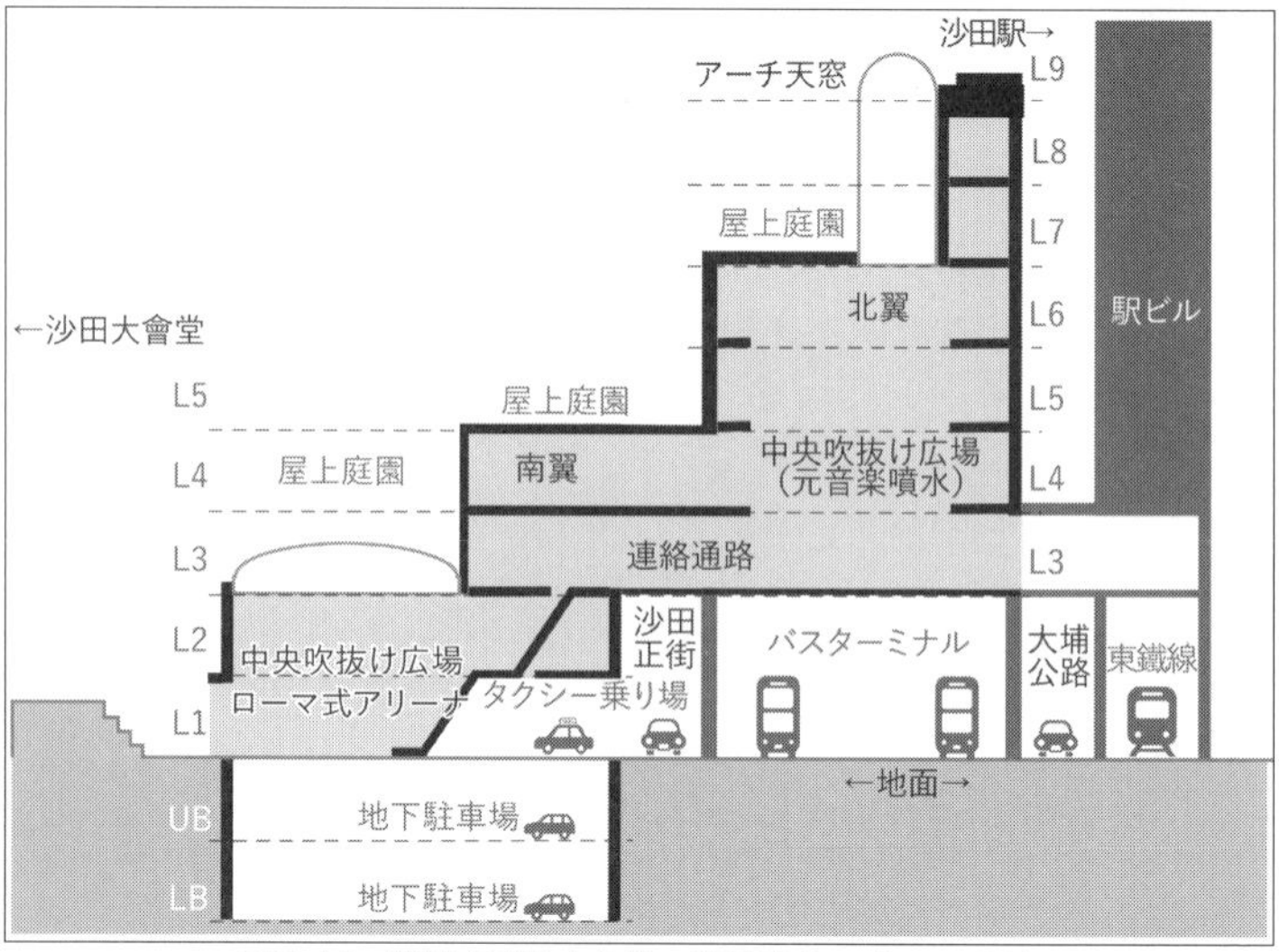

図 3-10　新城市広場中央部の断面図（2021 年 11 月現在）

たっては、香港で初めて、ディベロッパーへの土地リース契約の条件にデザインの詳細を織り込み、建築プロセスを政府の管理下に置くシステムが採用されたという。[53] 新鴻基の担当者によれば、開発のイニシアティブはあくまで政府側にあり、営利重視の設計をしたい会社側と、コミュニティの住民に利する公共の施設として開発を進めたい政府側とで、上述の駐車場の事例以外にもしばしば意見の衝突が生じたという。

　たとえば、香港のショッピング・モール開発では、限られた土地資源を最大限に活かして利益を上げるために、商業施設の上部に高層マンションが併設されることが一般的であるが、新城市広場の場合は、政府の意向により建物屋上スペースへの建造物建築は認められなかった。[54] 代わりに屋上には、近隣住民が公園がわりに利用できるテニスコートやミニゴルフ場などが設置された。建物内部にも公園を模した意匠が見られ、北翼、南翼それぞれの吹き抜け部には噴水広場が設置されている。とりわけ北翼の噴水は、音楽とライトア

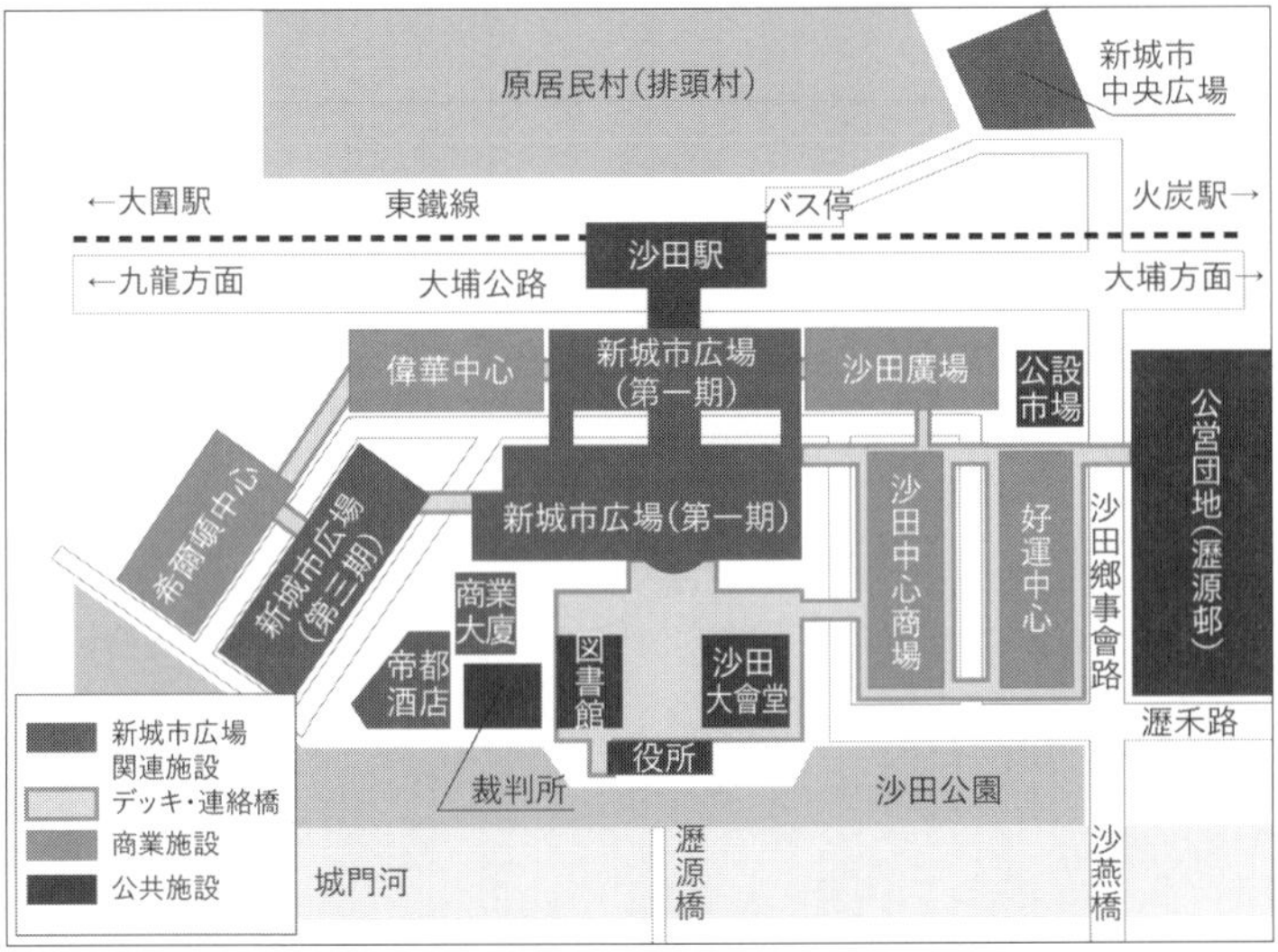

図 3-11　沙田市中心概略図。新城市広場関連施設が、デッキや連絡橋を通じて商業施設や公共施設に接続する

ップに合わせて水が噴出されるギミックから「音楽噴水」と呼ばれ、沙田ニュータウンのランドマークにもなった[55]。

　車道を挟んで南北二翼に分かれた新城市広場は、北翼で沙田駅と直結している。南翼は会堂、図書館、婚姻登記所などの公共施設を集約したデッキに連結しており、駅で電車から降りた市民は、新城市広場の内部を連絡通路経由で移動すれば、車の行き交う地上に降りることなく、そうした施設へと向かうことができる（図3-10、図3-11）。新城市広場とその正面のデッキは、さらに各方面に伸びた歩行者デッキを通じて、周辺の商業施設兼住宅[56]や瀝源邨などの公営団地とも結ばれている。新城市広場は、駅と住宅とを結ぶ、沙田市中心部の広大な歩行者ネットワークのハブとしてもデザインされているのである[57]。

　規模の差はあれ、類似の構造は香港の他地域のショッピング・モールにも見られる。香港各地の住民は、実際にそこで買い物をするかしないかにかかわらず、駅や住宅に直結した商業施設を、日々「通路」や「広場」として利用している。

文学を通じて、香港人の消費生活とコミュニティ意識について考察したジャネット・ンは、香港のショッピング・モールはそうした機能を持つため、単なる個人的消費の場としての役割を超えて、公共文化やコミュニティ意識の醸成にも一役買ったと分析している。[58]

新城市広場をはじめとする香港のショッピング・モールは、その構造や設計から見ても、ただのモールではなく、地域の公共施設、インフラとしての機能を持っているのである。

ヤオハン　手の届く憧れ

商業施設としての新城市広場に目を向けると、オープン当初から低層階の大部分を占める中核店舗として、日系小売企業のヤオハン（現地での表記は「八佰伴」）が出店していた。

新鴻基の担当者の回顧によると、ヤオハンの入居は、消去法の結果であったという。新城市広場の建設計画が浮上した当時は、返還に向けた中英間の交渉が進行中であり、香港の前途が不確定な時期であった。加えて郊外への大規模店舗の建設自体が依然として実験的なプロジェクトだったこともあり、大手資本は難色を示した。地元資本の百貨店である永安《ウィンオン》や先施《シンシア》のほか、すでに香港都市部に出店していた松坂屋や大丸などの日本の大手百貨店とも交渉を行ったがうまくいかず、オープン日が迫る中、なんとか契約にこぎつけたのがヤオハンだったというのである。[59]

地方のスーパー経営から出発したヤオハンは、当時ブラジルやシンガポールへの展開で一定の成功を収めつつあったが、香港には未進出だった。しかし第一号店である沙田新城市広場店が大きな成功を収めたことで、一九九七年の倒産までに、屯門、荃灣、元朗、天水圍、將軍澳、馬鞍山など、新界ニュータウンを中心に、香港に全一〇店舗を展開するほどの人気を博した。

ヤオハンの香港店舗でフィールドワークを行った人類学者の王向華は、大手百貨店ではないヤオハンの経験が、郊外における店舗経営上、功を奏することとなったと分析する[60]。地方スーパーの経営経験を活かし、都市部の百貨店とスーパーマーケットとの中間的な営業形態を採用したことで、ニュータウンに暮らす住民の社会階層にマッチした経営を行うことができたというのである。地上階ではスーパーが売るような生鮮食品や日用品を売り、上の階では百貨店が扱うような衣類や家電、玩具を扱ったヤオハン沙田店は、あらゆるものがそろうワンストップ型の店舗だった。

ヤオハンの商品は、既存のローカルな市場やスーパーでは満足できないが、都市部の高級百貨店で買い物をするほど裕福ではない新興中間層を惹きつけた。それによりヤオハンでの買い物がミドル・クラスを示すステータス・シンボルとなると、今度は中間層への階層移動を目指す下層の人々もヤオハンでの買い物に憧れを抱くようになった、と王は分析する[61]。先述のとおり、沙田ニュータウンは、公営団地への入居を果たしたばかりの人々と、民営住宅を購入できるほどの経済的成功を収めた人々が混在して暮らす設計になっていた。このニュータウンの中枢に位置した新城市広場とヤオハンは、社会上昇を夢見る住民が一時的にミドル・クラス的な生活を体験できる場所としても機能したのである。

先述のエッセイ「沙田、私が子供の頃に住んだ場所」の著者も、ヤオハンの商品は高かったが、憧れをもって眺めることができたと振り返っている。低層階にあるヤオハンの商品は「買わなくても見るだけで楽しめた」し、上層階に行けば「団地にあるようなスタイルのショップ」もあった。また別の回想によれば、新城市広場と連結された周辺の商業施設にはさらに低価格の商品もあったため、ヤオハンでの買い物が難しい階層の消費者も、そちらで日常の需要を充足することができたという。[62]

またヤオハンには、店舗のほかにもさまざまな飲食施設や娯楽施設が併設されていたため、買い物をせずとも長時間過ごすことができた。ヤオハンを訪れた家族は、たとえば最上階にあるレストランで飲茶《ヤムチャ》をしたあと、下の階でそれぞれの経済状況に見合った買い物を楽しんだり、地下の遊戯場で遊んだり、映画を観たりして過ごすことができた。空腹になればヤオハンのフードコートやファストフード店で軽食が食べられたし、食材を買い込んで家で調理することもできた。「音楽噴水」などの屋内設備を眺めて、ただダラダラと時間を潰すこともできた。王向華は、新城市広場は「香港ではじめてレジャーと消費を一体化させることに成功した」ショッピング・モールであり、買い物をするしないにかかわらず、ここで余暇を過ごすことが「当時の沙田住民の典型的な日曜日の生活風景」となったと述べている。[63]

新城市広場の変貌

一九九七年、アジア通貨危機の煽りを受けて香港経済が低迷する中、ヤオハンは突如として倒産を発表した。同年一一月二〇日をもって、沙田店を含む香港の全店舗も閉店してしまった。新城市広場は中核店舗を失うことになったが、王向華は、二〇〇四年の時点では、日曜になるたびにこのモールに集う沙田住民の生活風景は「基本的には変わっていない」と書いていた。

しかし、二〇一二年に発表された別のあるエッセイの著者は、むしろ「新城市広場から離れること」が沙田の多くの家庭にとって休日のお決まりの行動となったと書いている[64]。この間、新城市広場に、そして沙田ニュータウンという街に、いったい何が起こったのだろうか。

中港矛盾の最前線

きっかけは、二〇〇三年七月、「自由行」と呼ばれる大陸から香港への個人旅行が解禁されたことだった。第二章でも言及した香港と中国大陸との経済緊密化協定（ＣＥＰＡ）の一環として実施された施策である。香港と中国大陸との間では、返還後もイギリス時代以来の出入境制限が維持され、今日でも大陸から香港に陸路で入境するには、新界最北部にある羅湖駅などで、国境管理さながらの入境審査を受ける必要がある。中国大陸側の住民が自由に香港を訪問することはできなかった。

自由行は、香港に隣接する広東省の住民を皮切りに、中国大陸の一部地域の住民に、香港を短期訪問する入境許可を与える制度であった。この制度に基づく個人旅行客の急増により、経済融合の目論見どおり、小売業や観光業には好況がもたらされた。一方で、街の商業施設が大陸からの観光客向けに最適化され、高級貴金属店や化粧品店、ドラッグストアの出店が相次ぎ、地域住民に日用品を売っていた旧来の店舗が消失するという弊害も生まれた。

これらの問題は、全香港的な現象として語られることもあるが、とりわけ新界ニュータウンにおいては、その影響がより顕著だった。[65]大陸からやってくる旅行客にとって、新界のニュータウンは地理的に最も近く、便利な香港側の街だったからである。

新城市は誰のものか

自由行の解禁により観光客が増加する中、新城市広場は、ショッピング・モール全体の大規模なリニューアルを実施する。二〇〇五年五月に完了したこのリニューアルにより、内装は一新され、モール内の多くの店舗も入れ替わった。リニューアル後に入居した一二〇のテナントのうち、六割以上が新規契約だったという。

『文匯報』紙の当時の記事によれば、新規テナントの多くはすでに市街区を中心に出店していた有名ブランドであり、テナント料も全体で二〇パーセント上昇するなど、高級路線化が顕著に見られた。[66]運営会社である新鴻基の関係者は、記事の中で、リニューアルの理由は「沙田区の発展が成熟し、市民の消費能力も高まって、質を求めるようになったため」としているが、時期から見ても二〇〇三年の「自由行」解禁によって増加していた大陸からの観光客を当てにしたものであったことは明らかだろう。

少なくとも、沙田住民の多くは、そのように受け止めた。リニューアル後の新城市広場の来客数は、一日平均二五万人、休日に限定すれば三〇万人に及び、売上高も一〇〜二〇パーセント上昇するなど、数字の上では返還前を上回る成功を収めたが、一方で旧来の主要な利用客であった地域住民からは不満の声も聞かれるようになる。

二〇〇七年七月に嶺南大学大学院文化研究専攻のオンライン・ジャーナルに掲載された「誰の新城市広場か」という論考は、このリニューアルについて、消費能力の低い顧客の滞留を抑制し、よりお金を落とす顧客に焦点を絞る経営的な戦略の表れと分析している。[67] 象徴的な変化が、ランドマークでもあった音楽噴水の撤去であった。これにより北翼の吹き抜け広間は、四方八方から人々が絶え間なく往来する通路となり、待ち合わせなどを目的としてとどまることは困難になった。

モール全体でも、休憩用のベンチやゴミ箱の数が削減された。休憩スペースが少ないとの苦情に対しては、会社は休憩にはレストランを使用するようにと回答しており、顧客にお金を落とさせるための施策であることがうかがえる。[68] 音楽噴水についても、のちに屋上庭園に移設されたが、かつてのような一般開放施設ではなく併設されたレストラン街で食事をする客を対象とした施設となっている。こうした構造の変化により、未成年者や高齢者といった比較的消費能力が低く、かつ長く滞在する傾向のある階層がかつてのようにモールを溜まり場とすることは困難となった。[69]

テナントの面でも、駅に直結した中心部の低層階は高級ファッション・ブランドで固められ、旧来の店舗は上層階や周辺部に追いやられていった。[70] 入居テナントの高級化とともに、かつての住民たちの思い出の店舗は次第に新城市広場からの撤退を選ぶようになる。

光復新城市

二〇〇九年四月、香港に最も近い大陸の都市である深圳の居住者を対象に、一度の手続きで何度も香港を訪問できるマルチビザ（通称「一簽多行」）が解禁されると、新界ニュータウンにおける越境買い物客の増加はいっそう深刻な問題となった。大陸での転売を目的に香港で大量の品物を購入する「水貨客」[71]と呼ばれる運び屋の大量購入により、二〇一二年には香港で粉ミルクが品薄となる事態も発生している。

この二〇一二年以降、大陸から来る旅行客から街を「光復」する運動が新界各地で展開された。二〇一二年九月には、深圳に最も近い一般駅である上水駅[72]で「光復上水駅」運動が行われ、この運動参加者の中から水貨客問題を懸念する市民のグループ「北区水貨客関注組」が結成された。同団体は以降も類似のデモ活動を繰り返し呼びかけている。

沙田の新城市広場においても、二〇一二年一〇月に「光復新城市」運動が呼びかけられている。これは「光復上水駅」と並び、大陸からの買い物客をターゲットとする抗議運動としては最初期のものである。

直接のきっかけは、先述したテナント料の値上げにより、香港全土に店舗を持つ最大手の書店チェーン、商務印書館が新城市広場からの撤退を発表したことである。個人店ならまだしも、大手企業ですら撤退を選択したことで、住民の間に「商務すら耐えられないとは」と大きな衝撃が広がったのである。「光復新城市」運動を報じた当時の新聞記事には、新しいモールが「地元住民の利便性でなく大陸からの買い物客を喜ばせることばかり考えている」ことを嘆く声が多数取り上げられている。[73]

以降、こうした「光復運動」は新界各地の駅や商業施設で繰り返されていった。二〇一五年には、本土派政治団体である「本土民主前線」らが、二月から三月にかけて屯門、沙田、元朗など、新界各地のニュータウンで「光復」運動を展開した。これらの活動を通して著名となった「本土民主前線」

の梁天琦は、二〇一六年に新界東地区で行われた立法会選挙に立候補するが、このときに彼が用いたキャッチフレーズが「光復香港、時代革命」だった。

政治思想としての「本土派」の起源については、第二章で触れた植民地時代の建築物の保全運動や、大陸・香港間の高速鉄道建設に反対する二〇〇九年の立法会周辺での抗議活動など、港九地域を中心とした抗議運動が挙げられることが多い。[74] しかし、本土民主前線をはじめとする個々の政党組織が台頭した背景には、新界ニュータウンにおけるこれらの光復運動もあった。

新城市広場の物語

沙田で生まれ育ち、幼少期には新城市広場の「ヤオハンのおもちゃ売り場でよだれをたらし」、地下の遊戯施設「東京新幹線」で「青春を浪費した[75]」というコラムニストの阿果は、二〇一二年の商務印書館の撤退時、『明報』紙にコラムを寄せている。[76]「新城市広場の話でもあり、香港の話でもある」と題されたこのコラムでは、新城市広場の変貌が返還後の香港全体の歩みと重ねられる。

二〇〇三年のSARS流行により、香港経済は前代未聞の冬の時代を迎えた。この底を脱したあとの香港の物語は、みんな触れたがらないが、よく知っている。同じ年、大陸からの個人旅行が解禁され、経済も徐々に復調した。新城市広場もその機に乗じてスタイルを変え、三年をかけて全面的なリニューアルを行い、大変身を遂げた。そして音楽噴水もローマ広場の階段も撤去され、オレンジを基調とした内装は冷たく青白い色に変わった。もとからの店舗は、なんとか契約を更新できたとしても、上層階へ、あるいは近隣のよりランクの低いモールである沙田廣場、沙田中心、好運中心へと追いやられていった。（…）

リニューアルを経た「新」新城市広場は、見事に復活を遂げたらしい。「世界で最も賑わうショッピング・モール」という肩書きも、再び揺るぎないものとなったようだ。（…）二〇〇三年以後の香港も、政府の論述の中では同様だ。北京の助けのおかげで香港は逆境を抜け出した、競争力を重視しよう、と。そんな香港の物語は、一見して変わらぬ輝きを放っているように見える。

大陸との経済融合の恩恵を受け、新城市広場と香港は輝かしい復活を遂げた。しかし、それは、沙田の庶民としては実感を伴わず、疎外感を感じるものであった。彼はこう続ける。

「新」新城市広場は、外見は輝かしくとも、庶民と関わりのある部分はどんどん少なくなっていっている。相変わらずの人混みだが、その中にいる沙田人は、あるいは香港人すらも、少なくなっている。近年の香港の歩みも同様だ。小規模店舗が死に、大店舗ばかりが栄える。街道が減り、モールが拡張する。街はどんどん輝かしくなっていくが、庶民と関わりのある場所は少ない。繁華街、駅、病院は人がどんどん増えているが、香港人の顔は、どんどん少なくなっている。この香港の物語は、外見は立派でも、中身はボロボロだ。

二〇一五年四月には、国際外食チェーンのマクドナルドが新城市広場店の閉店を発表する。マクドナルドは、新城市広場のオープン当初から北翼の吹き抜け広間に面した目立つ位置で営業しており、「世界で最も忙しいマクドナルド」とも言われていた。リニューアル後には建物の端に近い位置に移転したものの、この年までその場所で営業を続けていた。

世界有数のグローバル企業であるマクドナルドの撤退を受けて、住民たちからは「マクドナルドまで潰れるなんて」[77]と商務印書館撤退時以上の大きな反応が寄せられた。[78]この時期にオンラインメディア『香港獨立媒體網』に掲載された「あの頃、僕らがダラダラと過ごした新城市のマクドナルド」という記事では、一九九〇年代生まれの記者が、幼少期のマクドナルドの思い出を振り返り、もはや自分たち「沙田っ子（沙田友）」のものではなくなってしまった新城市広場の変貌を嘆いている。

新城市のマクドナルドが閉店すると聞いたとき、悪い冗談かと思った。
ずっと倒れないと思っていたものも、いつかは倒れるものなのだろう。幼稚園、小学校の頃、おもちゃ欲しさにハッピーセットを買ってもらったのは、しあわせな家族団欒の思い出の一つだ。小さい頃はよく母とも喧嘩になった。マクドナルドに行きたい私と、ケンタッキーに行きたい母とで。まさか今ではどちらも閉店してしまうなんて。（…）
新城市の変遷は、振り返るだけで本当にゾッとする。音楽噴水は地上階から七階へ移り、七階の高級レストランに顧客を惹きつけるためのものになった。東京新幹線[79]も、商務書店も、西田も、災を免れえなかった。

かつてモールでダラダラ過ごしていた香港人は、学生やおばちゃんたちだったから、消費能力の点では旅行客には及ばないのが現実だ。だから新鴻基は二〇〇四年から、自由行の旅行客を惹きつけるために、モールを大幅にリニューアルした。

実際のところマクドナルドは、新城市に残された、庶民が消費できる最後の一角だったと思う。かつてはケンタッキーなんかがあったことも、今ではほとんど思い出せない。ただし、人出がまばらな店であれば、家賃を払えないとしても、それは「合理的」だと思う。でもこのマクドナルドはいつ見ても人で溢れかえっていて、何年も大忙しだった店舗なのに、それでも大資本の天文学的テナント料の前には膝を屈するしかなかった。

新城市は、とっくの昔に「沙田っ子」のものでも、香港人のものでもなくなってしまったのだ。[80]

マクドナルドは、地域文化を侵食するグローバル資本の代表例として、地域によってはむしろ抗議活動や排斥の対象となってきた。その撤退がここまで嘆かれることに違和感を覚える読者もいるかもしれない。これには香港特有の事情もある。土地が希少で狭小住宅の多い香港において、子供たちが友達と集まれる空間は決して多くはないが、マクドナルドはまさにそんな希少な場を提供していたのである。沙田新城市広場店を含め、香港マクドナルドは多くの店舗で特別なパーティ・プランを提供していたため、子供たちが家族や友人を招いた誕生日会を開いてもらう際の定番のスポットでもあった。[81] 香港の特定の世代にとって、マクドナルドが「幼少期」の記憶ととりわけ結びついているのは、こうした事情によるものと思われる。

ずっと新しい街

商業施設の運営方針が変わり、それによりかつての顧客が疎外感を感じる、ということ自体はそれほど珍しいとも言えないのかもしれない。コミュニティ的機能の低下や、低購買力層の排除の動きは、日本を含め他地域のショッピング・モールにも見られる。[82]

しかし、新城市広場をはじめとする香港の事例に特徴的なのは、このショッピング・モールの変化が、返還後の経済政策に伴う外部からの消費者流入により引き起こされたという点である。そのため、

図 3-12　新城市広場の標語「The Town Is Ever New」

この変化は、単なる経営、経済上の事情ではなく「自由行」という政策が誘発した政治問題でもあると認識されている。だからこそ新城市広場の物語は、ただの弱肉強食の自由主義市場につきものの悲劇ではなく、誰かによって人為的に自らのコミュニティが奪い去られたという感覚につながっているのである。

そしてその喪失感は、日々の暮らしの中で繰り返し確認され、強化されている。新城市広場の建物自体は、沙田ニュータウンの中心部に、ほぼそのままの外観で存在しているからである。ニュータウン中心部の歩行者ネットワークの結節点としての構造的役割も変わっていないため、内装が変わり、テナントが変わり、「もはや物理的に沙田にあるだけ[83]」になったように思われるこの施設を、沙田に暮らす人々は日常的に「ただの通り道[84]」

図3-13 2019年8月、デモ隊により埋め尽くされた新城市広場の吹き抜け広間

として利用し続けている。

先述のコラムニストの阿果は、二〇一九年に『明報』紙に掲載された「The Town Is Ever New——新城市広場への愛憎」と題されたコラムの中で、今も「毎日一、二回は足を踏み入れることを迫られ」るたびに、他の多くの「沙田っ子」たちと同様、「愛憎入り混じる、こもごもの感情」を抱きながら新城市広場を通過していると書いている。[85]

このコラムのタイトルは、リニューアル後のある時期、新城市広場の各地に掲げられていた標語から取られている（図3-12）。「この街はずっと新しい」、あるいは「ニュータウン」にかけた言葉であることを考慮すれば、「ずっと〝ニュー〟なタウン」とでも訳すべきだろうか。いずれにせよ、新城市広場の変貌に対する市民たちの感情を思うと、ひどく皮肉な標語にも思える。

このコラムが発表されたのは、本章冒頭で言及した新城市広場における二〇一九年七月一四日の警察とデモ隊の衝突から一週間が経った頃のことだった。この衝突のあと、新城市広場では、警察の対応に抗議する活動が無許可で開催されていた（図3-13）。当時のモール内の張り紙には、反送中運動に関連する標語のほか、「音楽噴水を返せ」のように新城市広場の変化への思いを綴ったものも多く見られたという。[86]

阿果は、デモ隊によって占拠されたショッピング・モールに「新城市広場が持つべきコミュニティ的機能の回復」を感じた、と述べている。地域住民は、久々にこのモールで「沙田在住の友人に会い、晩ごはんを食べてからモールをぶらぶらしたり、おもしろい標語を探したり、モールの広間に座って、飽きることを知らない子供のように、ダラダラとしゃべったりしていた」という。[87]

抗議運動によってもたらされた例外的状況の中で、沙田の人々はこのモールのかつての姿と、それをめぐる住民たちの共通の記憶に想いを馳せていた。阿果は、このときの新城市広場で、誰にともなく自身の思い出を語っていた中年男性について記している。

新城市〔広場〕は無数の沙田人の集合的記憶〔集體回憶〕だ。ここ数日の夜中、ついついモールの中に長居して、レノンウォールのメモ用紙を細かく読んでしまった。政権や警察を侮辱する大量のメモ以外に、沙田の地元住民の告白（「新城市広場を返せ」、「陽光一代を返せ」[88]など）も多く見られた。ある中年の地元住民が、問わず語りに八〇年代の思い出を語るのも耳にした。〔新城市広場の開店時のセレモニーで〕城門河の上空に打ち上がった煌びやかな花火、沙田中が沸いたイギリス女王の訪問……。そんな出来事が、彼の中で、「毎日、新城市広場に入り浸る」という有形の日常を「沙田は自分の家」という無形の感覚へと変化させていったのだ。[89]

『立場新聞』の七月一八日の記事は、おそらく同じ男性である「林さん」の言葉をより詳細に報じている。林さんは一九八三年から沙田に住む六〇歳の年金生活者で、七月一四日のデモにも一家で参加していたという。デモ当日の警察やショッピング・モールの運営会社の対応への不満を口にしたあと、彼はかつて新城市広場で過ごした日々の思い出を語り始める。

「新城市広場が完成する前から、私はここに住んでる。建設中から見てたんだぞ！　噴水池「音楽噴水」にヤオハンに、私はここで「オカミさん「イギリス女王」[90]」が来るのも見たんだ。買い物も食事も、いつもここだった」（…）

彼は新城市広場にヤオハン一号店がオープンしたときに、娘を抱いて城門河の河畔で花火を見たことも覚えている。「ドン」という音を立てて花火が上がると、娘は驚いて泣き出してしまった。でも打ち上がった煌びやかな花火を見ると、今度は笑顔になったのだという。（…）一九八六年、イギリス女王が来たときも、娘を抱いて新城市広場に見物に訪れ、「オカミさん」がモールを観覧するのを見た。場内には色鮮やかな旗と歓迎の標語がかけられていた。このモールは一家が毎日訪れる場所だった。「毎朝早く起きて、長女を連れて音楽噴水のところを通ってな、駅の近くのマクドナルドで朝ごはんを食べて、いつもそれから幼稚園に送っていったんだ」と彼は笑って言った。「うちはなんだってヤオハンで買ったよ。奥さんなんて毎日歩き回ってるもんだから、株主なのかってからかったこともあった」

（…）ここまで語ったところで、彼は突然声を詰まらせて泣き始めた。「ここは私の家だ。人生の大部分をここで過ごしてきた。新城市広場には毎日入り浸っていた。今回のことは、まるで友人を一人失くしたように感じるよ[91]」

コミュニティ化する抗議運動

香港の物語でもある

新城市広場は、こうした個々の住民たちの思い出に満ちた施設である。さらにそうした個々の経験が「沙田っ子」たちの共通体験、あるいは「集合的記憶」として語り継がれているために、沙田の人にとっては「たかがモール」ではなく、涙を――そして嘆きや、怒りといったその他の強烈な感情を――誘う特別な場所なのだろう。

重要なのは、これが、沙田だけの特殊な事例だとは捉えられていないことである。これまでの新城市広場をめぐる語りにも見られたとおり、それは新城市広場だけの物語ではない「香港の物語」として、沙田っ子だけでなく「香港人」に関わる事象として語られている。

本章でこれまでにも繰り返し言及している、沙田ニュータウンを舞台とした二〇一六年の映画『最初の半歩』でも、沙田の変化が香港全体の民主化運動と関連づけられていた。映画の末尾で主人公は次のように回想している。

僕が育ったこの場所も、だんだんと見知らぬ姿になっていく。一九八〇年代は、香港の最も幸福な時代であり、僕が最も戻りたい時代でもある。あの年、僕は誰も知らない試合に勝ち、大切なものを失った。でも一つ学んだことがある。勝ち負けは重要じゃない。一番重要なのは、この半歩を踏み出す勇気が、あるかどうかだ。

生まれ育ったニュータウンの環境と香港の栄光時代とを、そして野球チームの戦いと民主化運動の戦いとを重ね合わせる主人公のナレーションとともに、沙田の団地を写したカットが雨傘運動末期の金鐘の路上の映像へと切り替わり、映画は終わる。

個別のコミュニティの変貌が、香港全体の変貌に結びつけられていたからこそ、各地の「光復」運動が、やがて「光復香港」という標語を生むことになったのだろう。香港を光復しようという政治運動は、おそらく民主や自由といった政治制度やイデオロギーに関わる問題だけではなく、より日常的なコミュニティをめぐる感情によっても駆動されていたのである。

反送中運動の「遍地開花」

こうしたコミュニティ・レベルの事象に目を向けて、初めて私たちは反送中運動の広がりの真の背景を捉えることができるのではないかと思う。

二〇一九年六月当初、反送中運動に関連するデモ活動はいずれも香港島を中心に展開していたが、七月に入ると、香港全土で抗議運動が行われるようになる。七月六日、新界西部の屯門で、一三日には上水で、一四日には新城市広場における衝突につながった沙田でのデモが行われた。

これらの各地でのデモは、反送中運動全体のイシューのみならず、個別のコミュニティの事情も反映していた。七月六日の屯門でのデモ活動では「屯門公園」を「光復」することが掲げられていた。この公園では、一〇年以上前から、パフォーマンス・エリアでのマイクやスピーカーを使った歌唱が騒音問題となっていた。二〇一九年に入ってからは、とりわけ大陸出身者と見られる女性が身体接触を含む性的なダンスを披露する動画が拡散され、話題を呼んでいた。デモ当日、参加者たちは、売春婦を意味する広東語の俗語「鶏」などの言葉を叫びながら、当局にパフォーマンス・エリアの取り締まり強化を訴えた。

「光復上水」と名づけられた一三日の上水でのデモは、長らくこの街で問題となっていた大陸からの買い物客増加に反対するものであり、二〇一二年以降同様の抗議デモを行ってきた団体「北区水貨客関注組」が主催していた。つまり、いずれのデモも以前から新界ニュータウンに燻っていた中港矛盾の火種が抗議運動の盛り上がりの中で再燃した形だった。

一四日の沙田におけるデモは、逃亡犯条例改正反対をテーマとしていたが、ローカルなコミュニティ意識も反映されていた。発起人も、これまでの大規模デモを主催してきた民間人権陣線などの著名民主派団体ではなく、「沙田一隅」というあまり知られていない地域団体だった。デモで掲げられたプラカードにも、沙田が長らく民主派の票田であったことを誇る「民主之郷」という言葉や、「沙田は「自由閫」［本書七一頁を参照］をたくさん輩出してきた」など、沙田というコミュニティそれ自体への愛着や誇りを示す言葉も見られた。デモに参加した民主派区議会議員も、メディアの取材に対して、デモの開催を「沙田住民として、沙田区議会議員として誇りに思う」と答えている[92]。

七月以降のこうした抗議運動の各コミュニティへの広がりは、「遍地開花」と形容された。この開花を可能にした「種」は、各地で以前から燻っていたローカルな社会問題や、地域単位で芽生えていたコミュニティへの愛着や誇りだったのだろう。香港の民主化運動の激化の背景には、「香港人」意識、「本土」意識の覚醒があるとされてきたが、その水面下にある、このような小さなコミュニティ単位での政治意識の覚醒の影響力も無視すべきではない。[93]

第一章でも触れたとおり、一連のデモや衝突を経た二〇一九年一一月の区議会選挙では、民主派が圧勝を収めた。区議会選挙は、まさに各地域の小さなコミュニティを単位とする選挙であり、地域に密着した選挙戦が行われていたことが特徴である。ソーシャルメディア上では、香港全体で民主派が圧勝を収めたことを喜ぶ声とともに「大埔すごいぞ！」「沙田やった！」など、自分たちの区で民主派が勝ったことを誇る声も聞かれた。

幻の「光復元朗」デモと七二一事件

抗議運動の郊外への広がりは、デモを支持する住民と反対する住民との間の衝突も生むことになった。レノンウォールの周りやデモ現場での小競り合いもしばしば見られるようになり、一〇月一九日、大埔のレノンウォール付近でビラ配りをしていた男性が中国籍の男性に腹部を刺された事件、一一月一一日、馬鞍山でデモ隊と口論になった男性が可燃性の液体をかけられ、火をつけられて大火傷を負った事件など、郊外を舞台に凄惨な事件も発生している。

第一章で言及した白シャツを着た集団による無差別襲撃事件（七二一事件）も、新界西部に位置する元朗で起きており、同様の図式の下に理解することもできる。

実際に、白シャツ隊による襲撃を擁護する人々は、事件発生日の七月二一日に民主派によるデモ活動「光復元朗」が呼びかけられていたと主張し、白シャツ隊の行為を、デモ隊から街を守るための「自衛」として正当化している。この日には香港島で民間人権陣線によるデモが呼びかけられており、同日に元朗で大規模なデモが計画されていた確たる証拠はない。実際にこの日に元朗で大規模な動員が計画されていたとは考えにくい。しかし元朗周辺の体制派は口々にこの幻の「光復元朗」デモに言及している。

七二一事件の直後、現場で白シャツ隊と握手し、「あなたたちは私の英雄です」などと声をかける姿を目撃された新界西区選出の体制派立法会議員、何君堯《ジュニアス・ホー》は、自身の事件への関与は否認しつつも、白シャツ集団はデモ隊から自らの「家と一族を守った」だけだと述べ、彼らの行為を擁護した。また事件の数日前にソーシャルメディア上で行ったライブ配信では、上水や沙田でのデモ活動に言及し、類似の活動が元朗で起こった場合には彼らに「ご挨拶をしてやる」べきだと述べていた。[94]

体制派団体を率いる活動家で、事件当日の日中、元朗で民主派へのカウンター・デモを主催していた李碧而は、そもそも当日にデモ隊が元朗に来なければ事は起こらず、白シャツの人々は「家を守るよう追い込まれた」だけだと主張した。彼女は「得元朗得天下（元朗を制すもの、天下を制す）」と書かれた民主派の「文宣」をソーシャルメディア上で目にし、脅威を感じたとも述べている。[95]

同じ文宣は、政府内部の警察監督機関が発表した事件の検証レポートにも、当日元朗においてデモが呼びかけられていた証拠として掲載されている。[96] 香港警察は、事件当初の会見では、事件を市民に対するマフィアの「襲撃」と捉えていると表明していたが、次第に論調を変え、二〇一九年末の段階では、デモ隊側の活動によって引き起こされた互角な勢力間の「衝突」だとの見解を示すようになっていた。[97] 二〇二〇年五月一五日に発表されたこのレポートにも、「市民は一方的で無差別な襲撃であったという印象に導かれている」が「実際は双方の大量の参加者による乱闘から始まった」とする警察側の主張が引用されている。

「衝突」説のもととなったこの「得元朗得天下」という文宣が、果たして本当にデモ隊側が制作し、流布したものであったかは疑わしい。『立場新聞』が香港大学ジャーナリズム・メディア研究センターの協力を得て行った調査によると、この文宣画像は、デモ隊側が主に情報交換に用いていたインターネット上の掲示板やTelegram、Facebookなどではなく、大陸系ソーシャルメディアである「微博《ウェイボー》」に最初に掲載されたことが確認されている。警察監督機関のレポートは、この画像を香港のネット掲示板「連登討論區」からの引用として掲載しているが、『立場新聞』によれば、実際にこの掲示板に当該文宣が投稿されたのは微博への投稿から一時間後のことであり、またその内容も「騙されるな！七月二一日は「香港島の」金鐘で会おう！」と、その文宣がフェイクであることを喚起するものだった。この七月二一日の「光復元朗」運動への呼びかけは、体制派を中心に流布したフェイク・ニュースであった可能性が高いだろう。

嘘から出たまこと

七月に入って以降、新界各地で抗議運動が行われていたことを思えば、元朗で何らかの抗議運動が行われることは時間の問題であったとも言える。実際に、具体性は依然として乏しかったものの、元朗での「光復」運動開催を呼びかける声は（香港各地での運動を呼びかける無数の声の一つとして）存在していた。そのため七月二一日の「光復元朗」計画がリアリティを持って受け止められたとしても不思議ではない。いずれにせよ、当初から真剣に信じられていたか、あるいは後付けで正当化のために持ち出されたのかは不明だが、「七二一事件」における襲撃は、体制派や警察の論理では、新界各地での「光復」運動と関連づけて理解されていたのである。

日本を含む海外メディアの報道の中には、この事件について、新界が大陸に近いことを理由にした、単純な地理的な類推に基づく分析も目立った。[98] 関係者の特定と逮捕が十分に進んでおらず、警察の見解が先述のとおり一貫しないこともあり、依然として真相の解明には程遠い状態だが、[99] 本章で見てきたとおり、この事件には当時の新界をめぐるローカルな政治事情が反映されており、少なくとも単に「大陸との近さ」だけで説明できる事件ではないことは確かだろう。

どのような背景を持つにせよ、新界において起こった七二一事件は、第一章において見たように、反送中運動の展開に大きな影響を及ぼした。事件の翌週には、事件の真相究明を求める人々によって、元朗での大規模な抗議運動が呼びかけられた。警察がデモ開催の許可を出さなかったにもかかわらず、この日の元朗には多くのデモ隊が集結し、激しい衝突も起こった。白シャツ集団の行動により、「光復元朗」デモは、嘘から出たまことになったのだ。

このデモのあと、反送中運動と香港がどのような運命をたどったのかについて、ここで繰り返す必要はないだろう。新界郊外の商業空間の変貌と、それが育んだ「光復」という思想は、間接的に香港全土を、中国を、そして世界を大きく動かしていったのである。

補論――七二一事件と新界原居民

新界のニュータウンを主に取り上げた本章では詳細に述べることができなかったが、七二一事件に関しては、新界に存在する別種のコミュニティである原居民組織の関与も取り沙汰されている。

新界農村部での環境保護活動に長く携わり、二〇一九年当時は新界西区選出の立法会議員を務めていた朱凱廸《エディー・チュー》は、事件後のFacebookへの投稿において、中国政府の出先機関、親中派議員、そしてマフィアの関係者が、元朗でデモ活動が行われるとの偽情報によって新界原居民の村々の「一族を守る」という意識を煽ったことで発生した事件だとの見解を示している。[100]

事件から一年後の二〇二〇年七月、公共放送のRTHKが公開した検証ドキュメンタリー『七・二一誰主真相』では、原居民村関係者の関与を示す間接的な証拠が複数取り上げられている。たとえば七月二一日の日中、白シャツの集団が元朗周辺の十八郷、厦村郷に属する原居民村である南邊圍、錫降圍の周辺でそれぞれ集会を行っている動画がネット上に出回っており、その中には襲撃事件時の駅内の監視カメラの映像から襲撃への関与が確認できる者もいた。また襲撃に関与した人物の中には、厦村郷に存在する組織「厦溪会」との関係を思わせる「厦溪」と印字されたシャツを着ていた者がおり、シャツの背中には厦村郷の郷事委員会のマークに類似したイラストも描かれていた。さらには駅周辺の監視カメラに映った車のナンバーから、白シャツの人物が駅周辺で乗り込んだ車の所有者を割り出すと、屏山郷輞井圍の村代表、新田郷竹園村の村代表が名義人として登録された車があった。

ほかにも原居民の関与を示唆する証拠は複数報じられている。ロイターのスクープによれば、七月一一日に開かれた十八郷郷事委員会の式典で、中連弁新界工作部の李薊貽が「（デモ隊の）彼らが元朗に手を出すのを防がなければならない」と演説し、喝采を浴びていたという。[101]『立場新聞』の事件検証ドキュメンタリー『七・二一　尋源』によれば、この日の式典に出席していた十八郷郷事委員会主席の程振明、十八郷大棠村村代表の梁福元、屏山郷郷事委員会前主席の曾樹和は、事件当夜、現場付近の監視カメラで姿が確認されている。

実際に事件に関与した疑いで逮捕・起訴され、有罪が確定した八名の中にも、原居民村とのつながりのある者がいたことがわかっている。被告人の一名は八郷横台山河瀝背村の村代表であり、その他の二名も別の事件に関する裁判記録などから原居民であることが報じられている。[102]なお先述のとおり事件への関与が取り沙汰されていた立法会議員の何君堯も屯門郷良田村出身の原居民である。

これらのほとんどは間接的な証拠であり、原居民村の組織的関与を確実に示すものではない。明確な結論を出すのは、いずれこの事件についてより多くが明らかになる日が来るまで待ちたいが、現時点で得られる断片的な情報を見ても、この事件が何らかの新界特有の事情を色濃く反映した出来事であったことは、やはり間違いないものと思われる。

註

1　二〇一九年八月八日投稿、二〇一九年一〇月二四日最終確認。二〇二一年一一月二八日現在、該当ページは非公開になっているため、リンクは掲載しない。

2 楊天帥「沙田、我細個住嘅地方」、『立場新聞』二〇一九年七月一五日。https://www.thestandnews.com/personal/沙田,我細個住嘅地方/（最終閲覧日：二〇一九年七月一六日）

3 陳雲「沙田是我家」、『立場新聞』二〇一五年二月一七日。https://thestandnews.com/society/沙田是我家/（最終閲覧日：二〇一九年七月一四日）

4 このエッセイのタイトルである「沙田は私の家」は、一九九〇年代に政府の清潔美化キャンペーンに用いられた標語「香港は私の家、だからみんなできれいにしよう（香港是我家，清潔齊參加）」のパロディである。政府が香港を「家」に例えたこの広報活動は、元来移民社会であった香港において、香港という共同体に対する帰属意識が芽生えた証左としても取り上げられることがある（帆刈浩之「医療・衛生の現地化と香港アイデンティティの初期形成――一九六〇～一九七〇年代」、吉川雅之編『「読み・書き」から見た香港の転換期――一九六〇～七〇年代のメディアと社会』明石書店、二〇〇九年、二一七頁）。

5 張少強『管治新界――地權、父權與主權』香港：聯合書院、二〇一六年、四頁。

6 中国語名である「新界」も、この英語名からの翻訳である。つまり明らかに植民者の視点から名づけられた名称である。中国側からはこの事実を問題視する声もあったものの、結局返還後も引き続き用いられている。ただし、香港基本法をはじめとする政府の重要な公文書や中国大陸で出版される学術書等においては、新界に鍵括弧（英語ではクォーテーションマーク）をつけ、暫定的名称であることを示すことが一般的である。

7 この条約の締結の背景については、Wesley-Smith, Peter, *Unequal Treaty 1898–1997: China, Great Britain and Hong Kong's New Territories*, Hong Kong: Oxford University Press, 1980 や、劉智鵬主編『展拓界址――英治新界早期歴史探索』香

港：中華書局、二〇一〇年に詳しい。

8 獲得された租借地には、界限街以北、深圳河以南の地域のほかに周辺部の離島も含まれている。これらの離島も行政区画上は新界の一部として扱われる。

9 Welsh, Frank, *A History of Hong Kong*, Revised ed., London: Harper Collins, 1997, p. 325.

10 一九九〇年制定の「延伸法例條例」によるもの（前掲註5『管治新界』、一二頁）。ただし租借地としての都合上、土地契約などに関する一部の法律においては、割譲地と区別されている。

11 劉潤和『新界簡史』香港：三聯書店、一九九九年、ii頁。

12 Hayes, James, *The Great Difference: Hong Kong's New Territories and Its People, 1898–2004*, Hong Kong: Hong Kong University Press, 2012. このタイトルは、もともと、租借条約締結直後に新界を調査したイギリスの官吏、ジェームズ・スチュアート・ロックハートが、政府に提出した報告書の中で用いた言葉から取られている。彼は新界と既存の香港植民地の間の「大いなる差異」を加味し、既存の村落組織を存分に活用した統治を行うことを政府に提言している。

13 たとえば宋代や元代に流入してきた一族とされる錦田の鄧氏、新田の文氏、上水の廖氏と侯氏、粉嶺の彭氏は、今日の香港において「新界五大氏族」と称されている（Baker, Hugh, "The Five Great Clans of the New Territories," *Journal of the Hong Kong Branch of the Royal Asiatic Society* 6, 1966, pp. 25–48）。清初、台湾の鄭成功政権への対抗のため沿海部に「遷海令」が敷かれると、今日の香港一帯も立ち退きの対象となった。住民の帰還が許されたのちには、「本地人」と呼ばれる旧来の広東系の村民に加えて、「客家」系住民も新たに流入し、山間部や東部の丘陵地帯を中心に定住した（施志明『本土論俗──新界華人傳統風俗』香港：中華書局、二〇一六年、九九頁）。これらの村落間では、定期的に「械闘」と呼ばれる武力衝突が起こったため、住民たちは「圍村」と呼ばれる防御壁で囲われた村を構築し、周辺村落と同盟を結ぶなどして自衛に努めていたとされる(Groves, Robert G., "Militia, Market and Lineage: Chinese Resistance to the Occupation of Hong Kong's New Territories in 1899," *Journal of the Hong Kong Branch of the Royal Asiatic Society* 9, 1969, pp. 31–63)。

14 Hase, Patrick H., *The Six-Day War of 1899: Hong Kong in the Age of Imperialism*, Hong Kong: Hong Kong University Press, 2008 に詳しい。

15 これにより清朝時代の慣習法が、香港のコモン・ローの法制度下に部分的に組み込まれ、存続することになった。新界条例は、原訴法廷または区域法院に対して新界の土地に関する訴訟を扱う際に「新界の土地に影響する中国の習俗または伝統を認知し施行する」権限を付与している(第一三条)。この条例は、その後部分的な修正は経ているものの、今日も有効である。実際に二〇〇二年、新界の錦田泰康圍において、祖堂地(宗族の共有地)から得た利益の分配をめぐり訴訟が生じた際(鄧光裕堂案)には、第一審法廷となった香港高等法院原訴法廷では実際に慣習法上の規定が争点となり、中国法制史研究者の張偉仁とアンソニー・ディックスが専門家証人として召喚されたことがある(*Tang Che Tai and others v Tang On Kwai*, HCA 331/2002)。この裁判については、金敏「明天是〝好否〟還是〝有無〟?——香港高等法院〝鄧光裕堂案〟述評」、『中外法学』二五(三)、二〇一三年、五七一‐五八二頁に詳しい。

慣習法上の慣行と、現代的な人権基準との兼ね合いが問題となったこともある。とりわけ、物議を醸したのが女子相続権の問題である。先述のとおり、「新界条例」では慣習法に基づき、香港の通常の法律とは異なる形での(たとえば男子のみでの)遺産相続が認められていた。この新界条例の規定は、新界の土地全般に対する規定だったため、慣習法からの免除の手続きをしていない住宅は、ニュータウンの住宅も含め、慣習法の対象となる可能性があった。一九九一年、政府の調査により、公営住宅の多くがこの手続きを怠っており、理論上は慣習法に基づく相続の影響を受ける状態になっていることが発覚した。政府はこれを受けて、遺産相続に関しては、慣習法の適用の対象外とする法改正を進めた。この改正により、これまで慣習法上、相続から排除されていた新界村落の原居民女性にも遺産相続が認められる可能性があったことから、本件は女性の権利問題としても国際的な注目を集めた（Merry, Sally Engle, *Human Rights and Gender Violence: Translating International Law into Local Justice*, Chicago and London: The University of Chicago Press, 2005, pp. 192–215）。一部の原居民からは抗議の声も上がり、法改正を進めた議員に対する脅迫もあったが、結局改正案は一九九四年六月に可決された。

なお、この問題に言及している既存の日本語文献の中には、やや不正確な記述も見られる。深尾葉子は、この法改正をめぐる論争について論考をまとめているが、女子相続権の問題を、後述する小型家屋政策に関連した運動だと誤認した記述が見られる（「遅れてきた革命——香港新界女子相続権をめぐる「秩序の場」について」、瀬川昌久編『香港社会の人類学——総括と展望』風響社、一九九七年、三九‐七二頁）。小型家屋政策に基づき「原居民」の男系男子に与えられる小型家屋の建設権と、新界条例内の慣習的相続規定に基づく原居民財産の相続権とは本来まったく別の問題である。新界条例の改正後も、小型家屋の建設権は男系男子のみに与えられている。中生勝美も同様の経緯をまとめているが、慣習法に基づく相続を「原居民」のみに認められた特別な権利だとするなど（実際の条文上は先述のとおり、所有者の区別なく、新界の土地全般に関する規定であった）、一部の経緯をめぐる記述には混乱も見られる（「植民地の法人類学——香港法文化の形成」、沢田ゆかり編『植民地香港の構造変化』アジア経済出版会、一九九七年、七七‐七八頁）。

16　理民府（District Office）は、租借当初は大埔に設置された「北約」と、香港島に設置され、九龍に近い荃灣地区および離島を管轄する「南約」の二つであったが、一九七〇年代末までに沙田、大埔、北区、元朗、屯門、西貢、南約、荃灣の八地区に理民府が設置された。この理民府の管轄エリアは、南約が離島区に改称され、荃灣から葵青区が独立したことを除き、そのまま今日の新界の行政区分に引き継がれている。港九地域における地方担当官制度の本格的整備は、一九六八年の「民政署（City District Office）」および「民政主任（City District Officer）」設置以降のことであり、理民府制度は、都市部に先駆けて整えられた香港の地方行政制度であったとも言える。新界の理民官制度と港九地域の民政主任制度は一九八二年に統合された。

17 Cheng, Joseph Yu-shek, *Political Development in Hong Kong*, Singapore: World Scientific, 2020, p. 443.

18 前掲註11『新界簡史』、五一頁。黃文江「簡述理民府官」、劉智鵬主編『展拓界址——英治新界早期歷史探索』香港：中華書局、二〇一〇年、一〇二頁。Hase, Patrick H., "The District Office," in *Hong Kong, British Crown Colony, Revisited*, ed. Elizabeth Sinn, Hong Kong: Centre of Asian Studies, The University of Hong Kong, 2001, p. 138.

19 香港全体で住民投票による区議員の選出が始まるのは一九八〇年代以降であり、新界における住民代表組織の整備は、港九地域に先行するものだったと言える。なお新界村民全体の権益を代表する組織として一九二〇年代に結成された「鄉議局」も一九五九年に法制化され、公式の諮詢機関となっている。村代表制度、鄉事委員会、鄉議局は返還後の現在も存続している。

20 一九世紀末にイギリス領に組み込まれたことにより、新界の村々は二〇世紀初頭に中国で起こった革命や内戦などの社会変動、政治変動の影響を免れていた。一九五〇年代初頭、新界で特委裁判官（special magistrate）を務めたイギリス人官吏のオースティン・コーツは、回顧録の中で、新界のことを「一九一二年と一九四九年の革命の直接の影響を免れた清朝の幸せな遺物であり、生きた博物館の展示品」と形容している（Coates, Austin, *Myself a Mandarin: Memoirs of a Special Magistrate*, Hong Kong: Oxford University Press, 1968, p. 175）。イギリスの統治が始まってから、第二次世界大戦に至るまでの半世紀の間、港九地域と中国側の深圳とを結ぶ一部の街道（大埔道）や鉄道（九広鉄道、今日のMTR東鉄線）が敷設された以外には、戦後初期に至るまで大規模な開発も行われていなかった。

21 芹澤知広「公共住宅・慈善団体・地域アイデンティティ――戦後香港における社会変化の一面」、瀬川昌久編『香港社会の人類学――総括と展望』風響社、一九九七年、一三七頁。

22 こうした調査の一覧は Baker, Hugh, "The 'Backroom Boys' of Hong Kong Anthropology: Fieldworkers and Their Friends," *Asian Anthropology* 6 (1), 2007, pp. 1–27 にまとめられている。日本の研究者としても可児弘明が一九六〇年代後半から沙田海などの水上居民を調査しているほか（可児弘明『香港の水上居民――中国社会史の断面』岩波書店、一九七〇年）、一九七九年からは田仲一成が林村などで祭祀演劇の調査を行い（田仲一成『中国の宗族と演劇』東京大学出版会、一九八五年）、一九八三年から瀬川昌久が八郷の本地、客家混在村でフィールドワークを行っている（瀬川昌久『中国人の村落と宗族――香港新界農村の社会人類学的研究』弘文堂、一九九一年）。

23 Potter, Jack M., *Capitalism and the Chinese Peasant: Social and Economic Change in a Hong Kong Village*, Berkeley: University of California Press, 1968, p. vii.

24 鄺智文「從「新界人」到「原居民」――英治時期香港新界村民的身份建構」、『香港社會科學學報』五二、二〇一八年、四三‐四四頁。

25 同上。

26 新界原居民は「郷議局」を通じて、中国政府に対しても積極的な働きかけを行い、香港基本法の起草にも関与している。その甲斐あってか、基本法第四〇条は「『新界』の原居民の合法的、伝統的権益は、香港特別行政区の保護を受ける」と規定しており、イギリス統治下で認められてきた原居民の特権的待遇は返還後も引き続き認められている。

返還後の原居民の権利については、章小杉『「新界」原居民的合法傳統權益』香港：香港城市大學出版社、二〇二一年やMerry, Malcolm, *The Unruly New Territories: Small Houses, Ancestral Estates, Illegal Structures, and Other Customary Land Practices of Rural Hong Kong*, Hong Kong: Hong Kong University Press, 2020が法学的観点から詳しく検討を行っている。

27 瀬川昌久「香港新界の宗族村落——生きた化石における伝統の再生」、瀬川昌久編『香港社会の人類学——総括と展望』風響社、一九九七年、三三-三四頁。なお、一九八三年から新界東部の沙頭角にある客家村の上禾坑で調査を行った陳奕麟《アレン・チャン》、一九九四年から粉嶺の彭氏村で調査を行った陳蒨《セリーナ・チャン》ら複数の人類学者が、新界の「伝統」とされてきたものが、実際のところはイギリス領となって以降の歴史の中で構築されてきたものだと指摘している（Chun, Allen, "La Terra Trema: The Crisis of Kinship and Community in the New Territories of Hong Kong Before and After 'The Great Transformation,'" *Dialectical Anthropology* 16 (3–4), 1991, pp. 309–329. Chan, Selina Ching, "Politicizing Tradition: The Identity of Indigenous Inhabitants in Hong Kong," *Ethnology* 37 (1), 1998, pp. 39–54)。

28 たとえば、今日の新界のニュータウン部で牛を見かけることはないものの、新界といえば牛がいるというイメージは強固であり、「牛」に関するジョークは、筆者が大埔に滞在していた二〇一七年から一八年にもたびたび耳にした。二〇一四年、香港のさまざまな地域の住民に「新界」の印象を尋ねるフォーカス・グループ調査を行った地理学者の梁啟智は、多くのグループのインフォーマントが、新界について尋ねられるや否や「牛がいる」というイメージに言及した、と報告した。梁は、こうした「新界らしい」光景にまつわる言及が新界在住のグループからも出てくることから、人々が語る「新界」は実際の生活空間としての新界とは異なる想像上の地理的カテゴリーとなっていると結論づけている（梁啟智「香港不同社區居民的新界想像」、張少強・梁啟智・陳嘉銘編『香港・城市・想像』匯智出版、二〇一四年、七四 - 九三頁）。

29 香港において、農地を宅地化する際には、通常政府に「補地價（land premium）」と呼ばれる借地権変更料を納入する必要があるが、一九七二年一一月以降、「原居民」男子に対して、生涯に一度限り、この納入なしに所定のサイズの住宅を建築する許可が与えられた（「小型屋宇政策」と呼ばれる）。名目上はイギリス統治以前の伝統的な土地利用慣行に配慮することを目的とした政策だったが、この制度を用いて建てられた家屋は、税制上の優遇を受けた優秀な不動産商品としても扱われるようになった。錦田で調査を行った建築学者の李浩然とリンネ・ディステファノによれば、二〇〇二年段階では、一〇〇万香港ドルをかけて建設した丁屋が、完成時には六〇〇万香港ドルほどの市場価値を持ったという（Lee, Ho Yin and Lynne D. DiStefano, *A Tale of Two Villages: The Story of Changing Village Life in the New Territories*, Hong Kong: Oxford University Press, 2002, p. 90）。その結果、法律の範囲内で最大限の利益を上げることを目的に、住民たちは似たようなサイズ、様式の四角い家屋を次々と建設することで、村の景観を大きく変貌させている。また、これらの住居が貸し出されたり、売却されたりすることで、村への新規住人の流入も促されている。また原居民自身は、この家賃収入をもとに都市部や海外に居住している場合もあるため、原居民村に住むのが非原居民ばかり、という現象も起こる。二〇〇〇年にある鄧氏単姓村で調査を行った張少強によれば、村民の半数は都市部や大陸からの移住者であり、原居民の鄧氏に属する三九世帯のうち、村内に居住しているのは半数以下の一四世帯のみで、残りは村外（九世帯）、都市部（三世帯）、海外（一三世帯）に生活拠点を置いていた（前掲註5『管治新界』、六三 - 六四頁）。

30 Hayes, James, *The Rural Communities of Hong Kong: Studies and Themes*, Hong Kong: Oxford University Press, 1983, p. 1.

31 一九九〇年代以降の政府の宅地開発政策の中で、ニュータウンの周辺部に新たに指定された地域。現在の新開発区には、天水圍ニュータウンに隣接する洪水橋新開発区、元朗ニュータウンに隣接する元朗南新開発区、粉嶺・上水ニュータウンに隣接する古洞北・粉嶺北新開発区などがある。

32 もとより条約上は租借地である「新九龍」では以前から都市開発が進められており、幹線道路や鉄道、滑走路などのインフラも割譲地と租借地にまたがって建設されていたため、租借地単独での返還ははなから現実的ではなかったとも言える。

33 Yeh, Anthony Gar-On, "10 Successes and Failures of New Towns in Hong Kong," in *New Towns for the Twenty-First Century: A Guide to Planned Communities Worldwide*, eds. Richard Peiser and Ann Forsyth, Philadelphia: University of Pennsylvania Press, 2021, p. 183.

34 それ以前にも、一九五〇年代から九龍に近い荃灣が試験的にニュータウンとして開発されている。沙田、屯門以降には、七〇年代後半、大埔、元朗、粉嶺・上水といったかねてより市場街として栄えていたエリアがニュータウン指定を受けて開発が進められた。八〇年代には天水圍、將軍澳、東涌の三つのニュータウンが新たに設置され、沙田ニュータウンを拡張する形で対岸の馬鞍山地区も開発された。

35 一九六〇年代、沙田海の水上居民の調査を行った文化人類学者の可児弘明は、一九七〇年九月の再訪時に「埋立工事がすっかり進んで船が散ってしまった」のを見て驚いたと書いている（前掲註22『香港の水上居民』、二〇五頁）。また一九六〇年代末から断続的に香港を訪問していた政治学者の中嶋嶺雄は、ニュータウン開発後の沙田の印象について「沙田はすっかり変貌していて美しい沙田湾も埋め立てられ、いかにも華南らしい風情の街並みも消え失せて、そのかわりビルが林立していた」と記している（中嶋嶺雄『香港――移りゆく都市国家［新版］』時事通信社、一九九七年、九頁）。

36 New Territories Development Department, *Hong Kong's New Towns*, Hong Kong: Public Works Department, 1976.

37 Territory Develop Department, *Sha Tin*, Hong Kong: Territory Develop Department, 1986.

38 前掲註36 *Hong Kong's New Towns: Sha Tin*, p,12. Hills, Peter, and Anthony G. O. Yeh, "New Town Developments in Hong Kong," *Built Environment* 9 (3/4), 1983, pp. 266–277. Bristow, Roger, *Hong Kong's New Towns: A Selective Review*, Hong Kong: Oxford University Press, 1989. Garrett, Richard J., "Sha Tin: The Building of a New Town," *Journal of the Royal Asiatic Society Hong Kong Branch* 55, 2015, pp. 115–133.

39 「居屋」は、「居者有其屋（居住者がその家を有する）」という政策に基づく住宅であることから、省略してこのように呼ばれる。沙田の例では、埋め立て用の土砂取得のために掘削された北部の山腹に一九八〇年に建設された「穂禾苑」などがある。居屋の中には、一部民間のディベロッパーに委託され、開発されたものもあり、沙田では一九八五年に入居を開始した「海福花園（Holford Garden）」などがこれにあたる。本文中に引用した「居屋」入居者のパーセンテージには、この民間居屋の入居者二パーセントも含まれている。なお、基本的に香港の「公屋」には区画全体に「〇〇邨（Estate）」という名前がつけられ、「居屋」の場合には「〇〇苑（Court）」の名がつけられる。このため名称から比較的容易に住宅の形態を類推することができる。集合住宅の個別の棟は、公屋の場合は「〇〇樓」、居屋であれば「〇〇閣」と名づけられるが、英語名称はどちらも「... House」である。民営住宅の名称はさまざまであるが、「〇〇花園（Garden）」という呼称が比較的多く見られる。

40 前掲註33 "10 Successes and Failures of New Towns in Hong Kong," p. 189.

41 前掲註38 "New Town Developments in Hong Kong," p. 272. "Sha Tin," p. 119.

42 火炭、大圍に設置された二四・三二ヘクタールの工業区のうち、一九八三年段階で実際に開発されていたのは三〇パーセントのみであり、建設された工業ビルの空き物件率も三七パーセントと高かった（前掲註38 "New Town Developments in Hong Kong," p. 274）。

43 香港全体のニュータウンから都市部への通勤人口は、一九八一年時点で三〇万人にのぼった。この数字は、ニュータウン自体の人口が増えたこともあり、一九九七年には一〇三万人へと大幅に増加している（前掲註33 "Successes and Failures of New Towns in Hong Kong," p. 193）。

44 前掲註11『新界簡史』、一五二頁。

45 梁瑋鑫『邨越時光――一種屋邨情懷』香港：三聯書店、二〇一八年、一三頁。

46 蔡思行『戰後新界發展史』香港：中華書局、二〇一六年、一二四頁。

47 「楊夏至／陳劍青――香港公私合營的歷史真相」、『明報』二〇一八年五月一一日。

48 李育燕「誰的新城市廣場?」、『文化研究@嶺南』六、二〇〇七年、三頁。https://www.ln.edu.hk/mcsln/archive/6th_issue/pdf/feature003.pdf（最終閲覧日：二〇二二年一一月一二日）

49 Chu, Cecilia L., "Narrating the Mall City," in *Mall City: Hong Kong's Dreamworlds of Consumption*, eds. Stefan Al, Hong Kong: Hong Kong University Press, 2016, p. 84.

50 Lui, Tai-lok, "The Malling of Hong Kong," in *Consuming Hong Kong*, eds. Gordon Mathews and Tai-lok Lui, Hong Kong: Hong Kong University Press, 2001, p. 25.

51 馬鞍山民康促進會「新市鎮創建里程碑――訪問陳啟銘先生」。https://mos.hk/shatin/10/11/19（最終閲覧日：二〇二二年一一月一二日）

52 前掲註18 "The District Office," p. 141.

53 前掲註38 *Hong Kong's New Towns*, p. 251.

54 ただし新城市広場の場合も、のちに建設された別館「第三期」の上部には高層住宅が建設されている。

55 Ferretti, Fred, "A Hong Kong Satellite Looks Ahead to 1997," *The New York Times*, 10 January 1988. Marcal, Joanilho, "Renovators to Pull Plug on Landmark Fountain," *South China Morning Post*, 21 August 2003.

56 沙田中心商場（一九八一年竣工）、好運中心（Lucky Plaza, 一九八三年竣工）、希爾頓中心（Hilton Plaza, 一九八五年竣工）、偉華中心（Wai Wah Centre, 一九八六年竣工）、沙田廣場（Shatin Plaza, 一九八八年竣工）、一九九〇年オープンの新城市広場の別館（新城市広場第三期）など。

57 Zheng, Tan and Charlie Q. L. Xue, "Walking as a Planned Activity: Elevated Pedestrian Network and Urban Design Regulation in Hong Kong," *Journal of Urban Design* 19 (5), 2014, pp. 732–737. なお、ポディアムを用いた垂直式の歩車分離は、沙田ニュータウンの最初期の計画図にも見られ、政府の肝入りの計画であったことがうかがえる（前掲註38 *Hong Kong's New Towns*, pp. 248–249）。

58 Ng, Janet, *Paradigm City: Space, Culture, and Capitalism in Hong Kong*, Ithaca, NY: State University of New York Press, 2009, pp. 92–93, 102.

59 前掲註51「新市鎮創建里程碑」。

60 王向華『友情と私利――香港‐日系スーパーの人類学的研究』風響社、二〇〇四年。なお王のこの著作においては、企業名は伏せられ仮名となっているが、以下の理由から、ここでは匿名化された記述についても、ヤオハンを扱ったものとして取り上げる。第一に、沙田の「ニュータウンプラザ（新城市広場）」の中核店舗として香港第一号店を出店したことなどについてはそのまま記述されており、そもそも匿名化されているとはいえ、特定が容易である。第二に、王自身ものちの論考においては「ヤオハン」と実名を用いてほぼ同様の記述を行っている（王向華・邱愷欣「ポピュラーカルチャーを通じて出現した「香港人アイデンティティー」」、谷川建司ほか編『コンテンツ化する東アジア――大衆文化／メディア／アイデンティティ』青弓社、二〇一二年、一〇一－一二八頁）。また第三に、ヤオハンはすでに四半世紀以上前に倒産し、香港からも撤退している。

61 同上、一四七－一四八頁。

62 前掲註3「沙田是我家」。

63 前掲註60『友情と私利』、一五一頁。

64 阿果「是新城市廣場，也是香港故事」、『當日出日落同歩上演――致香港流行文化二〇一二－二〇一七』香港：突破出版社、二〇一八年、二八一頁（二〇二二年一〇月一四日『明報』日曜版に掲載された記事の再録）。

65 二〇一四年六月、香港各地の住民を対象に行われた、大陸住民に対するイメージを尋ねるフォーカス・グループ調査では、自由行に対する不満の強さに、地域差があることが報告されている（陳智傑「身分認同與建構他者――香港生活經驗中的中港關係」、張少強・梁啟智・陳嘉銘主編『香港・社會・角力』香港：匯智出版、二〇一七年、一九九－二一〇頁）。

66 「新城市廣場翻新後租金升二〇％」、『文匯報』二〇〇五年八月一九日。http://paper.wenweipo.com/2005/08/19/ME0508190030.htm（最終閲覧日：二〇二一年一一月一〇日）

67 前掲註48「誰的新城市廣場？」

68 同上、八頁。

69 新城市広場と似たような構造の屯門市広場のヤオハンについては、多くの椅子が設置されていたため、高齢者が集まり、歓談しながら一日中を過ごす施設として親しまれていたとの指摘もあり、リニューアル以前の沙田店についても、こうした経営的観点から見れば「お金を落とさない」階層が利用客の一定数を占めていたことがうかがえる（李揚慧・沙律・王天虹「百貨公司之死──八佰伴與師奶一起走過的日子」、呉俊雄・張志偉編『閲讀香港普及文化　一九七〇‐二〇〇〇』香港：Oxford University Press、二〇〇二年、三七四‐三七九頁）。

70 モール全体でも、ファッション店の比率がリニューアル前の三〇パーセントから四五パーセントに増加している（前掲註48「誰的新城市廣場?」、六頁）。

71 「水貨」は正規輸入品ではない並行輸入品を指す広東語である。並行輸入を目的に香港を訪れる「旅客（旅行客）」が「水貨客」と呼ばれる。

72 深圳に隣接した駅として、羅湖駅と落馬洲駅が設けられているが、出入境のチェックポイントがあるのみで、一般客は駅の外に出ることはできない。

73 Lau, Stuart, "Rally to 'Reclaim' Mall in Sha Tin: Residents Say New Town Plaza Serves Rich Mainlanders More Than Their Needs," *South China Morning Post*, 20 October 2012. 紀曉風「「商務」結業哀新市鎮變質 沙田爆發另類光復運動」、『信報』二〇一二年一〇月一五日。林茵「街知巷聞──新城市透視香港價值?」、『明報』二〇一二年一〇月一八日。

74 羅永生『誰も知らない香港現代思想史』（丸川哲史・鈴木将久・羽根次郎編訳）共和国、二〇一五年など。

75 阿果「The Town Is Ever New──愛恨新城市」、『失聲香港』香港：突破出版社、二〇二〇年、一八二‐一八六頁（二〇一九年七月二一日『明報』日曜版に掲載された記事の再録）。

76 前掲註64「是新城市廣場、也是香港故事」。

77 香港のインディーズ・バンド「新青年理髪廳」は、この閉店のニュースが発表された直後の二〇一五年七月に〈マクドナルドまで潰れるなんて（連麥記都執笠）〉というタイトルの楽曲をリリースしている。

78 阿果「麥記結業，與我何干」、『當日出日落同步上演——致香港流行文化二〇一二-二〇一七』香港：突破出版社、二〇一八年、二八一-二八四頁（二〇一五年四月一二日『明報』日曜版に掲載された記事の再録）。

79 「東京新幹線」は、一九九九年の小規模な改装により、新城市広場地下に設置された商業スペースの名称である。「プリクラ」コーナーやゲームセンター、若者向けの雑貨店などが入居し、小中学生などに人気を博していたというが、二〇〇七年から〇八年にかけて行われた地下スペース改装の際に撤去されている。「西田」は、日本の西友と地元小売業者「永安」の合弁会社として、新城市広場別館（第三期）に一九九〇年にオープンした小売店舗（英語名は日本と同様でSeiyu）。一九九八年に永安との合弁を解消して西友の単独保有になったのち、二〇〇五年に新鴻基グループに売却され「一田（YATA）」と改名された。別館の変遷は以下の資料に詳しい。hkmalls「我們與繁榮的距離　沙田新城市廣場三期　New Town Plaza」、『Medium』二〇一九年一一月一六日。https://medium.com/港mall專題/我們與繁榮的距離-沙田新城市廣場三期-new-town-plaza-5d61ee3f2f5d（最終閲覧日：二〇二一年一一月二〇日）

80 是他也是你和我「那些年，我們流連過的新城市麥記」、『香港獨立媒體網』二〇一五年四月六日。http://www.inmediahk.net/node/1033114（最終閲覧日：二〇一八年四月一〇日）

81 ワトソン、ジェームズ「香港のマクドナルド——消費主義、食べ物の変化、子供文化の起源」、ジェームズ・ワトソン編『マクドナルドはグローバルか——東アジアのファーストフード』（前川啓治・竹内惠行・岡部曜子訳）新曜社、二〇〇三年、一三七頁。

82 たとえば、東京を中心とした日本の事例は、三浦展・藤村龍至・南後由和『商業空間は何の夢を見たか——一九六〇年～二〇一〇年代の都市と建築』平凡社、二〇一六年に詳しい。

83 林兆榮「從麥當勞回到八百伴——新城市廣場超簡史（一）」、『立場新聞』二〇一五年四月一三日。https://www.thestandnews.com/city/從麥當勞回到八百伴-新城市廣場超簡史-一/（最終閲覧日：二〇一八年四月七日）

84 周子同「除了購物，香港人還想在商場看連儂牆、討論時事」、『端傳媒』二〇一九年一二月四日。https://theinitium.com/article/20191203-hongkong-new-town-plaza/（最終閲覧日：二〇二一年一一月二〇日）

85 前掲註75「The Town Is Ever New——愛恨新城市」、一八二頁。

86 李智智・呂諾君「【消失的新城市】音樂噴泉、歡樂天地、新幹線　沙田友逝去回憶」、『香港〇一』二〇一九年七月二四日。https://www.hk01.com/社區專題/355808/消失的新城市-音樂噴泉-歡樂天地-新幹線-沙田友逝去回憶（最終閲覧日：二〇二一年一一月二〇日）

87 前掲註75「The Town Is Ever New——愛恨新城市」、一八六頁。

88 かつてL４にあった洋食屋で、入り口付近にガラス張りの調理場が設けられており、調理師がピザを回しながら作る様子が外から眺められるのが子供たちに人気だったという。

89 前掲註75「The Town Is Ever New——愛恨新城市」、一八三頁。

90 原文は「事頭婆」。「店舗の女性店主」を意味する広東語だが、イギリス領時代には元首であるエリザベス二世を指す言葉としても用いられた。

91 立場報道「【特寫】為何著緊新城市廣場衝突　沙田街坊——這裡是我家」、『立場新聞』二〇一九年七月一八日。https://www.thestandnews.com/politics/特寫-為何著緊新城市廣場衝突-沙田街坊-這裡是我家（最終閲覧日：二〇二一年一一月一七日）

92 廖俊升「【沙田遊行】街坊自發搞沙田友答謝活動　區議員——沙田柚高質」、『香港〇一』二〇一九年七月一八日。

https://www.hk01.com/18區新聞/353397/沙田遊行-街坊自發搞沙田友答謝活動-區議員-沙田柚高質（最終閲覧日：二〇二一年一一月二〇日）

93 雨傘運動後、一部の活動家たちは、コミュニティ単位での活動を通じて社会運動の理念を継続することを目指した。コミュニティ単位での政治意識の高まりは、「傘をコミュニティに下ろす（傘落社區）」と称された、これらの活動の成果だとも言えるだろう。

94 原文は「招呼佢哋」。公共放送のRTHKが作成した事件を検証するドキュメンタリー『七・二一誰主真相』より。

95 『立場新聞』が二〇二一年七月一九日に公開した検証ドキュメンタリー『七・二一尋源』より。

96 獨立監察警方處理投訴委員會『監警會專題審視報告　關於二〇一九年六月起《逃犯條例》修訂草案　引發的大型公眾活動及相關的警方行動』第三冊、一四 - 一五頁。https://www.ipcc.gov.hk/doc/tc/report/thematic_report/Volume%203%20(CH10-CH11).pdf（最終閲覧日：二〇二一年一一月一二日）

97 二〇一九年一一月二四日、当時香港警察のトップであった鄧炳強が「ある議員が黒シャツ集団を率いて（元朗に）侵入したことで事件が激化した」と発言した。一二月三〇日には、香港警察広報官の江永祥が「一部の人間が元朗にデモ隊を誘導したことで事件が起きた」と発言している。

98 たとえばCNNは「元朗は中国本土との境界からわずか一〇キロ以内に位置し、密輸や密航に関わる中国系マフィアの拠点になっている」と報じた（「香港デモ八週目、本土境界近くで警官隊とデモ隊が衝突」、『CNN.co.jp』二〇一九年七月二八日。https://www.cnn.co.jp/world/35140502.html［最終閲覧日：二〇二一年一一月二〇日］）。『朝日新聞』記者としてデモの取材に当たった益満雄一郎は、事件の背景を「元朗駅は郊外の住宅地で、中国広東省深圳市に隣接する新界にある。新界は親中派を支持する人が多いとされる場所だ」と書いている（『香港危機の七〇〇日　全記録』

筑摩書房、二〇二一年、一〇二頁)。

99 監視カメラの映像などから二〇〇名以上いたと推測される白シャツ集団のうち、発生から四年が経った二〇二三年七月の段階で、事件に関与した疑いで逮捕された者は六九名であるが、その中には元朗駅で殴打された民主派立法会議員の林卓廷など、当初は事件の被害者とみなされていた市民側の人々も含まれている。暴動罪などで起訴されているのは、このうち市民側の八名を含む二二名である。二〇二三年七月までに、白シャツ隊側の八名に第一審で有罪判決が出ている。

100 倉田明子「村と祭りと果たし合い——新界の「伝統」から考える元朗の白シャツ集団」、倉田徹・倉田明子編『香港危機の深層——「逃亡犯条例」改正問題と「一国二制度」のゆくえ』東京外国語大学出版会、二〇一九年、三四一頁。

101 Pomfret, James, Greg Torode, and David Lague, "Chinese Official Urged Hong Kong Villagers to Drive off Protesters before Violence at Train Station," *Reuters*, 26 July 2019.

102 「七二一兩罪成白衣人涉曉門套丁　家人親解賣丁經過——王光榮套丁案」、『香港〇一』二〇二一年六月二一日。

第4章

嵐の中のティーカップ

ミルクティーからみる香港危機

「We are milktea alliance（私たちはミルクティー同盟だ）」

——2020年4月13日、あるTwitter投稿より

危機と日常のあいだ

これまで本書では、イラスト、ポピュラー音楽、郊外のショッピング・モールなど、さまざまな文化と関わる事柄とのつながりから、二〇一九年の反送中運動を見てきた。私がこのような角度から香港における政治危機を検討することになったのは、まったくの偶然からだ。そもそも私が博士後期課程に進学し、本格的な香港研究を始めたのは二〇一七年のことで、その頃には、すぐにこれほどの大規模な政治変動が起こるとはまったく想像していなかった。

二〇一七年八月から約一年間、私はフィールドワークを兼ねて香港中文大学に留学したが、そのときの研究テーマは、政治運動とは直接的には関係のないものだった。[1] いま思えば、当時はちょうど雨傘運動が鎮圧されてから、反送中運動が起こるまでの間の、民主化運動の短い休眠期間だった。もちろん、大学のキャンパスでは政治体制をめぐる議論も行われていたが、路上で大規模な抗議運動が展開されることはなかった。いずれにせよ、文化人類学専攻だった私は、そうした活動を直接的な研究対象とするつもりもなく、一般的な興味以上の関心を抱いてはいなかった。

私が熱中したのは、香港で人々に親しまれているポピュラー文化を学ぶことだった。香港の人々の話を参考に、イラストや漫画を集めたり、カントポップのCDを買いあさったり、郊外のショッピング・モールや団地をめぐったりしていた。当時はまだ、真剣な研究課題としてそれらに向き合っていたわけではない。ただなんとなく、文化人類学を学ぶ身として、香港人の経験を内側から体得するために、まずは彼らが日常的に夢中になっている文化を知ってみようと思っただけだ。

帰国から一年ほどが経ったとき、突如として巻き起こった反送中運動が、私と政治危機とを思いもよらない形で結びつけることになった。現地の様子が気になり、インターネットを通じてデモに関わる情報を収集するうちに、かつて留学中に身につけたポピュラー文化にまつわる知識が、情勢の理解にとても「役に立つ」ことに気づいたのだ。

たとえば、街なかで作品を見かけてソーシャルメディアでフォローしていた漫画家やイラストレーターが、デモが始まると、それに関連するイラストを投稿するようになっていた。日々、CDをあさって聴いていたカントポップの著名歌手やその歌が、デモの現場で言及されたり、歌われたりするようになった。週末のたび買い物に出かけていたショッピング・モールで、催涙弾が打たれ、血が流れていた。

それはただの偶然とは思えなかった。香港において、日常的なポピュラー文化と、政治危機という非常事態の間に、何か明確なつながりがあるかもしれないと感じ始めたのは、そうした経験がきっかけだった。

イラストや音楽の収集と、郊外の商業施設探訪のほかに、私にはもう一つ香港での日課があった。

図4-1　赤い二本線入りのカップに入ったミルクティー

それはあちこちの飲食店をめぐり、ミルクティーを飲むことだ（図4-1）。エバミルクと濃く煮出したセイロンティーから作られ、砂糖をたっぷり入れて飲むミルクティーは、イギリス領時代からこの街の名物であり、観光客向けには「香港式ミルクティー」としても売り出されている。この飲み物の特徴について、自分が思うベストな一杯を出す店について、熱い思いを込めて語る周囲の香港人の影響を受け、私もいつからかすっかりはまってしまっていた。

かつて親しんだ日常の体験が次々とデモと関わりを持っていく中でも、この甘ったるい飲み物と重苦しい政治状況との間には、さすがになんのつながりもないと思っていた。しかし、二〇二〇年四月、香港とアジア各地の民主化活動家たちの間で、まさに「ミルクティー」の名を冠した運動が生まれた。

私はこのとき、これを大学院での研究課題にしようと決意した。つまり、香港において、音楽や商業施設や飲食物などの日常的消費物がこれほどまでに政治に結びついているのはいったいなぜなのか、知りたいと思ったのである。

本章ではミルクティーの名を冠したアジアの民主化運動間の「同盟」について、香港を中心とした視点から取り上げ、その意義を考察したい。その前に、まずはこの「危機と日常とをつなぐもの」をめぐる私自身の大きな問いについて、これまでの各章において取り上げてきた事例と、香港文化をめぐる既存の理論をもとに、いったん整理しておこう。

平凡な暮らしの政治化

個人的な消費から集合的記憶へ

第二章の末尾において見たとおり、かつて返還過渡期の香港文化にまつわる論考においては、ポピュラー・カルチャー、すなわちメディア文化や消費文化への大衆の熱中は、この街の政治意識の低さを物語る証拠として取り上げられていた。それらは、単なる「ただの香港における生活経験」（呂大樂）、「香港の「普通の生活」そのもの」（瀬川昌久）であり、ナショナリズムや反植民地主義といった政治的想像力とはかけ離れたところにあるものだと考えられていたのだ。

しかし、二〇一九年の香港では、音楽や消費の場は、政治運動上の争点の一つとなり、それが「奪われた」ことに憤り、その「光復」を呼びかけて行動を起こす人々もいた。かつて学者や評論家が、香港のコミュニティ意識の「軽さ」「浅さ」を特徴づける要素として取り上げたポピュラー文化、つまり大衆的なメディア・コンテンツや消費体験が、人々を強烈に団結させ、運動へと駆り立てる起点となっていたのである。

「普通の生活そのもの」は、いったいどんなプロセスを経て、公的な関心事になったのだろうか。第三章の末尾で取り上げたコラムの筆者は、沙田ニュータウンで暮らした思い出を涙ながらに語る中年男性の姿に、ただの個人的体験が、帰属集団にとって象徴的な意義を持つ何かへと昇華されている様子を見てとっている。彼はこの転換を、「有形の日常」から「無形の感覚」への変化と表現している。

このコラムでは、こうした共同体への帰属をめぐる「無形の感覚」へと昇華された日常体験を示すのに「集體回憶」という広東語を用いていた。これはもともと第二次世界大戦中に没したフランスの社会学者、モーリス・アルヴァックスが用いた「集合的記憶（英：collective memory、仏：mémoire collective）」という用語の中国語訳である。れっきとした学術用語であるが、返還後の香港においては、この語をタイトルにした一般書が複数出版され、ポップソングまで制作されるほど広く用いられて、ある種の流行語にもなった。[2]

アルヴァックスの元来の用法によれば、この語は、ある集団にとって主観的／主体的に重要な意義を持つ記憶を指す。香港においてこの言葉が流行したのは、当時の香港の人々が、自分たちの集団にとって意味のある共通体験とはいったい何かと模索し、それに大きな関心を抱いていたためだろう。[3]この語が流行した直接のきっかけは、すでに第二章において簡潔に言及した、二〇〇〇年代半ばの歴史的建造物保全運動において、再開発に反対する活動家が、それらの建築物の公共的価値を提示するためにこの語を用いたことにあるとされる。[4]結局、活動家らの要求は認められず、政府による再開発は決行されていったが、「集體回憶」という言葉は人口に膾炙し、さまざまな建造物のみならず、食べ物や玩具、ヒットソング、芸能人、事件など、懐かしさを感じさせるありとあらゆるものがこの用語と結びつけられていった。[5]

そこでは日常的な生活文化が、単なる個人の経験ではなく、「私たち」という大きな集団に関わる事柄として取り上げられている。香港における「普通の生活」は、こうした関心の高まりの中で集合的記憶として括られることで、徐々に公的な意義を獲得していったのだろう。

消失の政治の過去と今

過去の生活体験へのノスタルジックな注目は、「集體回憶」ブーム以前にも見られた。文化批評家の周蕾《レイ・チョウ》は一九九三年に出版された論考の中で、一九九七年の返還が迫るに従って、ミネルヴァの梟が黄昏に飛び立つが如く、イギリス領時代の消費生活への懐古的関心が高まったと指摘している。[6] 中国への返還により香港が変わってしまうという不安の中で、これまで注目されなかった雑多な日常の出来事が、にわかに注目を集めたということである。

香港における文化保全運動を研究した谷淑美《アグネス・クー》は、返還を機に、それまで半ば「受動的《パッシブ》」だった香港のアイデンティティ意識が「能動的《アクティブ》」なものになったと指摘する。返還が差し迫った関心事となった一九八〇年代以降、博物館の展示や回顧録の出版、映画製作、アーカイブの構築、学術会議の開催などを通じて、変わりゆく街の様相を語り、展示する活動が次々と行われたという。[7] 実際、一九九〇年代に入ると、名称に「香港文化」を含む学術的な研究会の開催や論集の刊行が相次ぎ、ポピュラー文化研究を専門とする学科が設立されるなど、香港の大衆文化を取り上げるための学術環境も急速に整えられていった。[8]

第二章で取り上げたカントポップや、第三章において取り上げたニュータウンにおける生活体験が、学者らによって、「香港人」意識を形作る要素として盛んに言及され始めたのもこの時期のことである。文化研究者のアクバル・アッバスは、香港文化研究の古典となっている一九九七年に出版された書籍『香港——消失の文化と政治』（未邦訳）において、香港固有の文化をめぐる議論は、その消失の可能性から逆算して語られる「消失の文化」である、と指摘している。[9]

つまり、かつては当たり前すぎて意識されていなかった日々の暮らしが、中国への返還と共に失われるかもしれないという危惧をきっかけに能動的に意識されるようになり、人々は香港の生活を特徴づける（と彼らが考える）文化の発見や保全へと駆り立てられていった、という図式である。

本書において見てきた返還後の香港文化をめぐる事例にも、同様の図式を当てはめてみることは可能だろう。ただし、返還過渡期と今日とでは、重要な違いもある。返還を前にした段階では、ただ将来的な可能性にすぎなかった消失が、すでに起こってしまっていることである。カントポップのアーティストたちも、沙田ニュータウンの商業施設も、香港をめぐる環境の変化の結果、「すでに」失われてしまったものとして語られていた。

アッバスの時代には、香港における「消失」は、あくまでもこれから起こり得るかもしれない潜在的な可能性として、彼自身の表現を借りれば「未来完了時制」[10]で経験されていた。一方で、返還後には、それは完了系、あるいは過去系の体験となっている。My Little Airportが「這香港已不是我的地頭（こんな香港もう私の地元じゃない）」と歌うとき、沙田出身のウェブライターが「新城市、一早不屬於「沙田友」、或香港人（新城市広場はとっくに「沙田っ子」のものでも、香港人のものでもなくなってしまった）」と嘆くとき、いずれも過去の出来事であることを示す「已《すでに》」、「一早《とっくに》」といった言葉が用いられている。彼らにとっては、香港の消失は将来的に起こり得ることではなく、すでに起こってしまったことなのである。

消失がすでに起こってしまった社会では、人々は日々の暮らしの中で、失われてしまった日常の名残を感じながら生きていくことになる。消失という現実を突きつけられるような出来事が起こるたびに、たとえばこれまで見てきた事例でいえば、かつて好きだったアーティストの予想外の振る舞いや、お気に入りの施設からの馴染みの店舗の撤退を目にするたびに、喪失感は膨れ上がっていく。そして、かつて受動的に日々なにげなく実践されていた生活経験は、返還過渡期の能動的に保全される段階を越えて、より積極的な行動をもって取り戻す、すなわち「光復」すべきものとして浮上した。

香港の過去の時代における「普通の日常生活」が、集合的記憶として、政治的運動の目標として、集合的／公的次元へと昇華されていった図式は、このように整理できるかもしれない。

ありふれたものへの愛着

特定の文化的要素が共同体と結びつけられ、政治的意義を持つこと自体は、珍しくはない。むしろ、たとえば一つの近代的なネーションの形成過程においては、それを代表する「国民文化」の創成はつきものである。香港における「香港文化」の集合的記憶化も、こうした事象との比較の中で理解することも可能だろう。

一方で「香港文化」の内実を見てみると、香港ならではと思われる特徴も見えてくる。それは、「香港らしい」生活様式をめぐる語りの中に、しばしば、必ずしも香港固有のものには思われない、世界的に流通する消費財が多く含まれることである。文化人類学者の瀬川昌久は、香港アイデンティティを論じた論考の中で、次のように書いている。

香港のポピュラー・カルチュアとは一体何か？　それはまず、高層の共同住宅での生活であり、また新界の隅々に到るまで路線が張り巡らされているバスやミニバスの交通網、広東語のテレビ番組、流行歌、それに街角のスーパーマーケットに並ぶ安価で国際性豊かな生活消費財などである。確かに、それらのどれをとっても香港のオリジナルなものではなく、例えばテレビ番組のアニメや流行歌にしても、従来は日本物の吹き替えが少なくなかった。にもかかわらず、それらは香港の日常生活そのものである。[11]

本書でこれまで取り上げてきた事例にしても、たとえば香港のカントポップは、音楽的には欧米のポップソングをもとに発展してきたもので、旋律やリズム、楽器編成などの面で、地域的な伝統音楽とのつながりはほとんど見られない。むしろ、瀬川が指摘するように、とりわけ一九八〇年代から九〇年代前半にかけては、生産コスト削減のためにカバーが多用されていたため、香港で親しまれる往年のヒットソングには、日本や英米の楽曲に広東語詞をつけただけのものも少なくない。[12]また新城市広場をめぐる語りの中でも、ヤオハンやマクドナルドといった外資系企業が重要な位置を占めていた。

ポピュラー音楽にせよ、ショッピング・モールにせよ、外資系のチェーン店にせよ、他の地域においては、むしろ文化の斉一化や没個性化につながるとして批判的に取り上げられてきた対象である。哲学者のアドルノが、クラシックをはじめとする「シリアス」な音楽の愛好家としての立場から、楽曲形式が規格化されたポピュラー音楽を厳しく糾弾したことはよく知られている。[13]欧米的な音楽形式の流入に対して、ナショナリズム的な感情に基づき、より「伝統的」な音楽が奨励された事例も各地で見られる。ポピュラー音楽業界の内部においても、いわゆる西洋的な音楽スタイルに完全には回収されない、土着的要素を残した音楽が「ワールド・ミュージック」というジャンル名の下にもてはやされた時期もあった。[14]

消費の面でも、ショッピング・モールの建設が郊外に広がる「モール化(malling)」は、地域の既存の店舗を衰退させる要因としてしばしば否定的に取り上げられる。[15] チェーン店の増加により、各地の郊外が似たりよったりの景観になっていく現象は、ファスト・フードになぞらえて「ファスト風土化」とも呼ばれた。[16] ファスト・フード店の代表的存在と言えるマクドナルドについていえば、この企業名をもとにした「マクドナルド化(McDonaldization)」という言葉が、グローバル企業の伸長による世界の均質化を示す用語として定着している。[17]

しかし香港では、人々は借り物のメロディが作り出した音楽シーンに誇りを抱き、ショッピング・モールのために涙を流して、マクドナルドを取り戻すために声をあげている。この街においては、ありふれたものが、個性の拠り所となっているのである。

世界に開かれた街

こうした事情は、植民地化以降、世界の消費財が集まる国際的な自由貿易港として発展した香港という街の特性を反映したものであったとも言える。イギリス領時代の香港におけるマクドナルドの定着と現地化を取り上げた人類学者のジェームズ・ワトソンは、他地域と比べてマクドナルドと現地の食文化の衝突が大きな問題とならなかった背景として、「世界の資本主義経済の創造物」たる香港においては、多国籍企業の存在や食材の輸入は当たり前のことであり、それを理由とした非難が生まれにくかったことがあると指摘している。[18]

また香港における消費とアイデンティティ意識について考察した人類学者のゴードン・マシューズは、返還直後に刊行された論考において、国際的な消費財が溢れる香港を「文化のスーパーマーケット」に例えている。人々はこの街で、大量の多国籍な消費財の中から、自由に取捨選択して消費を行っているからである。そのため、香港の人々は必然的に国家への帰属意識が低く、「中国的でありながら、世界にも開かれている」という特性を持っているとマシューズは分析した。[19]

歴史的に香港がグローバルに流通する消費財に溢れ、特定の国家への帰属意識や、それに基づく排外的感情を育みづらい街であったのは事実だろう。しかし、これまで見てきたとおり、少なくとも返還後の文脈においては、国際的な消費財に囲まれた香港市民たちは、単に中国と世界との間を揺れ動くのではなく、それらの商品を拠り所に、能動的に香港独自のローカルなアイデンティティを構築してきた。その意味では中国と世界とを対置するのではなく、「ローカルでありながら、世界にも開かれている」としたほうが香港の現状をより正確に表しているだろう。

香港の人々が、ありふれた消費財に強い思い入れを持ち、自身のローカルな共同体の象徴としての特別な意義を持たせていることは、香港と世界との関わりにどのような影響を及ぼしているのだろうか。こうしたローカルなアイデンティティへの愛着と、そのもととなった消費物の来歴が担保する世界とのつながりは、どのように関わり合っているのだろうか。

この問いを考えるために、本章では、冒頭で言及した「ミルクティー同盟」現象を考察したい。なぜならそこには、「どこにでもありそうなもの」でありながらローカルな共同体とも結びついたミルクティーという象徴が持ち得た、意外な可能性が示されていたように思われるからである。

新型コロナ禍とミルクティー同盟

「ミルクティー同盟」を名のる連帯の発足が正式に宣言されたのは、二〇二〇年四月のことである。この現象を考察するために、まずは二〇二〇年に入ってからの香港社会の状況を簡単に見ておこう。

二〇一九年六月以降の反送中運動の勢いは、年をまたいでも衰えておらず、二〇二〇年元日には主催者発表で一〇〇万人以上が参加したとされる大規模なデモ行進が行われた。一方、年末年始の香港メディアは、大陸の武漢で流行する未知の肺炎についても大きな危機感をもって報じていた。のちに「新型コロナウイルス感染症」として知られることになる感染症である。

二〇〇三年のSARS流行の経験から、香港では世界に先駆けて、この感染症に対しても政治的立場にかかわらず強い警戒感が持たれていた。早くも一月二三日に香港内での初の感染者が確認されると、もともとの感染症に対する市民の警戒感に加え、政府が厳しい行動制限措置を敷いたことにより、路上での抗議運動はほとんど行われなくなっていった。[20]

こうして路上での抗議活動が一時的に休眠状態に陥っていた中で、二〇二〇年四月、香港、台湾、タイの政治活動家らが、インターネット上での交流を通じて結成したのが「ミルクティー同盟」だった。この同盟は、「#」記号をつけた文字列をキーワードに関連する投稿を検索することができる、「ハッシュタグ」と呼ばれるソーシャルメディアの機能を活用したものだった。ハッシュタグ機能を用いて検索を行うと、同じ事柄に興味を持って投稿を行っている人を瞬時に探すことができる。この機能は、特定のイシューに関心を抱く人を集め、動員していく必要のある社会運動とも相性がよい。実際に「アラブの春」やオキュパイ・ウォール・ストリート運動などにおいても重要な役割を果たしたとされる。[21] #MeToo 運動や #BlackLivesMatter 運動のように、用いられたハッシュタグそのものが名称となった運動もある。

ミルクティー同盟も同様に、「#MilkTeaAlliance」というハッシュタグを中心に展開された運動である。タイや香港を中心とするアジア各地の活動家が、このハッシュタグを用いて各地の民主化運動などに関する情報を共有したことで、国際的な民主化運動のプラットフォームとして注目を集め、関連するシンポジウムやイベントも行われるようになった。その大まかな構造自体は、その他の国際的な「ハッシュタグ・アクティビズム」と大差はない。

しかし、このハッシュタグはいささか希少である。この運動は、直接的にはミルクティーとは関係がないからだ。アメリカ独立戦争のきっかけとなったボストンでの「ティーパーティ」事件や、一九世紀末のイランにおいて体制転換のきっかけとなったタバコ・ボイコット運動に至るまで、嗜好品をめぐる政策が抗議運動の火種となったことはある。しかし、ミルクティー同盟の場合には、ミルクティーが発足のきっかけになったわけでも、運動のアジェンダの中にミルクティーに関する要求が含まれているわけでもない。ミルクティーの名を冠した同盟が民主化活動家間の国際的なプラットフォームとなったのは、まったく偶然とも言える成り行きからだった。

そこで本章の前半部では、まずこの運動の成立と発展の細かな経緯について整理したい。

この同盟の発端には、そもそもソーシャルメディア上での国境を越えた罵り合いがあった。この罵り合いの中で生まれたタイ、香港、台湾などのインターネット・ユーザーたちの連帯に、やがて「ミルクティー同盟」という名前がつけられる。いずれの地域でも、異なる形態のミルクティーがそれぞれ愛飲されていたからである。台湾には日本でも親しまれるタピオカ・ミルクティーがあり、タイでは「チャー・イェン」と呼ばれるミルク入りの甘いアイスティーが親しまれている。香港でも、先述のとおり独自の濃厚なミルクティーがご当地の飲み物として親しまれていた。

本章の後半部では、このようなシンボルとしてのミルクティーが持つ意義について考察したい。植民地のネットワークを通じて広がった世界商品である茶や砂糖から作られ、一見どこにでもある飲料であるミルクティーだが、香港を含め各地でローカルな変種が作られ、各地の飲食文化を代表する飲み物とみなされていった。

つまりミルクティーは、物質的には普遍的に存在するものが、象徴的にはローカルな意義づけがされるという、本章冒頭で考察した現象に深く関わる事例でもあるのである。

ミルクティー同盟とは何だったか

発端としての #nnevvy 騒動

「ミルクティー同盟」結成の発端となったのは、二〇二〇年四月一〇日、タイの俳優ワチラウィット・チワアリー（通称ブライト）が行ったなにげないソーシャルメディア投稿だった。ブライトは、この年の二月に放映されたボーイズラブ・ドラマ『2gether』の主演を務めたことがきっかけで、アジア各地で注目を集めていた。この日、彼は自身のTwitterアカウントで、タイの写真家が投稿した四枚の写真を「リツイート」（再投稿）した。この投稿には、四つの「国」を撮影した写真であることを示すタイ語のキャプションがつけられていたが、うち一枚は香港で撮影されたものだった。中国大陸のネチズンたちは、香港を「国」と表現するこの投稿について、「香港独立」を煽るものだとみなし、ブライトのアカウントに対して次々と「香港は中国の一部分である」と指摘するコメントを寄せた。

ブライトは即座に投稿を撤回し、「キャプションをよく読まず」「思慮に欠けたリツイート」をしたことを謝罪した。[22] しかし彼のガールフレンドとされるモデルのInstagramからも中国に関するネガティブな発言が掘り起こされたため、[23] 騒動はさらに加熱し、二人に対して誹謗中傷まがいのコメントが次々と寄せられる、いわゆる「炎上」状態になった。中国共産党系新聞『環球時報』の英語版によれば、中国大陸のソーシャルメディア「微博」では、彼女のアカウント名である「nnevvy」をハッシュタグとした投稿が一四四万件以上なされ、『2gether』へのボイコットが呼びかけられた。[24] 中国大陸ではアクセスが制限されているTwitter上においても、四月一四日までに関連するハッシュタグのついた投稿が二〇〇万件以上されたという。[25]

ここまでの展開自体は、さほど珍しいわけではない。イギリスの『テレグラフ』紙の記事も、この時点での騒ぎを「典型的な中国［絡み］のネット論争」と形容している。[26] 近年の中国では、国内外の企業や有名人のさまざまな情報発信が「辱華」、つまり中国を侮辱するものであると受け止められ、インターネット上での炎上騒ぎに発展する事態がたびたび発生している。たとえば二〇一八年には、イタリアのドルチェ&ガッバーナが、東洋人女性が箸でパスタを食べるプロモーション動画を投稿したところ、中国への侮辱であるとみなされ、不買運動が呼びかけられた。

このような中国のサイバー空間におけるナショナリズム意識の高まりの中で、香港、新疆や台湾に関するトピックは、近年の政治情勢もあり、とりわけ敏感に受け止められる傾向がある。二〇一九年の反送中運動の最中にも、香港の芸能人たちの些細な投稿が「香港独立」を支持するものとして問題視され、炎上状態になったことは第二章において取り上げたとおりである。

ブライトとガールフレンドのなにげない投稿が激烈な反応を引き起こしたことそれ自体は、近年の中国大陸の動向を見るかぎり、驚くべきこととはいえない。注目を集めたのはその後の展開だった。ブライトのアカウントや「#nnevvy」タグには、中国大陸からVPNを使ってアクセス制限を回避（いわゆる「壁越え」と呼ばれる）したと見られる誹謗中傷コメントが多く投稿されたが、ブライトとは無関係のタイの一般人たちが、これに反応し始めたのである。

中国からの投稿には、ブライト個人に対する暴言のみならず、タイの政治や経済を揶揄するものも含まれていた。しかし、タイのネチズンたちの中には、もともと国家に対して批判的な意識を持つ人々も多かったため、これらの中国からの揶揄を肯定的に受け止めてユーモラスに応答したのである。「お前らの政府はひどい」という投稿には、「六年前から知ってるぞ」と、クーデターにより当時のプラユット政権が成立した年を示唆する返答がなされた。「お前の母は死んだ（你媽死了）」という中国語の定型的な罵倒表現に対しては、「母なら二〇人はいる」と、「国民の父」と形容される現国王の愛人をめぐるスキャンダルを風刺する投稿がなされた。タイを貧しい国として非難する投稿に対して「うちの国はプア（貧しい）だけどお前の国はプーだろ」と応じ、自虐まじりに中国を揶揄する投稿もあった。これは、二〇一七年ごろ、中国の習近平国家主席の外見を「くまのプーさん」に例える投稿が話題を呼び、中国のネットで同キャラクターが検閲の対象になったことをネタにしたものである。[27]

コンピューター犯罪法や不敬罪によりインターネット上の言論が厳しく統制されているタイにおいて、政権や王室に対する批判は、ネット・ユーザーたちが普段言いたくても言えない事柄だった。そのため、彼らは中国から寄せられる自国への侮辱に対して、反論するどころか「もっと大きな声で言ってくれよ」と返したのである。[28]

香港の独立系英語メディア『Hong Kong Free Press』は、こうした反応により、炎上騒動は「ユーモラスなタイ・ネチズンの驚くべき圧勝」に終わったと形容している。[29]

#MilkTeaAlliance タグの誕生

一連の経緯は、日頃から中国大陸発と思われる同種の「トロール行為」、つまり大量の誹謗中傷コメントの投稿によるソーシャルメディア運用の妨害に悩まされていた香港、台湾でも大いに注目を集めた。アメリカのニュース誌『Foreign Policy』の表現を借りれば、タイのインターネット・ユーザーによる対応は「中国のネット戦士の倒し方を示した」ものとして各地で称賛されたのである。[30] そのため、次第にことの発端となった#nnevvyタグ（およびその誤字と思われる#nnevyyタグ）には、香港や台湾からと見られる、タイ側を応援する投稿も寄せられるようになった。

こうして、#nnevvyおよび関連するハッシュタグ上に、タイ、香港、台湾のネット・ユーザー間のある種の「同盟」意識が生まれた。そして、この同盟に「ミルクティー同盟」という名前がつけられることになったのである。命名のきっかけは、ブライトの投稿から三日後の二〇二〇年四月一三日に、あるTwitterユーザーが#nnevyyタグを用いて行った「私たちはミルクティー同盟だ」という投稿にあると思われる（図4-2）。

この「ミルクティー同盟」という名称は、各地で瞬く間に注目を集め、#nnevvyタグには関連するイラストが続々と投稿された。たとえば、香港においては、もともとミルクティーに関連したコミックを刊行していた香港のイラストレーター「崔氏兄弟《ツイ・ブラザーズ》」が、同日、各地域のミルクティーを持った三人の人物がカップを高々と掲げて乾杯する「三銃士」風のイラストを投稿している（図4-3）。

当時、私は香港のソーシャルメディアの観察をもとに、このミルクティー同盟誕生の経緯をオンラインの記事にまとめた[31]。しかし、この段階では、関連する投稿の多くは一連の経緯やミルクティー同盟という名称をおもしろがるユーザーによる便乗的なコメントや二次創作によって占められていた。そのため私も、この同盟について、真剣なアクティビズムというよりはおもしろ半分の一時的な盛上がり、インターネット・スラングでいうところの「祭り」のようなものだとしか考えていなかった。

しかし、この騒動は当時から活動家や政府関係者の注目も集めていた。たとえば、香港の民主活動家である黄之鋒《ジョシュア・ウォン》は、#nnevvyタグをめぐる一連の経緯について、「汎アジア的連帯」の可能性を示すものとして歓迎する投稿をしている（図4‐4）。また中国の駐バンコク大使館も、四月一四日にFacebook上で声明を発表し、「昨今のオンライン上の雑音」は偏見や無知をさらすものにすぎず、タイ政府及びタイの主流世論は「一つの中国」を支持している、と主張した。[32]

また、タイの活動家が「#MilkTeaAlliance」タグを用いて中国によるメコン川上流のダム開発問題について発信するなど、タイの抱える社会問題について、香港や台湾のインターネット・ユーザーへ周知を試みる動きも限定的ながら見られた。しかし当時はいまだ世界が新型コロナウイルス感染症の流行の入り口にあり、街頭デモなど実世界におけるアクティビズムが沈静化していたこともあって、この段階では「ミルクティー同盟」を、各地の社会運動と結びつける具体的な動きはさほど目立たな

図 4-2 「ミルクティー同盟」の語の初出と見られる 2020 年 4 月 13 日の Twitter 投稿

図 4-3 「ミルクティー同盟」のイラスト化の例、2020 年 4 月 13 日の Facebook 投稿

図 4-4 黄之鋒による 2020 年 4 月 12 日の騒動に関する Twitter 投稿

かった。

政治連帯としての本格始動

その後、香港では二〇二〇年五月末に、広範な反政府活動を禁ずる「国家安全維持法（国安法）」の導入が突如発表され、これに反対するデモが行われるなど抗議運動が一時的に再燃した。タイでは七月中旬から、プラユット政権や現行の王室制度を批判する学生中心のデモが盛り上がり、国際的な注目を集めた。これらの活動の中では「ミルクティー同盟」という枠組みへの言及や、相互支援の動きも見られた。

このタイの王室改革運動については、拠点を持たず流動的、ゲリラ的に集会を行う「流水式」の運動手法や、催涙弾の防御手段としての雨傘の使用、ソーシャルメディア上での情報共有や独自の符牒を活用した意思疎通など、戦術面での香港からの影響も指摘されている。[33] 国際的に報道された二〇一九年の香港における抗議活動の様子が、タイの民主化活動家たちからも注目されていたためだろう。こうしたタイにおける抗議活動の様子は、反対に、香港においても民主派メディアによって盛んに報道されていた。『立場新聞』の報道によれば、デモ現場において「香港に独立を返せ」という叫び声が上がるなど、タイのデモ隊から直接的に香港への関心が表明される場面も見られたという。[34]

一〇月中旬になると、タイ警察は催涙ガスや放水車を用いたデモ隊の強制排除に踏み切った。こうした中、タイにおけるデモの中心人物の一人であったブングアノン・パオトーンは、Twitter上に「親愛なるミルクティー同盟の人々」に対して「私たちが共通して直面する専制と権威主義に対して立ち上がる」ことを呼びかける動画を投稿している。[35] 呼びかけを受けて、ミルクティー同盟のハッシュタグには、台湾や香港のユーザーからの支援の文言やイラストが多数投稿された（図4－5、4－6）。香港では、一〇月一九日にタイ領事館前での抗議デモも行われている。[36]

このような相互支援の動きを受けて、ミルクティー同盟は単なるネット上の流行を超えて、反権威主義を掲げる活動家同士の国際的連帯として注目されるようになっていった。海外の大手メディアがミルクティー同盟を取り上げる記事を掲載したのもこの頃のことである。日本でも『朝日新聞』が九月初旬の段階で、香港とタイ、台湾の国際的な「民主への絆」としてこの同盟を取り上げている。[37] インターネット上の罵り合いから始まった「同盟」が、真面目な民主化運動のプラットフォームとしての意義を持つようになったのである。

図 4-5 台湾人と香港人のイラストレーター「爵爵＆貓叔」による2020年10月17日のFacebook投稿

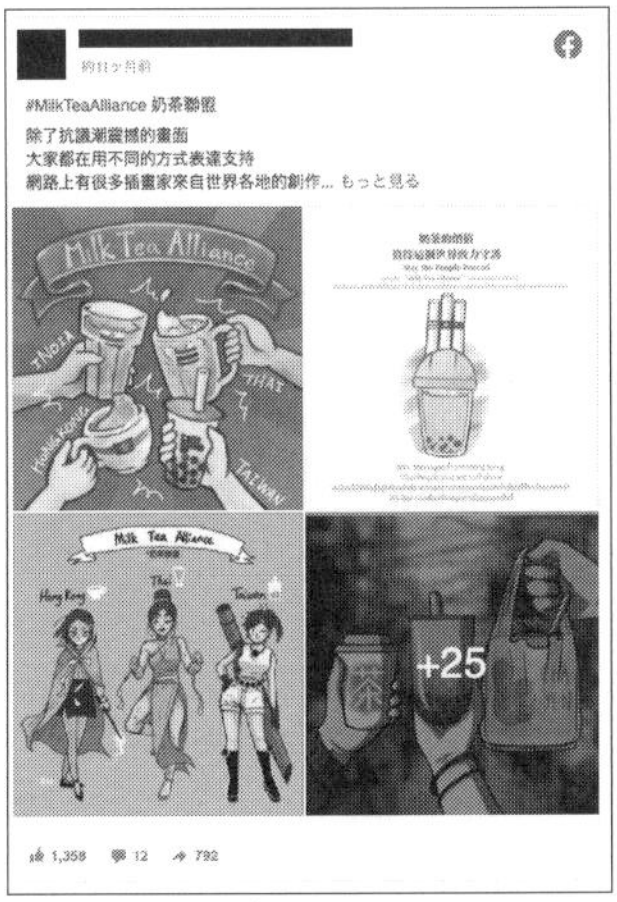

図 4-6 2020年10月20日にFacebookに投稿されたミルクティー同盟関連イラストのまとめ

ミャンマーの「加盟」と連帯のピーク

二〇二一年に入ると、二月にミャンマーで国軍によるクーデターが起こり、民主的な選挙で選ばれていた政権が倒された。これに対して展開された市民たちによる大規模な抗議運動においても、タイや香港の先行する抗議運動やミルクティー同盟を意識した活動が多く見られた。ミャンマーの路上には、カラフルな付箋を貼り付けた「レノンウォール」が出現し、デモ隊は香港のデモ隊と同様にヘルメットや傘を用いて武装して、タイの運動でも用いられた三本指のサインをシンボルとして使用した。[38] さらにミャンマーの活動家たちは、自国の窮状を世界に訴えるために、#MilkTeaAlliance タグを活用した。ミャンマーで広く飲まれる「ラペイェ」と呼ばれるミルクティーの画像をソーシャルメディアに投稿し、ミルクティー同盟との連帯を示す動きも見られた。[39] 同盟の周知を図るため、街頭でミルクティーを配布する活動なども行われたという。ミルクティー同盟の名を冠する情報共有用の Facebook ページも複数作成されている。ミルクティー同盟に、抗議運動を成功に導くための真剣な期待が寄せられたのである。

タイや香港の側からも、ミャンマーの市民に連帯を示す動きが見られた。タイでは、集会においてミャンマー国軍への抗議が行われ、タイ在住のミャンマー人がタイ政府への抗議デモに合流する動きもあった。タイの一部の抗議集会では、ミャンマーで用いられた台所の金物を叩く抗議スタイルが借用されるなど、先行する地域からミャンマーへという一方通行ではない手法の共有もあったという。[40] またクーデター勃発日の二月一日には、タイのアーティストが台湾、タイ、香港、インド、ミャンマーの国旗が描かれたミルクティー入りのカップのイラストを自身の Instagram アカウントに投稿して

図 4-7 タイのイラストレーターによる2021年2月1日のInstagram投稿

いる。この画像はミルクティー同盟に関わる各地域で広く共有され、メディアの報道記事にも転載された（図4-7）。

香港では二〇二一年三月、国安法違反容疑で逮捕された民主活動家の裁判が行われた際、裁判所周辺に集まったデモ隊が三本指を立てるハンドサインを掲げ、「ミャンマーの人民に声援を」などの声を上げる一幕があった。[41]この三本指のサインは、先述のとおりタイでの運動をきっかけに広まったもので、それ以前の香港の抗議運動では用いられていなかった。[42]ミルクティー同盟運動の盛り上がりを受け、香港においても、タイやミャンマーにおける運動への連帯のシンボルとして用いられるようになったのだと思われる。

またソーシャルメディア上では、香港の反送中運動の経験者が作成したとされる「The HK19 Manual」という戦術マニュアルも流通していた。バリケードの作り方から通訳、広報、衛生班といったデモ現場における役割まで、抗議運動に関連するコツや注意が英語で記されたマニュアルである。これはオンライン上で誰もが編集可能なドキュメントとして共有されており、ミャンマーではボランティアによってビルマ語訳が付されていった。

こうして、ミャンマーにおけるクーデターを機にミルクティー同盟は再び活気づき、国際的なメディアからの注目を集めた。日本でもこの時期、『毎日新聞』、『NHK』、『ニューズウィーク』日本版などが、この同盟を取り上げる記事を掲載している[43]。

同盟誕生の発端となった#nnevvy騒動から一周年となる二〇二一年四月には、Twitter社が公式に特別なミルクティーの絵文字を作成し、記念キャンペーンを行っている（図4-8）。些細な投稿に端を発する国境を越えた罵り合いがきっかけで誕生したこの「同盟」は、こうして国際的なメディアやテック企業に認知され、祝福されるほどの存在になったのである。

図4-8　Twitter社広報アカウントによる2021年4月8日のTwitter投稿

しかしこのTwitter社による一周年キャンペーンの頃には、デモ隊の戦術共有のプラットフォームとしてのミルクティー同盟の重要性は低下しつつあった。ミャンマーの情勢が、国軍による厳しい弾圧もあって激化の一途をたどっており、反政府運動側の戦略も対抗政府の樹立や武装化など、香港やタイにおける市民的不服従を中心とする抗議運動をはるかに越えた域へと移行しつつあったためである。タイや香港においても、それぞれに抗議運動に関与した人々への法的訴追が進められており、そのこともあってか、次第にこのハッシュタグを通じた顕著な活動は行われなくなっていった。

ミルクティー同盟現象の示唆

このように急速に盛り上がって注目を集めたものの、比較的短命に終わった「ミルクティー同盟」

という現象を、どのように評価すべきだろうか。ハッシュタグを用いた社会運動は、そもそも短命に終わるものだという指摘もある。ソーシャルメディアと社会運動との関わりについて考察したヴァイディアナサンとトゥフェックチーは、ハッシュタグという機能を持つソーシャルメディアは、一時的に幅広い注目を集めるのには向いている一方で、持続的な制度形成に向けた熟議を行うのには向いていないと分析している。[44]

ミルクティー同盟は、良くも悪くも、典型的なハッシュタグ時代の運動であったと総括することも可能である。活発な論争（あるいは罵り合い）が行われた「#nnevvy」というハッシュタグがたまたま広く国際的な注目を集めたことから生まれ、その後は「ミルクティー」という奇妙な名称の話題性もあって注目を集めるプラットフォームとして急速に成長していった一方で、この同盟を何か具体的な政治組織の形成へとつなげる意識は希薄であった。それぞれに活発な抗議運動が行われた香港、タイ、ミャンマーのいずれにおいても、ミルクティー同盟運動を通じた活動は、直接に制度変革につながる「成果」をあげることはできなかった。

しかし、社会運動の価値は、その短期的な成果によってのみ語られるべきものではない。この運動の成立と発展の過程自体から、何らかの教訓を引き出すこともおそらく可能である。このミルクティー同盟現象は、二〇一九年の香港への国際的注目を背景にしていた。香港における抗議運動が国際的に報道され、そのイメージが画像や動画を通じて世界に拡散されていたからこそ、タイやミャンマーの活動家から、ミルクティー同盟というプラットフォームを通じて、香港の先駆者たちに期待が投げかけられたのだろう。その意味では、第1章で取り上げたようなデモ隊の「文宣」の成果とも言えるかもしれない。

もちろん、香港における反体制運動が単純に他地域に「輸出」され、各地における抗議運動を触発した、と考えるべきではない。タイやミャンマーには、それぞれにもともと抱えていた政治問題があり、抗議運動もそうした個別の文脈で生じたものである。しかし、タイのデモ隊が傘を手に「香港に独立を返せ」と叫び、ミャンマーの抗議者が香港からもたらされたマニュアルをビルマ語に翻訳し、拡散していたとき、香港の勇武たちの姿は、彼らにとっても参照すべき先例として意識されていたはずである。

香港の側でも、タイやミャンマーのデモ隊の姿に、自分たちの戦いの「続き」を戦う人々というイメージを投影するような反応が見られた。ミルクティー同盟に関連したソーシャルメディア投稿の中には、「左：二〇一九年の香港、右：二〇二一年のヤンゴン」といったように、二〇一九年の香港と二〇二〇年のタイや二〇二一年のミャンマーで撮影された写真を対比的に並べ、同じ光景が時と地域を超えて「再現」されたことを強調するものも見られた。ミャンマーで共有された戦術マニュアルの作成者の一人も、メディアの取材に対して「私たちが中断したところから誰かに引き継いでもらう」ことがマニュアル作成の目的だったと語っている[45]。

また香港を事例にこれまで取り上げてきたような、日常の消費物の政治的シンボルへの転化も、ミルクティー同盟に関連する地域に共通して見られた特徴であった。たとえばミルクティー同盟のシンボルとして用いられた三本指のサインは、二〇一四年のアメリカ映画『ハンガー・ゲーム　FINAL――レジスタンス』から取られたものである。タイではほかにも、日本のアニメ『とっとこハム太郎』の主題歌をもとにして「大好きなのは、市民の税金」という替え歌を歌う活動が注目を集め、民主化運動の象徴としてハム太郎を描いたイラストも拡散されるなど、ポピュラー文化由来のシンボルの活用が幅広く見られたという。[46] 同盟全体を見ても、当初の騒動の発端となったのは『2gether』というアジアで広く流行したタイのテレビドラマだったし、同盟に関連して拡散された画像の中にも、ドラマや映画、アニメの著名な一場面をコラージュしたものが多くあった。

こうした特徴をはじめ、ミルクティー同盟そのものについて、今後より詳細に検討されるべき点は多くある。参加した各地域の共通点、あるいは相違点については、今後、各地域の専門家により分析がなされることを期待したい。

ここでは、さしあたり本書の議論に関連した教訓を一つ引き出しておきたい。それは、本書において取り上げてきたとおりきわめてローカルな要素を反映していた香港の運動が、他地域においても広く共感を集め、国際的連帯を成立させたという事実である。香港における抗議運動は、ローカルでありながら、世界にも開かれていたのだ。

このローカルであることと世界的であることの関わりについて考察を深めるために、以下ではミルクティー同盟の命名の由来となった「ミルクティー」それ自体について、その香港における受容と発展を中心に掘り下げたい。ミルクティー同盟において地域的な共通項として見出された「ミルクティー」は、映画やアニメ作品と同様に世界的に流通するグローバルな消費物とみなすこともできる一方で、少なくとも香港においては、今回の同盟以前から香港を代表するローカルな飲み物として象徴的な意味を付与されてもいた。

それは、まさにミルクティー同盟の事例に示されているように、香港と世界をつなぐ飲み物なのである。

象徴としてのミルクティー

香港式ミルクティーの遺産化

香港で親しまれているミルクティーは、一般に濃く煮出したセイロンティーにエバミルク（無糖練乳）を加えて作られる。飲食店では長い布製の茶こしを用いて淹れられることが多く、長く使われるうちに茶の色素でベージュ色に染まった長い茶こしがパンティストッキングのように見えることから「ストッキング・ミルクティー（絲襪奶茶）」という別称もある。香港では単に「ミルクティー」といえばこの種のミルクティーを指すことが多いが、観光客などが多く訪れる店舗や海外の香港系飲食店では「香港式ミルクティー（港式奶茶）」と呼ばれることもあるので、本書でも以下では便宜的にこの名称を用いよう。

今日の香港において、香港式ミルクティーは、官民問わず「香港を代表する飲料の一つ」として認識されており、その製法は、二〇一七年に政府が定める無形文化遺産にも登録されている[47]（図4-9）。香港内で一日に平均二五〇万杯が消費されているとする統計もあり、単純計算でいえば香港の人口の三人に一人が毎日ミルクティーを飲んでいることになる。[48]

図4-9　無形文化遺産に登録された香港式ミルクティーの製法を示す記念切手

香港政府の無形文化遺産紹介サイトの記述に基づき、このミルクティーの起源をめぐる定説を紹介しておこう。セイロンティーにミルクと砂糖を混ぜて飲用する習慣は、言うまでもなく、植民地化以降、宗主国イギリスにより持ち込まれたものである。植民地初期から香港には何らかのミルクティーが存在していたと思われるが、その提供は一部の富裕層向けの高級西洋料理店に限られていた[49]。

しかし戦後になり、香港の人口が急増し、庶民向けの飲食文化が花開いたことで、より庶民的な形態のミルクティーが登場した。香港政府のウェブサイトは、今日の香港式ミルクティーの原型は、一九五〇年代、「大牌檔《ダイパイドン》」[50]や「冰室《ビンサッ》」と呼ばれた飲食店で提供され始めたものとしている。「大牌檔」は戦後、政府の許可を受けて開設された屋台型の飲食店であり、政府が発行した大きな営業許可証（牌照）を掲げたことからこの名で呼ばれた。「冰室」は、飲み物や軽食を提供する喫茶店形式の店舗である。

これらの店舗では、コスト削減のため等級の低い茶葉を複数種ブレンドして用い、生の牛乳の代わりに保存の効くエバミルクを加えるようになった。それが今日、香港式ミルクティーの特徴とみなされる濃厚な風味につながっている。一九六〇年代には「大牌檔」や「冰室」に代わり、洋食ベースのより本格的な料理と飲料を提供する屋内型飲食店「茶餐廳《チャチャンテン》」が広まったが、同様のミルクティーはこの形式の店舗でも定番のメニューとなった。

こうした定説によれば、香港においてエバミルク入りのミルクティーが大衆に普及したのは、戦後一九五〇年代〜六〇年代以降ということになる。しかし、この飲み物は、当初から「香港を代表する」飲み物として認識されていたわけではなかった。

香港の飲食雑誌の記事を調査したある研究によれば、一九七〇年代や八〇年代の雑誌は、伝統的な中国料理や西洋料理を論じる傾向が強く、香港のローカル・フードを扱う特集においてすら「茶餐廳」や「ミルクティー」への言及はほとんど見られないという。この研究によれば、香港のローカルな飲食文化としてこれらを取り上げる評論が多く現れるのは、九〇年代以降である。[51] つまり香港式ミルクティーが定着してから、それが香港の飲食をめぐる言説に現れるまでに、約三〇年ほどのギャップが存在するのである。

本章の冒頭で触れたとおり、一九九〇年代は、中国への返還を控え、失われゆく香港らしいライフスタイルへの関心が急速に高まった時期である。香港式ミルクティーも、そうした流れの中で再評価あるいは再発見されたのだと言えるかもしれない。

香港式ミルクティーは、地域で伝統的に飲まれてきた中国茶とは大きく異なるのはもちろん、宗主国イギリスの喫茶習慣の完全なコピーでもない。人類学者の陳蒨《セリーナ・チャン》は、そうしたハイブリッドな性格が、イギリスでも中国でもないアイデンティティが模索された返還過渡期の香港において、「茶餐廳」やそこで提供されるミルクティーが再発見されるきっかけだったと推測している。つまり彼女は、香港を象徴する飲料としての香港式ミルクティーは、返還過渡期の社会情勢の中で生み出された「創られた食遺産」だったと考えている。[52]

同じく人類学者の麥秀華《ヴェロニカ・マク》は、こうした香港におけるミルクティーの「遺産化（heritization）」の過程において、官民双方が果たした役割を詳細に取り上げている。[53]「官」の動きとしては、紅茶やエバミルクの販売企業である金百加《カンパリー》などが中心となり、業界団体の設立や製法を競うコンペティションの開催、無形文化遺産の登録に向けた政府へのロビイング活動が行われた。製法の無形文化遺産への登録も、こうした業界団体の後押しを受けて実現したものでもある。

「民」の動きとしては、人気映画監督の王家衛《ウォン・カーワイ》が一九九〇年代以降のヒット作において、一九六〇年代の香港を好んで舞台としたこともあり、懐古趣味的なスタイルのカフェの流行が起こった。第2章において言及した庶民派歌手の謝安琪《ケイ・ツェー》も、茶餐廳やミルクティーを取り上げた楽曲〈我愛茶餐廳〉を二〇〇六年にリリースしている。二〇一八年には、ミルクティーと茶餐廳をテーマにした漫画『奶茶通俗學』も出版された[54]（図4－10）。

図4-10　ミルクティーや茶餐廳を取り上げた漫画『奶茶通俗學』とその関連グッズ

麥は、こうした新たな注目の高まりの中でミルクティーの製法やスタイルが次第に固定化され、今日の香港において多くの人が共有する「香港式ミルクティー」のイメージが生まれた、と指摘している。

世界商品としてのミルクティー

これらの研究を総合すると、本書がこれまで取り上げてきたポピュラー音楽やショッピング・モールと同様、ミルクティーもまた、失われゆく香港らしい生活体験の象徴として、返還を転機に新たに見出され、香港を代表する文化として象徴化されていったのだと言える。一方で、もちろんミルクティー自体は香港だけにしかない飲み物ではなく、タイの「チャー・イェン」にせよ、台湾の「タピオカ・ミルクティー」にせよ、各地にそれぞれのご当地ミルクティーが存在しており、そのアジア地域における普遍性こそが「ミルクティー同盟」という名称が誕生するきっかけにもなった。

ミャンマーの「ラペイェ」も、やはり練乳を使った濃厚なミルクティーであり、材料自体は香港のミルクティーとも似ている。同じく練乳から作られるミルクティーには、シンガポール／マレーシアで親しまれる「テー・タレック」もある。[55] インドの「チャイ」やスリランカの「キリテー」など、その広がりは東アジア、東南アジアを越える。イエメン南部のアデンやケニアでも、ご当地ミルクティーが親しまれているという。香港を含め、これらの地域の多くがイギリスによる統治を経験しているのは偶然ではないだろう。

人類学者たちが、香港式ミルクティーの事例のように、ある食物が特定の地域においてローカルな象徴となる過程に注目してきた一方で、[56] 歴史学的な飲食文化研究においては、特定の食材が、植民地のネットワークなどを通じて広く流通していく過程が大きな関心を集めてきた。こうしたグローバルに流通する商品は「世界商品」と呼ばれており、ミルクティーの材料である茶や砂糖は、その典型例として多くの研究に取り上げられている。[57] どちらも植民地のプランテーションによって栽培、生産され、帝国のネットワークを通じて販売されることで急速に世界に広まり、各地の食習慣を大きく変容させた食材だからである。

ミルクティーのもう一つの材料であるミルクも、多くの地域において、飲食文化の西洋化の進展とともに普及した食材である。香港や東南アジア諸国を含むアジアの多くの地域では、牛乳は伝統的には飲用されていなかった。植民地化の進展以降も、腐りやすい牛乳は限定的な形でしか普及しなかったと思われるが、一九世紀半ばに加熱殺菌された缶入りミルク、つまり練乳が発明されてからは、容易に長距離輸送や保存が可能となった。[58]香港や東南アジアのミルクティーにしばしば生の牛乳ではなく練乳が用いられるのは、このような世界商品としての缶入りミルクの普及を背景にしたものだろう。[59]

つまりミルクティーとは砂糖、茶、練乳という世界商品の集合体であり、それがさまざまな地域で飲まれていることそれ自体は、当然とも言えるかもしれない。しかし興味深いのは、材料にも製法にも、各地で細かな違いが存在することである。[60]そしてそれぞれの地域において、ご当地ミルクティーは「うちだけの」特別なものとして考えられている。筆者は一度、香港式ミルクティーの素晴らしさを語る香港の知人の前で「でもシンガポールにも似たようなミルクティーがあるよね」とあえて口を挟んでみたことがあるが、即座に「まったく違う」と反論され、両者の差異について長々と講釈を受ける羽目になった。

類似の例は、世界の他地域にも存在する。たとえば大西洋を挟んで向かい合うアフリカ西部と南北アメリカでは、各地に豆と米を使った料理（beans and rice）が見られるという。これらの料理は、材料の面ではいずれもよく似ているものの、それぞれの地域において独自の食文化の象徴だと受け止められている。この料理を取り上げた研究書は、この豆と米の料理が「何百もの場所のユニークな料理」になっていると指摘している。[61]飲食物に関しては、どこにでもあることとうちだけの特別なものであること、つまり物質的普遍性と象徴的個別性とは、おそらく両立可能なのである。

ミルクティーもまた、いくつもの地域で「どこにでもある」が「ここにしかない」、特別な飲み物になっている。それぞれの地域でご当地ミルクティーが愛好されていることに着目して名づけられた「ミルクティー同盟」は、まさにこの飲み物が持つローカルかつトランスローカルなシンボルとしての特徴を活用したものだった、とも言えるかもしれない。

香港式ミルクティーという文化遺産を生んだ「香港らしさ」への注目それ自体は、内向きな動きであり、そこにはおそらく潜在的に、香港的なものとそれ以外のものとを区別する排外性、偏狭性も内包されている。しかし、そうした動きの中で、「香港らしさ」の象徴として見出されてきた日常生活の断片の多くは、かつて文化人類学者の瀬川昌久が指摘したように、もとをたどれば「国際性豊かな生活消費財」に基づくものである。

そのため香港のローカルな生活経験は、常にそうした消費財を通じて、不可避的に外部の世界へと開かれていると言える。だからこそ「香港を代表する飲料」としてのミルクティーへのローカルな愛着が、香港と東南アジア諸地域とを結ぶ「ミルクティー同盟」というグローバルな想像力へとつながったのだ。

ミルクティーの里帰り

世界と香港をつなぐものとしてのミルクティーは、ミルクティー同盟運動の終息後にも、新たな形で国境を超えた影響力を発揮している。

二〇二三年八月末、イギリスを訪問すると、あちこちで香港式ミルクティーを手に入れることができた（図４‐11）。アジア系スーパーマーケットの冷蔵庫に陳列されているものから、ポップアップストアで売られているもの、そして飲食店向けに卸される茶葉に至るまで、形態はさまざまだったが、いずれもイギリスで製造され、イギリス内の市場で流通している香港式ミルクティーである。イギリスの植民地ネットワークに乗って香港にやってきて、独自の進化を遂げたミルクティーが、イギリスに「里帰り」していたのだ。

これらのミルクティー商品を提供するブランドの多くは、過去二、三年の間に創業された新しい企業だった。そのうちの一つ「Trini」は二〇二一年八月の創業であり、香港から移住してきたばかりの元茶商人の四〇代男性によって経営されているという。[62] 同じく二〇二一年ごろに香港からの移住者によって創業されたミルクティー関連のビジネスは、イギリスにおいて複数見つけることができた。なかにはデリバリー販売やポップアップ販売からスタートして資金を集め、二〇二三年までに実店舗をオープンできるほどの成功を収めている例もあった（図４‐12）。

こうしたイギリスにおけるミルクティーのビジネス展開の背景には、

図 4-11　イギリスで販売されていた香港式ミルクティー

図 4-12　ロンドンの香港風カフェ「香港冰廳（Hoko Cafe）」で提供されていたミルクティー。カップの見た目も香港の茶餐廳のもの（図 4-1 参照）とよく似ている。このカフェは 2021 年にミルクティーのデリバリー販売として創業し、2023 年 6 月 6 日に実店舗をオープンした

図4-13　イギリスで販売されている香港式ミルクティー用のブレンド茶葉

国安法制定後の香港における、「移民潮」と呼ばれる海外移住ブームがあるものと思われる。香港政府が発表した統計では、二〇二一年の年央人口は、前年の七四八万人から大幅に減少した七三九万人となっている。[63] 林鄭月娥のあとを継ぎ、新たに行政長官に就任した李家超も、二〇二二年一〇月の施政方針演説で、過去二年間で約一五万人の労働人口が香港から流出したことを認めている。[64]

とりわけ移住先として人気が高いのは、旧宗主国のイギリスである。国安法の制定を受けて、イギリスは二〇二一年一月、英領時代のパスポート保持者に対して在留条件を緩和する新制度を発表した。イギリス政府の統計によれば、以降の二年間で約一六万人の香港人が同制度を用いてイギリスへの移住申請をしたという。[65]

こうした香港からの移住者たちが、それぞれの移住先で、香港式ミルクティーを作っているのである。香港からロンドンの南西にある郊外サットンに移住し、香港式ミルクティー向けのブレンド茶葉（図4-13）の販売業を始めた男性は、香港の雑誌の取材に対して、ミルクティーにこだわるのはそれが香港における記憶と強く結びついているからだと語っている。

試飲した瞬間、強烈な感覚でした。私は香港にいたとき、茶餐廳に行くのが好きで、ミルクティーを飲むのが好きだったので、その味が記憶の重要な一部分になっています。だから香りを嗅いだり、飲んだりすると、その味が強烈な感覚を喚起するんです。（…）単なる一杯のミルクティーではなく、香港でミルクティーを飲んだときのことを思い出すんです。誰と飲んだか、どこのなんという茶餐廳に行ったか、何を話したか、たくさんのことを思い出します。[66]

二〇二二年一月に移住した別の在英香港人女性も、ある香港紙の取材に対して、ミルクティーを飲むことは「自分自身に香港人であることを思い出させる」ようなものであると語っている。[67]つまりこれらの移住者たちは、ただ単なる個人の嗜好のためにミルクティーを作ったり飲んだりしているのではなく、ミルクティーを自身と香港との結びつきや香港人としてのアイデンティティを再確認するものだとみなしているのである。ミルクティーの「集合的記憶」としての側面が移住者にとって強く意識されていることは、これを提供する店舗の内装からもわかる。近年移住した在英香港人が経営する茶餐廳風の飲食店の中には、獅子山をかたどったシルエットや有名歌手のポスター、そして時には反送中運動に関連したイラストや標語など、本書が取り上げてきたさまざまなシンボルが飾られた店舗もあった。

イギリスだけでなく、台湾においても同様らしい。台湾において、新たに移住してきた香港人が経営する茶餐廳を取り上げた二〇二三年二月の雑誌記事は、次のように伝えている。

近年、台湾で茶餐廳を経営し、香港庶民の飲食文化を異郷の地で存続させようとしている香港人が増えている。店内の装飾や空気感は、まるで香港の特定の時代や空間をそのまま抜き取ったかのようだ。八〇年代の香港映画やカントポップ、壁に書かれた広東語や俗語の解説、ひいては「時代革命」などの政治標語やバナーに至るまで、それぞれの飲食店がさながら香港のミニ博物館である。香港においてローカルな記号が消失しつつある今日、香港にまつわる物語は、なおさら記憶し続けていくべきものになっている。[68]

政治危機のあと、世界に散らばった香港人は、それぞれの場所へと、香港を想起させる象徴的な消費財を持ち込んでいるのである。

持ち運び可能なアイデンティティ

かつて政治学者の倉田徹は、返還直後の香港における人々のアイデンティティの状況を「着脱可能」なものと評したことがある。当時の香港の人々が、「中国人」としての自己と「香港人」としての自己を、「ユニフォームを着替えるが如く」容易に切り替えて暮らしていたからである。[69]しかし、今日では「香港人」というアイデンティティ意識を持つ人々は、たとえ香港を離れてもなおその意識を脱ぎ捨てることなく、むしろ彼らの思う香港らしい生活体験を海外においても継続しようとしている。そんな時代における「香港人アイデンティティ」は、着脱可能なものというよりは、むしろ香港を離れる人々が身につけたまま移動しようとする「ポータブル（持ち運び可能）」なものとして捉え直すべきなのかもしれない。

ここにおいて、香港におけるローカルな生活を彩っていたのが「国際性豊かな生活消費財」であるという本章で取り上げてきた事実は、新たな意義を帯びている。「香港らしさ」は、世界中にありふれた商品をもとに形作られているため、香港を離れても、香港人は世界各地で香港らしさを想起させる断片を見出すことができるからである。たとえば香港式ミルクティーの素材となるセイロンティーにせよ、練乳にせよ、イギリスでも入手することは難しくない、ありふれた世界商品である。

今日、香港人アイデンティティをポータブルなものにしているのは、もともとそれが依拠していた生活体験そのものが世界に開かれていたという事実なのかもしれない。だとすれば、グローバルにありふれたものに立脚していることは、香港のローカルな文化に、ある種のレジリエンスをもたらしているのだろう。こうした特性は、国家による領域的な統制の試みを困難にすると考えられるからである。

二〇二三年三月、香港の著名体制派議員の葉劉淑儀《レジーナ・イップ》が、TVBの政治討論番組に出演した際、香港市民が海外亡命者に「香港式の食品」を送る行為を取り締まるべきだ、という提言を行った。イギリスに亡命した活動家が現地で香港式のティー・パーティを開催し、当地の市民や政治家に対して「洗脳活動」を行っているため、源となる食品を断つべきというのがその理由だ。しかし、たとえばどんな食品を禁輸にすれば、香港人がイギリスでミルクティーを作るのを止められるだろうか。[70]

新たな法制度が導入され、政治制度が全面的に改められても、人々の暮らしのすべてがその枠組みに囚われるわけではないだろう。支配の枠組みから逃れ出る何かが存在する可能性は、おそらく為政者にとっても、あるいは密かにその支配に不満を募らせる大衆にとっても、常に意識されていくはずだ。次章では、必ずしも政治制度の枠組に囚われない社会の活力が示されたもう一つの事例として、

「移民潮」が本格化するなど国安法の影響が各所に現れ始めた二〇二一年以降の香港における娯楽産業の復興を取り上げたい。

註

1 当初構想していたのは、香港で働くインドネシア人ムスリム家事労働者とその香港人雇用者をめぐる文化人類学的研究である。このときの私のうまくいったとは言い難いフィールドワークの経験については、別の機会にまとめたことがある（小栗宏太「二つの海の出会うところ——香港でさわる、さわられる」、鳥山純子編著『フィールド経験からの語り』（イスラーム・ジェンダー・スタディーズ4）明石書店、二〇二一年、一二五－一三七頁）。また、このフィールドワークを通じて、香港における東南アジアの呪術のイメージという研究課題にも出会い、帰国後、二〇一九年六月までは、この調査・分析に取り組んでいた。この頃の成果の一部は、映画分析を中心とした論考としてまとめている（小栗宏太「ホラー映画と想像の地理——香港南洋邪術映画を題材に」、『言語・地域文化研究』二六、二〇二〇年、四九三－五〇九頁）。

2 書籍の例は、徐振邦『集體回憶香港地』香港：阿湯圖書、二〇〇七年。葉一知『香港集體回憶』香港：嘉出版、二〇〇八年。任正文『一個人的集體回憶——香港歷史漫步』香港：天地圖書、二〇〇八年。劉智鵬・周家建『吞聲忍語——日治時期香港人的集體回憶』香港：中華書局、二〇〇九年など。ポップソングの例は、二〇〇七年七月に歌手の楊千嬅がリリースした〈集體回憶〉である。また同年三月に発売された張國榮《レスリー・チャン》の映像集にも『集體回憶　張國榮』というタイトルがつけられている。

3 この用語は、アルヴァックスの死後、しばらくは忘れ去られていたが、一九八〇年代から九〇年代にかけての記憶論ブームの中で再評価が進んだ。香港の抗議運動の中でこの語が使用されたのも、こうした学術界の潮流から影響されたものだろう。ただし、香港以外においては、あくまでもこの語の流行は、ある程度学術界に限定されたものだったようである。記憶論ブームを受けて、アルヴァックスの思想を取り上げた金瑛（『記憶の社会学とアルヴァックス』晃洋書房、二〇二〇年）は、この語が、便利な分析概念として普及したために「分析対象を「集合的記憶」とみなしたいという分析者の欲望を反映した陳腐なレトリック」（一〇五頁）ともなりかねない、と懸念を示しているが、香港においては、分析者が分析をする前から、分析対象となる当事者の自己定義の中にすでにこの用語が溢れているのである。

4 ただし、集合的記憶の保護が当初から運動の主要な目的であったかについては異論もあり、当初から運動に関わっていた活動家からは、メディアによる報道や政府側の担当官による反論の中でこの用語が過度にクローズアップされたことで、運動の目的が矮小化、曲解されたとの不満の声もあったという（梁樂敏「由天星到Elements 堅守不為懷舊——論公共空間的消亡」、『文化研究@嶺南』一〇、二〇一〇年、https://www.ln.edu.hk/mcsln/archive/18th_issue/pdf/feature_02.pdf［最終閲覧日：二〇二三年一一月一二日］。谷淑美「香港城市保育運動的文化政治——歷史、空間、及集體回憶」、呂大樂・吳俊雄・馬傑偉編『香港・生活・文化』香港：Oxford University Press、二〇一一年、九六頁）。

5 たとえば二〇一四年に出版された「私が香港人である一〇一個の理由」と題された書籍（古永信『我係香港人的一〇一個理由』香港：四方媒體、二〇一四年）では、「広東語」や「香港人アイデンティティ」「獅子山精神」「一国二制度」といった概念から、ブルース・リー、Beyondのボーカルである黃家駒といった芸能人、新城市広場の「音楽噴水」や「茶餐廳」などの日常的な消費の場まで、多種多様な一〇一項目の事柄が「私たちの集體回憶」（一六頁）として列挙され、解説されている。

6 Chow, Rey, *Ethics after Idealism: Theory-Culture-Ethnicity-Reading*, Bloomington and Indianapolis: Indiana University Press, 1998, p. 134.

7 Ku, Agnes Shuk-mei, "Identity as Politics: Contesting the Local, the National, and the Global," in *Routledge Handbook of Contemporary Hong Kong*, eds. Tai-lok Lui, Stephen W.K. Chui and Ray Yep, London and New York: Routledge, 2018, p. 453.

8 吳俊雄・張志偉「導言——閱讀香港普及文化」、吳俊雄・張志偉編『閱讀香港普及文化　一九七〇－二〇〇〇』香港：Oxford University Press、二〇〇二年、ｘｘ頁。

9 Abbas, Ackbar, *Hong Kong: Culture and the Politics of Disappearance*, Hong Kong: Hong Kong University Press, 1997.

10 同上、p. 22.

11 瀬川昌久「香港中国人のアイデンティティー」、末成道男編『中原と周辺——人類学的フィールドからの視点』東京外国語大学アジア・アフリカ言語文化研究所、一九九九年、三六頁。

12 Chu, Yiu-Wai, and Eve Leung, "Remapping Hong Kong Popular Music: Covers, Localisation and the Waning Hybridity of Cantopop," *Popular Music* 32 (1), 2013, pp. 65–78に詳しい。具体的な根拠は不明だが、一九九六年に日本で出版された書籍には、当時の香港でリリースされる楽曲の七割程度がカバー・ソングであったとする記述も見られる（原智子『香港中毒——無敵の電影・明星迷たち』ジャパンタイムズ、一九九六年、一五二頁）。

13 アドルノ、テオドール・W「ポピュラー音楽について——ジョージ・シンプソンの支援を得て」（村田公一訳）、渡辺裕編『アドルノ　音楽・メディア論集』平凡社、二〇〇二年、一三七－二〇四頁。

14 こうしたワールドミュージックの潮流の中で出版された書籍やディスコグラフィを見ても、中国西北部の民謡を取り入れた大陸のロックや、原住民族音楽の要素を取り入れた台湾のポップソングなど中華圏の音楽シーンと比べて、「カントポップ」への言及が驚くほど少ないことはここに指摘しておきたい。

15 日本の事例を中心に、こうした否定的な意味でのモール化を批判的に再検討する論集として、若林幹夫編『モール化する都市と社会——巨大商業施設論』NTT出版、二〇一三年などがある。

16 三浦展『ファスト風土化する日本——郊外化とその病理』洋泉社、二〇〇四年。

17 マクドナルドが地域社会に及ぼす影響について、均質化や欧米化を強調する観点とは異なる立場で実証的に検討した研究として、ジェームズ・ワトソン編『マクドナルドはグローバルか——東アジアのファーストフード』(前川啓治・竹内惠行・岡部曜子訳)新曜社、二〇〇三年がある。

18 ワトソン、ジェームズ「香港のマクドナルド——消費主義、食べ物の変化、子供文化の起源」、前掲註17『マクドナルドはグローバルか』、一三〇-一三一頁。

19 Mathews, Gordon, "Cultural Identity and Consumption in Post-Colonial Hong Kong," in *Consuming Hong Kong*, eds. Gordon Mathews and Tai-lok Lui, Hong Kong: Hong Kong University Press, 2001, p. 299.

20 香港においては、SARS流行を経て新たな感染症法が制定されており、政府は民間施設の営業制限など、強い措置をとることが可能になっていた。新型コロナウイルス感染症の流行を受けて、政府はこの法律に基づき、市民にさまざまな行動制限を課していった。デモとの関わりが大きかったものでいえば、二〇二〇年三月二九日以降、公共の場での五人以上の集会が禁止されている。この集会禁止令は、感染拡大が落ち着いていた時期には最大五〇人にまで緩和されたものの、二〇二二年一二月末に政府が防疫政策の方針を転換して行動制限をほぼ全廃するまで続いた。感染症対策の名の下に政治集会を禁止することも可能な規制であるため、当初民主派からは、抗議活動を禁止するための恣意的な政策なのではないかとの批判を招いた。一方で、先述のとおり、市民側の防疫意識も高かったため、とりわけ感染流行の初期においては、政府の措置の厳しさに対する抗議はさほど見られなかった。むしろ大陸との往来制限を要求するストライキが呼びかけられるなど、抗議の声は政府の措置の「緩さ」への批判に集中していた印象もある。二〇一九年六月から抗議運動を組織してきた民主派団体も、この時期には、マスクの配布など感染症に関連した活動に注力していた。香港における市民や民主派団体の自助的防疫活動については、Wan, Kin-Man, Lawrence Ka-ki Ho, Natalie W.M. Wong, and Andy Chiu, "Fighting COVID-19 in Hong Kong: The Effects of Community and Social Mobilization," *World Development* 134, 2020, pp. 1–7 に詳しい。

21 トゥフェックチー、ゼイナップ『ツイッターと催涙ガス――ネット時代の政治運動における強さと脆さ』（毛利嘉孝監修、中林敦子訳）Pヴァイン、二〇一八年など。

22 https://twitter.com/bbrightvc/status/1248428787487756293?ref_src=twsrc%5Etfw%7Ctwcamp%5Etweetembed%7Ctwterm%5E1248428787487756293%7Ctwgr%5E%7Ctwcon%5Es1_&ref_url=https%3A%2F%2Fd-18816117217810444490.ampproject.net%2F2109102127000%2Fframe.html（最終閲覧日：二〇二一年九月三〇日。発端となったリツイートはすでに削除されている）

23 具体的には、新型コロナウイルスの中国の研究所由来説に関する投稿や、「中国の女の子みたいだね」というコメントを否定して「台湾の女の子」だと返答する投稿などである。

24 "Chinese Netizens Boycott Thai Boys' Love Drama '2gether: The Series' Due to Inappropriate Comment about COVID-19 by Leading Actor's Girlfriend," *The Global Times*, 12 April 2020. https://www.globaltimes.cn/content/1185359.shtml（最終閲覧

日：二〇二一年九月三〇日）

25 "Model Weeraya Sukaram's Coronavirus Comment Sparks Twitter War between Thais and Chinese Nationalists," *South China Morning Post*, 14 April 2020. https://www.scmp.com/news/asia/southeast-asia/article/3079895/model-weeraya-sukarams-coronavirus-comment-sparks-twitter（最終閲覧日：二〇二一年九月三〇日）

26 Smith, Nicola, "#MilkTeaAlliance: New Asian Youth Movement Battles Chinese Trolls," *The Telegraph*, 3 May 2020. https://www.telegraph.co.uk/news/2020/05/03/milkteaalliance-new-asian-youth-movement-battles-chinese-trolls/（最終閲覧日：二〇二一年九月三〇日）

27 Everington, Keoni, "Thais Use Humor to Defeat Chinese in Twitter War," *Taiwan News*, 13 April 2020. https://www.taiwannews.com.tw/en/news/3915291?fbclid=IwAR3ZitmEIWr7wudqPehWU-YhKvYmdbrQizXOezkvDe58BIrsowOPEnc-TQ（最終閲覧日：二〇二一年九月三〇日）

28 Chan, Christina, "Milk Is Thicker than Blood: An Unlikely Digital Alliance between Thailand, Hong Kong and Taiwan," *Hong Kong Free Press*, 2 May 2020. https://hongkongfp.com/2020/05/02/milk-is-thicker-than-blood-an-unlikely-digital-alliance-between-thailand-hong-kong-taiwan/（最終閲覧日：二〇二一年九月三〇日）

29 同上。

30 Teixeira, Lauren, "Thais Show How to Beat China's Online Army: A Pop Culture Battle Turned into a Nationalist Frenzy and a Propaganda Problem," *Foreign Policy*, 17 April 2020. https://foreignpolicy.com/2020/04/17/nnevvy-bright-firewall-thailand-china-online-army/（最終閲覧日：二〇二一年九月三〇日）

31 https://note.com/sasaleut/n/na28f8ffa0030（二〇二〇年四月一四日投稿、最終閲覧日：二〇二一年九月三〇日）

32 https://www.facebook.com/ChineseEmbassyinBangkok/posts/2942654555781330（二〇二〇年四月一四日投稿、最終閲覧日：二〇二一年九月三〇日）

33 Solomon, Feliz and Wilawan Watcharasakwet, "Thailand's Protests Shift Tactics, Influenced by Hong Kong," *The Wall Street Journal*, 18 October 2020. https://www.wsj.com/articles/front-lines-and-hand-signals-thailands-protests-shift-tactics-influenced-by-hong-kong-11603039354（最終閲覧日：二〇二一年九月三〇日）

34 Chiu, Alan「【泰國示威】示威者高呼撐香港口號　參考港運動撐傘、流水式、無大台」、『立場新聞』二〇二〇年一〇月一九日。https://www.thestandnews.com/international/泰國示威-示威者高呼撐香港口號-參考港運動撐傘-流水式-無大台/（最終閲覧日：二〇二一年九月三〇日）

35 Chen, Mia Ping-Chieh, "International 'Milk Tea Alliance' Faces Down Authoritarian Regimes," *Radio Free Asia*, 14 October 2020. https://www.rfa.org/english/news/china/alliance-10142020091707.html（最終閲覧日：二〇二一年九月三〇日）

36 Barron, Laignee, "'We Share the Ideals of Democracy.' How the Milk Tea Alliance Is Brewing Solidarity Among Activists in Asia and Beyond," *Time*, 28 October 2020. https://time.com/5904114/milk-tea-alliance/（最終閲覧日：二〇二一年九月三〇日）

37 吉岡桂子「#ミルクティー同盟　タイ・香港・台湾　民主への絆」、『朝日新聞』二〇二〇年九月五日。

38 Potkin, Fanny and Patpicha Tanakasempipat, "'Power in Solidarity': Myanmar Protesters Inspired by Hong Kong and Thailand," *Reuters*, 9 February 2021. https://jp.reuters.com/article/myanmar-politics-protests/power-in-solidarity-myanmar-protesters-inspired-by-hong-kong-and-thailand-idUSL4N2KE3PC（最終閲覧日：二〇二一年九月三〇日）

39 Lau, Jessie, "Myanmar's Protest Movement Finds Friends in the Milk Tea Alliance," *The Diplomat*, 13 February 2021. https://

thediplomat.com/2021/02/myanmars-protest-movement-finds-friends-in-the-milk-tea-alliance/（最終閲覧日：二〇二一年九月三〇日）; Duangdee, Vijitra, "Asia's #MilkTeaAlliance Has a New Target Brewing: The Generals behind the Myanmar Coup," *South China Morning Post*, 4 February 2021. https://www.scmp.com/week-asia/politics/article/3120526/asias-milkteaalliance-has-new-target-brewing-generals-behind（最終閲覧日：二〇二一年九月三〇日）

40 高木香奈「ミャンマーデモ　国超え連携　身守る手法　タイや香港に学ぶ」、『毎日新聞』二〇二一年二月一七日。

41 『蘋果日報』による二〇二一年三月一日のFacebook投稿。https://www.facebook.com/hk.nextmedia/posts/10159921340502448（最終閲覧日：二〇二一年三月二〇日）

42 McLaughlin, Timothy, "How Milk Tea Became an Anti-China Symbol," *The Atlantic*, October 13, 2020. https://www.theatlantic.com/international/archive/2020/10/milk-tea-alliance-anti-china/616658/（最終閲覧日：二〇二一年九月三〇日）

43 前掲註40「ミャンマーデモ　国超え連携　身守る手法　タイや香港に学ぶ」。松尾恵輔・伊藤麗「WEB特集「ミルクティー同盟」に見る　若者の政治参加」、『NHK News Web』二〇二一年一月一二日。https://www3.nhk.or.jp/news/html/20210112/k10012809581000.html（最終閲覧日：二〇二一年九月三〇日）。六辻彰二「ミャンマー軍政を揺るがすミルクティー同盟——反独裁で連帯するアジアの若者たち」、『ニューズウィーク日本版』二〇二一年二月一二日。https://www.newsweekjapan.jp/mutsuji/2021/02/post-105.php（最終閲覧日：二〇二一年九月三〇日）

44 ヴァイディアナサン、シヴァ『アンチソーシャルメディア——Facebookはいかにして「人をつなぐ」メディアから「分断する」メディアになったか』（松本裕訳）ディスカヴァー・トゥエンティワン、二〇二〇年。前掲註21『ツイッターと催涙ガス』。

45 Hui, Mary, "Hong Kongers Crowdsourced a Protest Manual—And Myanmar's Already Using It," *Quartz*, 25 February 2021.

https://qz.com/1975459/hong-kong-crowdsources-protest-manual-and-shares-it-with-myanmar/（最終閲覧日：二〇二一年九月三〇日）

46 福冨渉「先鋭化するタイ民主化デモの文化的側面。その歴史とネットワークを探る」、『美術手帖』二〇二〇年一一月三〇日。https://bijutsutecho.com/magazine/insight/23153（最終閲覧日：二〇二一年九月三〇日）

47 「港式奶茶製作技藝」（登録番号 5.36）。https://www.hkichdb.gov.hk/zht/item.html?aebd99be-73ff-4a8d-a327-41296eafbc12（最終閲覧日：二〇二二年一一月一二日）

48 同上。

49 これらの高級西洋料理店の多くは華人禁制であり、香港の大衆の大部分は立ち入ることすら許されなかった。香港における乳製品の普及を調査したヴェロニカ・マクは、最初に華人向けにミルクティーを提供した飲食施設は、一八九五年開業の華人経営のホテル「鹿角酒店」だと指摘している（Mak, Veronica S. W., *Milk Craze: Body, Science, and Hope in China*, Honolulu: University of Hawaiʻi Press, 2021, p. 59）。

50 「大排檔」とも書かれる。

51 梁世榮「茶餐廳與香港人的身份認同」、吳俊雄・馬傑偉・呂大樂編『香港・文化・研究』香港：香港大學出版社、二〇〇六年、五四頁。

52 Chan, Selina Ching, "Tea Cafés and the Hong Kong Identity: Food Culture and Hybridity," *China Information* (33) 3, 2019, pp. 311–328.

53 Mak, Veronica Sau-Wa, "The Heritagization of Milk Tea: Cultural Governance and Placemaking in Hong Kong," *Asian Anthropology* 20 (1), 2021, pp. 30–46.

54 崔氏兄弟『奶茶通俗學漫畫集 Vol. 1』香港：亮光文化、二〇一八年。

55 ラペイェやミャンマーを中心とした東南アジアのミルクティーについては、生駒美樹「喫茶文化」、信田敏宏編『東南アジア文化事典』丸善出版、二〇一九年、四二四 - 四二五頁に詳しい。

56 Beriss, David, "Food: Location, Location, Location," *Annual Review of Anthropology* 48, 2019, pp. 61–75.

57 たとえばミンツ、シドニー・W『甘さと権力——砂糖が語る近代史』（川北稔・和田光弘訳）筑摩書房、二〇二一年。川北稔『砂糖の世界史』岩波書店、一九九六年。角山栄『茶の世界史——緑茶の文化と紅茶の社会 改版』中央公論新社、二〇一七年など。

58 砂糖入りのコンデンスミルクが一八五〇年代、無糖のエバミルクが一八九〇年代に商品化されている（ハンナ・ヴェルテン『ミルクの歴史』（堤理華訳）原書房、二〇一四年、九二 - 九四頁。Valenze, Deborah, *Milk: A Local and Global History*, New Haven and London: Yale University Press, 2011, pp. 184–192）。

59 練乳の活用は旧英領を中心としたミルクティー圏を超えて、旧仏領インドシナにも広がっており、当地のコーヒーはコンデンスミルクを加えて飲まれることが一般的である。

60 たとえば香港では無糖練乳を用いるが、テー・タレックやラペイェは主に加糖練乳が用いられる。またテー・タレックは茶とミルクを攪拌するために高所から注ぐ動作を繰り返す（テー・タレックはマレー語で「引くお茶」を意味し、この高所から注ぐ際に茶を引っ張るような動作をすることが由来だという）が、ラペイェは練乳と茶が上下に分離した状態で提供されることが多いなど、製法にもそれぞれに違いがある。

61 Wilk, Richard, and Livia Barbosa eds., *Rice and Beans: A Unique Dish in a Hundred Places*, London: Bloomsbury, 2012.

62 Batha, Emma, "Milk Tea Maker Brings New Flavours to UK after Hong Kong Clampdown," *Context*, 31 January 2023. https://

www.context.news/socioeconomic-inclusion/milk-tea-maker-brings-new-flavours-to-uk-after-hong-kong-clampdown（最終閲覧日：二〇二三年一一月三〇日）

63 https://gia.info.gov.hk/general/202108/12/P2021081200387_374401_1_1628753173830.pdf（最終閲覧日：二〇二三年一一月一二日）

64 https://www.policyaddress.gov.hk/2022/tc/policy.html（最終閲覧日：二〇二三年一〇月一三日）

65 Yue, Pak Hong, "A Study Report on Hong Kong Migrants Recently Arrived in the UK," Department of Geography and Planning, University of Liverpool. https://livrepository.liverpool.ac.uk/3171386/（最終閲覧日：二〇二四年二月二日）

66 黃靜美智子「【離散之年】落戶英國　港人辦奶茶茶葉生意　傳播港式味道——味道是記憶很重要的一部分」、『明周』二〇二二年一二月三一日。https://www.mpweekly.com/culture/%e7%a4%be%e6%9c%83/%e7%a7%bb%e6%b0%91-%e7%a7%bb%e6%b0%91-%e6%bd%ae-%e5%a5%b6%e8%8c%b6%e8%8c%b6%e8%91%89-196199/（最終閲覧日：二〇二三年一一月三〇日）

67 "Hong Kong Emigres Seek Milk Tea in Craving Taste of Home," *The Standard*, 25 November 2022. https://www.thestandard.com.hk/breaking-news/section/4/197538/Hong-Kong-emigres-seek-milk-tea-in-craving-taste-of-home%C2%A0（最終閲覧日：二〇二三年一一月三〇日）

68 郭璈「茶餐廳在台灣——當香港人的鄉愁在這座島嶼上發酵」、『VERSE』二〇二三年二月二五日。https://www.verse.com.tw/article/016-cha-chaan-teng（最終閲覧日：二〇二三年一一月三〇日）

69 倉田徹『中国返還後の香港——「小さな冷戦」と一国二制度の展開』名古屋大学出版会、二〇〇九年、二八一頁。

70 「葉劉淑儀——運送港式食品予海外在逃人士辦茶會 屬支援及違法」、『香港獨立媒體網』二〇二三年七月九日。https://

www.inmediahk.net/node/政經/葉劉淑儀:運送港式食品予海外在逃人士辦茶會-屬支援及違法（最終閲覧日：二〇二三年一一月三〇日）

第5章
乱流下の平安
娯楽復興からみる香港危機

你話這城市眼涙太多（この街には涙が多すぎると　君は言うけど）（…）
竟想不到尚有些歌（それでも意外と　まだ歌はあるんだ）（…）
再累也至少有歌（どれほど疲弊しても　少なくとも歌はある）
——2021年1月発表、黄妍《キャス・ウォン》〈至少有歌〉

「死」と消失の一年

二〇二〇年六月末の国家安全維持法（国安法）制定により、香港社会は大きく変わった。広範な反政府的言動が厳罰化されたことにより、反送中運動は急速に終息した。反体制派への徹底した弾圧により、返還前から漸進的に進められてきた香港の民主化は完全に停止した。この急激な変化を、民主化の「突然死」と呼ぶ識者もいる。[1] 日本を含む海外のメディアは「一国二制度の死」、あるいは「香港の死」という表現を用いて、こうした動向を報道していた。

二〇二一年一月には、立法会選挙の候補者調整のために予備選挙を行った民主派政治家五〇人超が、香港警察の国安法部門により逮捕された。二月末には、うち四七名が国安法の規定する「国家政権転覆」の疑いで起訴されている。選挙で議会の多数派を握り、政府の予算案可決を妨害しようとした彼らのマニフェストが、政権転覆を図るものだとみなされたのである。

この逮捕により、これまで香港の民主化運動を担ってきた代表的な民主派政治家は軒並み拘束された。執筆時現在、裁判の結果はまだ出ていないが、彼らの多くは保釈を認められず、二〇二一年から勾留が続けられている。

幹部の逮捕や圧力の高まり受け、民主派団体は相次いで解散に追い込まれていった。二〇二一年八月には民間人権陣線が解散を発表した。二〇〇三年以降、毎年、返還記念日の七月一日にデモ行進を開催し、二〇一九年の反送中運動の際にも大規模デモを主催した団体である。九月には、毎年六月四日に天安門事件追悼集会を開催してきた民主派政治組織「支連会」も解散した。『立場新聞』によれば、ほかにも年末までに合計五八の大小さまざまな市民団体が解散を宣言したという。[2]

五月には、立法会の選挙制度も改定された。議席数は七〇から九〇へと拡大されたものの、そのうちの普通選挙枠は従来の三五人から二〇人へと削減された。加えて、立候補段階での厳格な政治審査が制度化されたことで、反体制派は立候補することすら難しくなった。政府はこの制度改定を「完善」と呼んでいる。外国勢力の干渉を退けた「完璧に善い」選挙を行える制度である、という立場からの呼称である。

一二月に行われた立法会選挙では、旧来の民主派は候補者擁立を断念した。親政府派で固められた選挙に対して市民の関心は低く、投票率は過去最低となった。

国安法は、国家安全に危害を加える行為そのものだけでなく、その「煽動」も取り締まりの対象としている。そのため、返還後も「一国二制度」の下で一定程度維持されてきた言論、表現の自由も大幅な制限を受けることになった。六月末には、一九九五年の創刊以来、長く政権批判を行ってきた民主派紙の『蘋果日報』が国安法違反を理由として資産を凍結され、廃刊に追い込まれた。一二月二九日には『立場新聞』も煽動的な刊行物を発表したことなどを理由に強制捜査を受け、即日運営停止を発表している。「国境なき記者団」が毎年発表している報道の自由指数ランキングにおいて、二〇二一年には八〇位だった香港の順位は、翌年には一四八位へと急落した。

こうした動向の中で、香港を離れ、海外へと移住する動きが顕著となったことは前章末尾に見たとおりである。政治団体が消え、民主的な選挙が消え、メディアが消え、そして家族や友人が消え、この二〇二一年、香港の人々は公的なレベルでも私的なレベルでも、さまざまな消失を経験した。「死」と消失の一年を経て、香港には何が残ったのだろうか。

少なくとも歌はある

二〇二一年一二月、運営停止に追い込まれる直前の『立場新聞』が、ある興味深い特集記事を連載していた。「少なくとも歌はある」[3]というタイトルの下、この年の香港のポピュラー音楽シーンを振り返る特集だった。それによれば、多くのものが消えていったこの一年、音楽業界は、意外なほどに活気づいていたという。

特集記事には複数の事例が列挙されている。この年、香港の歌手たちのライブのチケットが軒並み売り切れとなったこと。音楽配信サービスにおいて、長らく大陸や台湾のマンダリン・ポップや韓国のK-POPに押され気味だったカントポップの再生回数が大幅に伸びたこと。マスメディアによって発表されるヒットチャートが、再び人々の日常的話題に返り咲いたこと。[4]記事は「香港の音楽ファンは、二〇二一年、明らかに以前より「香港の」音楽業界に寄り添うようになり、より熱中して新しい歌を聴くようになった」と結論づけている。

第二章で取り上げたように、かつて栄華を誇った香港の娯楽産業は、返還後は長らく売り上げの低迷に悩まされ、業界内外から「カントポップの死」や「香港映画の死」を嘆く声も聞かれていた。しかし、国安法後の香港において、香港の芸能産業は意外な復権を遂げた。『立場新聞』の記事も取り上げているとおり、二〇二一年以降、新世代の歌手が次々と注目を集め、カントポップの人気が復活した。[5]

映画産業においても、二〇二一年一一月に上映された、早逝したカントポップ・スターの梅艶芳《アニタ・ムイ》を取り上げた伝記映画『アニタ』（原題『梅艶芳』）以降、過去の香港産映画の興行収入記録を塗り替えるヒット作が相次いでいる。[6]地元メディアはこうした現象を「廣東歌復興《カントポップ・リバイバル》」や香港映画の「小陽春（小春日和）」と形容している。

香港全体の「死」が取り沙汰される時代に、娯楽産業は死からの再生を遂げたのである。このことは、国安法制定後の香港社会について、いったい何を物語るのだろうか。本章では、この意外な娯楽復興を事例に、反政府運動が沈静化して表面上は平穏がもたらされた政治危機後の香港社会を考察したい。

暗い時代の明るい星

『立場新聞』の記事によれば、カントポップ再生の大きなきっかけとなったのは、MIRRORという男性アイドルグループの流行だった。香港発の一二人組であるこの彼らは二〇二一年、香港で爆発的な人気を獲得し、ある種の社会現象になった。彼らを支持する声は思わぬところからも聞こえてきた。

たとえば二〇二一年一月に先述の予備選挙に絡んで逮捕、起訴された元立場新聞記者で活動家の何桂藍《グウィネス・ホー》である。彼女は同年三月、代理人を通じて発表したメッセージの中で、MIRRORのファンであり、留置所で新曲を耳にして涙したと語っている。

あるいは、彼女とは正反対の政治的立場であろう、前章末尾で言及した体制派政治家の葉劉淑儀《レジーナ・イップ》も、MIRRORのファンであると公言した。彼女は二〇二一年五月の立法会審議の際に、香港政府の通商部門トップに対して「MIRRORと〔同じ番組から生まれた兄弟グループの〕ERRORが大陸の番組に進出することを後押しできないか」と進言した。また、のちにオンライン経済誌に発表した手記の中でも、彼らを激賛している。[7] MIRRORは、長らく真空状態にあった香港のエンターテインメント業界に現れた待望の香港発のスターである、と。

スターのいない街

そもそも、かつての香港芸能を知る人にとって、香港に「スターがいない」というのは意外に思えるかもしれない。一九八〇年代から九〇年代にかけて、「四大天王」と呼ばれた張學友《ジャッキー・チュン》、劉徳華《アンディ・ラウ》、郭富城《アーロン・クォック》、黎明《レオン・ライ》をはじめとする香港出身のスター歌手や俳優たちが、香港のみならず、日本を含むアジア中で大きな人気を博していたからである。「スター」を表す中国語の単語から「明星」と呼ばれた彼らは日本でも多くのファンを持ち、海を越えて熱心な「追星（追っかけ）」活動を行う日本のファンたちの様子は、当時日本のテレビ番組でも特集が組まれるほどであったと聞く。

しかし返還後には、業界全体の低迷やメディア環境の多様化、さらには政治情勢の深刻化もあり、香港において大衆的人気を獲得する新世代のスーパースターはなかなか登場しなかった。[8] 文化研究者の馬傑偉らは、二〇一三年に発表した論考の中で、香港のポピュラー文化は「集落時代」に突入したと分析している。[9] メディア環境の多様化に伴ってマスメディアの影響力が低下し、人々はインターネットなどを通じて、個別の小さな「集落」の内部でそれぞれに好きな娯楽を消費するようになったからである。

人気者がいないわけではないが、彼らの影響力は、狭いコミュニティ内に限られており、香港全体での知名度は高くはない。そのため香港全体を代表する巨星はおらず、各「集落」の心情を代弁する「酋長」のような、小規模なポップ・スターが多数存在するようになっていると彼らは分析している。この論考において、そうした局所的な人気を獲得した歌手の一例として挙げられているのは、第2章で取り上げたMy Little Airportである。

では、同じく第2章で言及したG.E.M.はどうだろうか。中国大陸でのブレイク後、返還後香港の新世代の歌手の中で、圧倒的とも言える商業的成功を収めた彼女は、少なくとも潜在的には、香港を代表するスーパースターとなる素質を備えていた。[10] しかし、中国大陸と香港との摩擦が高まる中で、彼女の大陸での成功は矛盾に満ちたものとなった。今日、彼女は「香港を捨てた」歌手とみなされており、香港のカントポップの歴史を包括的に取り上げた書籍においてすら、彼女に関する言及は驚くほど少ない。[11] 彼女は確かにある種のスターではあったかもしれないが、「香港のスター」でも「カントポップのスター」でもなかったのだ。

往年の香港芸能界の巨星たちの評価にも、政治情勢が影を落としている。二〇一九年のデモの最中には、体制寄りの発言をした譚詠麟《アラン・タム》が民主派支持層の反感を買い、かつて購入した彼のCDやレコードを破壊するファンもいたという。また日本でもよく知られた映画スターのジャッキー・チェンも、近年は中国共産党政権を擁護する発言を繰り返していることから、若い世代の香港人からの評判はすこぶる悪い。彼らの中には、日本人がいつまでたっても「香港といえばジャッキー・チェン」というイメージを持っていることを苦々しく思っている者もいるという。[12]

留学中だった二〇一七年ごろ、私も香港の同世代の若者から「なんで日本人はいつもジャッキー・チェンの話ばかりするんだ」と冗談混じりで尋ねられることがあった。しかし、私が「じゃあ今日の香港にほかにどんなスターがいる」「日本人が誰の名前を挙げれば満足するんだ」と聞き返すと、彼らは決まって黙ってしまうのだった。かつてのトップスターには共感できず、かといって同世代のスターは大衆的人気を得るには至らない。彼らの育ってきた香港は、スターがいない街だった。

広東語で歌うBTS

そんな香港に、突然現れたMIRRORとはどんな存在だったのだろう。平たく言ってしまえば、彼らは近年世界的に流行しているK-POPスタイルのグループである。『ニューヨーク・タイムズ』紙は、アメリカの読者に向けて、要するに「広東語で歌うBTS」のようなものだと紹介している。[13]

MIRRORは二〇一八年、新興テレビ局であるViuTVの公開オーディション番組を通じて結成され、デビューした。はじめは素人同然だった彼らがアイドルへと成長していく様子は、デビュー後もドキュメンタリー番組を通じてコンテンツ化された。このプロモーション方式は、昨今、韓国をはじめ世界各地のK‐POP系グループが行っているものと大差ない。日本においては、たとえばNiziUのデビューの経緯を想起してもらえれば、だいたいの雰囲気は摑めるだろうと思う。

つまり、MIRRORの成功は、K‐POPの成功モデルを忠実に実行したことによるものだとも言えるかもしれないが、デビュー当時の香港社会における彼らへの注目度は、たとえば日本におけるNiziUなどと比べても、かなり控えめなものだった。二〇二一年に入るまで、MIRRORという名前を聞いたことがなかった香港人も多くいただろう。

『立場新聞』の記事が紹介しているデータを見ても、彼らの人気が一部の熱心なファンを超えて急速に拡大したのは、二〇二一年に入ってからであることがわかる。記事中では、音楽配信サービスのSpotifyが公開している、香港内における週間再生数上位二〇〇曲のデータが紹介されている。二〇二〇年の時点では、メンバーのソロ曲やMIRRORのグループ曲は、この二〇〇曲の中にほとんどランクインしていなかった。しかし二〇二一年に入ってからは、再生数が右肩上がりに上昇し、下半期になると全二〇〇曲の二割程度をMIRROR関連曲が占めるほどになっている。

社会現象としてのMIRROR

彼らがなぜ突然売れたのか、その細かな経緯は私にもよくわからない。私個人がMIRRORという名前をはっきりと認知したきっかけは、二〇二一年の元日に開催されたラジオ局商業電台の年間音楽賞「叱咤」の授賞式だったように記憶している。この授賞式では、メンバーの一人である姜濤《キョン・トウ》が、リスナー投票部門で男性歌手賞と楽曲賞の二冠に輝き、楽曲賞を受賞した〈蒙著嘴說愛你（マスク越しのラブユー〉〉という歌を披露していた。二〇二〇年四月にリリースされた楽曲で、タイトルからもわかるように、新型コロナウイルス感染症の流行下にあった香港社会を鼓舞する爽やかなポップソングだ。この授賞式以降、彼らに関する投稿をソーシャルメディア上で目にすることが増えていった。五月には、MIRRORは、デビュー二周年を記念する六日間の単独ライブを成功させている。このときには多くの香港のメディアが彼らを取り上げた文化評論を掲載し、その人気を社会現象として論じていた。

六月からはメンバーの三名が出演するドラマ『大叔的愛』(日本のテレビ朝日が二〇一六年に放送したドラマ『おっさんずラブ』の香港版リメイク作品である)が放送され、大きな人気を博した。以降は、あっという間に、彼らに関連する話題を目にしない日はないほどになっていった。

図5-1　MIRRORが起用された広告

MIRRORのプロモーション戦略の特徴は、企業と積極的な広告契約を結んだことにある(これも多くのK-POPアーティストと共通する特徴である)。熱心なファンたちは、お気に入りのメンバーを応援するために、彼らが広告に起用された商品を購入する。ファンたちの購買力を当てにして、企業広告はますます増えていく。こうして香港の街には彼らを起用する広告が溢れていった(図5-1)。広告調査会社admanGoの試算によれば、二〇二一年上半期の広告投資額上位五〇企業のうち、半数以上の二七社がMIRRORか兄弟グループのERROR

のメンバーを広告に起用していたという。

ファンたちの熱心な応援消費は、反送中運動中の「黄色経済圏」を思わせる「MIRROR経済圏」という言葉で形容されるようになっていった。こうしてファンたちの購買力を総動員することで、MIRRORは中国大陸市場に依存しない、新しいビジネス・モデルを築いている。執筆時現在に至るまで、MIRRORは中国大陸でのプロモーションを基本的に行っていない。海外での活動も限定的である。徹底的にローカル市場に注視していることが、これまでの香港のスター歌手とは異なる特徴であり、ファンからの肯定的評価にもつながっているものと思われる。

またファンたちは、単に彼らを広告起用する企業の商品を購入するのみならず、共同で出資し、自らメンバーの誕生日や新曲リリースを記念する広告を出す活動も行っている。二〇二一年の七月には、『大叔的愛』に出演していたメンバーの一人、盧瀚霆《アンソン・ロウ》の誕生日を祝う巨大なファン広告が尖沙咀に出現し、話題を呼んだ。

こうしたファンたちの活動により、企業広告と併せて、香港の街にはますますMIRRORのメンバーたちの姿が溢れるようになっていった。音楽やアイドルに一切興味のない市民たちも、当時香港で普通に暮らしていれば、どこかしらでMIRRORの顔を目にしていたはずである。二〇二一年一一月にあるユーチューバーが発表したMIRRORブームを当てこするパロディ・ソングにも、「どこもかしこも、どこもかしこも、なぜ毎日見かける彼らのデカい顔」と歌われている。[14]

「鏡粉」[15]と呼ばれるMIRRORファンたちの熱心な活動は、ある種の社会問題としても注目を集めた。七月には、Facebook上に「うちの妻がMIRRORに嫁いで婚姻関係が破綻した問題を注視するグループ」というグループが結成され、話題となった。パートナーがMIRRORに夢中になったことで日常生活が激変し、困っている男性たちが苦労を語り合うグループである。瞬く間に数十万人の参加者を集めたこのグループがきっかけで、MIRRORファンを配偶者に持つ男性は「前夫（元夫）」と呼ばれるようになった。以降、大小さまざまなメディアが、こぞって前夫たちの嘆きをおもしろ半分に取り上げていった。

こうしてMIRRORの人気は、香港社会全体を巻き込んだ社会現象になっていった。彼らは娯楽消費の「集落」化が進む香港で、例外的な、誰もがその名を知るスーパースターとなったのである。

鏡に映るもの

国安法に基づく社会変革と並行して、二〇二一年の香港で起こったMIRROR現象を、どのように理解すべきだろうか。

MIRRORの楽曲と、国安法時代の香港の社会情勢との間に、直接的なつながりを見出すことは難しい。彼らの活躍を取り上げた『ニューヨーク・タイムズ』紙の記事も、彼らの歌の内容はアイドル・ポップにありがちな「愛の告白」と「自分にはなんだってできるという肯定感」に溢れており、近年の香港における政治的激動を反映していると思われる要素はほとんど見られないと書いている。[16]

彼らは、政治的なイメージがつくことを積極的に避けているようにも見受けられる。国安法違反容疑で起訴されている活動家が、彼らのある楽曲への愛着を表明したことは先述のとおりである。しかし、彼らは二〇二一年五月のライブ以降、この楽曲を公の場で演奏するのをやめてしまった。[17]

一見、政治色の薄いMIRRORのようなアイドルがこの時代の香港で流行したことを、政治運動疲れやある種の集団的現実逃避として捉えたとしても、間違いとは言えないのかもしれない。個々のファンの中には、自覚しているか否かは別として、そのような心情の下に歌手や映画俳優に熱中していた者もいるだろう。実際に、体制派の「青い店」も民主派の「黄色い店」も区別なく、「推し」を起用する企業であればなんでも利用する「MIRROR経済圏」に対して、反送中運動の精神を忘れたのか、という批判がなかったわけではない。

またMIRRORの流行と、国安法の施行とが重なったのは、単なる偶然だと考えることもできる。MIRRORの流行は、ちょうど香港政府による新型コロナウイルス感染症政策が徐々に緩和されつつあった時期と重なる。有観客ライブの開催が条件付きで可能になった一方で、二〇二二年の九月に至るまで、香港への入境者には一律で強制隔離が義務づけられていたため、海外アーティストの公演は困難だった。MIRROR現象は、ポスト・コロナのリベンジ消費の機運と、入境政策を理由とする国際的スターの一時的不在という社会状況が生んだものという側面もある。

しかし香港では、やはり、彼らの浮上と国安法時代の香港の社会情勢とを明に暗に結びつける評論も目立った。二〇二一年五月、MIRRORが単独ライブを成功させた直後、『明報』紙に掲載されたあるコラムは、次のように論じている。

政治の上では、香港にはもはや無邪気でいられる空間は存在せず、ごく微かな可能性すらない。法治は全面的に崩壊し、無数の人々が民主のために投獄や亡命を強いられた。選挙制度は「完璧に」整えられ、人民は自らの代議士を選ぶ権利を失った。近い将来、民主化が達成される可能性はなく、自由も日々侵食されている。一般庶民にできることといえば、残された力を振り絞って香港人の文化的アイデンティティを守り育てることで、私たちが愛するこの「香港」という土地の名を大声で叫び続けることくらいなのだろう。私はこれこそ、多くの人が、MIRRORとERRORの突然の台頭を、ただのポピュラー文化現象以上のものとして、本能的に感じている原因ではないかと思うのだ。慰めでも、逃避でもなく、ただただ着実にできることをしていくために。香港独自の文化的アイデンティティを創造し続けることは、もしかしたら、目下もっとも重大な戦いかもしれないのだ。[18]

もちろん、これは一人の評者の解釈にすぎない。MIRRORに夢中になる人々が、全員このような「戦い」を意識しているわけではないだろう。しかし、政治的な言論空間が急速に縮小する国安法時代の香港において、MIRRORという存在が、政治運動とは距離を置いた比較的安全な形で香港への愛着を表明する場を提供していたことは、おそらく事実である。そして、そのような時代的意象は、ファンたちにも、あるいはMIRRORのメンバー自身にも意識されていたはずである。単独ライブの最終日、ステージに上がったMIRRORの面々が関係者や家族、観客たちに感謝の挨拶を行った際、メンバーの一人である陳卓賢《イアン・チャン》は、「この世界はとても複雑だけど、客席のみなさんには単純さ、純真さを保ち続けてほしいと思っています」と述べた。

先述の『ニューヨーク・タイムズ』紙の記事は、このセリフを受けて「群衆が湧きあがった」と結ばれている。しかし、この夜、それ以上に群衆を沸かせたのは、彼の次にマイクを手にした姜濤の言葉だった。マイクを握ったまま、何を言うべきか、あるいは言わないべきか、しばらく悩むようなそぶりを見せたあと、彼は短く「がんばれ香港！（香港加油！）」と述べたのである。『立場新聞』が撮影した舞台挨拶の動画は、この言葉に客席が割れんばかりの喝采に包まれる様子を伝えていた。[19]

MIRRORは、複雑な時代情勢の中で、この街を単純に肯定してくれるからこそ愛された、香港の偶像《アイドル》だったのだろう。

文化という前線

ここからは一旦MIRROR現象を離れ、国安法時代の娯楽をめぐる政府の統制に目を向けたい。反体制派への徹底的な弾圧により、政治上の戦線が消失した二〇二一年以降の香港においては、表向きは政治と距離を置く娯楽の領域は、先の『明報』の記事にも見られたとおり、政治とは異なる方法で何らかの意見を表明したい市民にとって重要な「戦いの場」となる可能性を持つ一方、おそらくそうした反抗の芽を摘みたい政府にとっても重要な次なる前線だからである。

表現への規制

国安法の施行以降、香港政府は、芸能や芸術に対しても、国家安全の保護を名目としたさまざまな統制を加えている。

二〇二一年一一月には映画の公開許諾付与のための事前審査制度が改定され、公開の可否を判断する基準に「国家安全に不利となる」か否かが追加された。映画に対する事前審査制度自体はイギリス領時代に導入されたものだが、明確な政治審査を可能にする条文は一九九五年の改定で削除されており、基本的には性や犯罪に関するコンテンツの視聴可能年齢を制限するレーティングの制度として運用されていた。[20]同様のレーティングを行う日本の映画倫理機構、アメリカのモーション・ピクチャー・アソシエーションのような業界の自主団体ではなく、政府の関連部門が直接に審査を行う制度である。[21]そのため審査を経ずに上映することは、刑事罰の対象になり得る。この規定は、屋外上映イベントなども含め、映画館以外の公共の場所における上映にも適用される。

この改定以降、二〇一九年のデモ活動を描いたドキュメンタリー作品など、政治的に「敏感」な題材を扱う映画は、香港内での公開が難しくなった。そのような映画の制作者たちの多くは、自主的に香港での公開許諾申請を断念し、海外を中心とした上映活動に切り替えたため、具体的にどのような描写が「国家安全に不利」なものと判断されるのかについては、いまだに判然としない。しかし、その基準の一端をうかがうことのできる事例も報告されている。

香港政府芸術発展局は、二〇〇五年以降、若手映画監督に資金援助を行い、短編映画祭「鮮浪《フレッシュ・ウ》潮《エーブ》」を毎年開催しているが、この映画祭の出品作品も新検閲制度の影響を受けるようになっている。二〇二二年度には、出品予定だった作品の一つが映画祭の当日までに公開許可を取得できず、上映が断念された。謎の失踪を遂げた少女をめぐるサスペンス作品であったが、この少女の名前「燕琳《インラム》」が反送中運動中に不審死を遂げた少女[22]、陳彦霖《チャン・インラム》を連想させることが公開許諾を取得できなかった理由ではないかと推測されている。二〇二三年度には、上映作品三作に、無音の真っ黒な画面が映し出されるだけのシーンがあった。政府の審査機構の要請に基づいてカットされた場面があったためと思われる。そのうち一作品では、全二三分の上映時間中、合計九分間もそういったシーンがあったという。事前に公開されていたこの作品の予告編映像との照合の結果、削除された場面には、登場人物の背後に太子駅や香港理工大学が映るカットが含まれていることが指摘されている[23]。

映画以外の事例では、二〇二一年七月に、羊と狼のキャラクターを用いて比喩的に二〇一九年以来の政治情報を風刺した絵本の発行者五名が「煽動的刊行物罪[24]」容疑で逮捕、起訴され、二〇二二年九月に有罪判決を受けている。判決では、単なる表面上の文言だけでなく、それが受け手の脳内にもたらす効果が煽動的であれば刑法上の「煽動」の罪を構成しうるとの判断が示された[25]。国安法後の香港において、煽動罪が反送中運動に関連したスローガンにも適用されるようになっていることは第一章冒頭で述べたとおりだが、その範囲は直接的な言葉だけでなく、比喩的な表現にも及びつつあるのである。

歌への圧力

二〇二二年二月には、反送中運動時にプロテスト・ソングを歌っていた歌手の阮民安《トミー・ユン》が国安法違反の疑いで逮捕された。警察の発表によれば、彼の罪状の一つは「光復香港、時代革命」を歌詞に含む楽曲を歌ったことだった[26]。おそらく二〇一九年に作られた運動歌〈香港に栄光あれ〉を指すものと思われる。

この歌をめぐっては、オリンピック香港代表選手の授賞式の映像にこの楽曲の演奏音声を重ねた動画を投稿した男性が二〇二一年七月に国歌侮辱罪[27]で逮捕され、のちに有罪判決を受けたり[28]、二〇二三年九月には、エリザベス二世の追悼のために英国領事館付近に集まっていた集団に向かって、ハーモニカでそのメロディを演奏した男性が「煽動を意図した行為」の疑いで逮捕されたりと、さまざまな法律による取り締まりの対象となっている。

さらに二〇二三年六月には、香港政府は同曲やその改変版について、「放送、演奏、印刷、公表、販売、販売の申し出、配布、流布、展示、複製」など、関連する広範な行為を禁止するための差止令を裁判所に対して要請した。政府の声明では、同曲の内容が国家分裂罪の煽動にあたり国安法に違反する、ということが申請の理由の一つとされている[29]。

政府の統制強化を受けて、リスクを避けるための自主規制の動きも広がっており、政権に批判的な人物や団体のイベントやメディア出演が、会場や媒体の意向により突如キャンセルされる、という事例も相次いで報告されるようになっている。政治活動への関与でも著名な歌手の何韻詩《デニス・ホー》、黄耀明《アンソニー・ウォン》は、それぞれ二〇二一年九月と二〇二三年五月に、コンサート会場から突如貸し出しを打ち切られた。二〇二二年七月には、独立系出版社が企画していたブックフェア「香港人書展」が、直前になって規約違反を理由に会場の貸し出しを拒否された[30]。二〇二三年五月には、四〇年以上にわたって政治風刺漫画を連載してきた漫画家、尊子の作品が、政府高官からの批判を受けた直後に『明報』紙から連載を打ち切られている。

〈香港に栄光あれ〉に対する政府の差止令申請も、類似の自主規制につながっている。[31] 申請の直後、同曲の版権所有者は、複数の音楽配信サービスから「技術的問題」を理由に一時同曲を引き上げた（数日後に同一内容の「二〇二三年版」を再配信している）。また政府の申請において、名指しで配信停止が要請されたYouTube上の関連動画三二本のうち、執筆時現在までに四本が公開停止となっていることが確認されている。

政府の差止令申請は、YouTubeの運営母体であるGoogleをはじめ、国際的な情報通信プラットフォームへの圧力を企図したものではないかとの指摘もある。[32] 高まる香港政府からの圧力に対して、こうした外資系プラットフォームがどのような対応をとるのかは、今後の香港における娯楽や芸術のあり方を大きく左右する可能性があるだろう。すでに二〇二一年一一月には、ディズニー社が新たに香港でサービスを開始した動画配信サイト『Disney+』において、アメリカのアニメ『ザ・シンプソンズ』のうち、六四天安門事件を描写したエピソードが配信されていないことが報じられるなど、ジオブロッキングに基づいて、香港におけるサービスから政治的に「敏感」なコンテンツを排除する動きは始まりつつある。[33]

低調に歌う反調

狭まる表現の自由の中で、創作者たちは、それでもさまざまな方法で作品にメッセージを込めている。実際、国安法後の香港には、複雑な社会情勢を思わせる意味深長な表現を含むコンテンツが溢れているのだが、ここでは関係者のリスクを考慮し、すでに香港において、報道などを通じてよく知られた一部を例示するにとどめておこう。

　わかる人にはわかる比喩的な表現を用いて、検閲を回避しつつ社会問題への風刺を込める手法は、大陸との合作映画の増加により大陸の検閲制度への適応を求められてきた映画業界においては、国安法以前から試みられてきた。こうした手法は、台の角ギリギリにボールをかすらせることを指す卓球用語から「エッジボール（擦邊球）」と通称されている。二〇二一年一月の映画検閲制度の改定後、公開許諾を得て公開された映画の中にも、社会情勢とのつながりを感じさせる意味ありげな表現が散見される作品がある。[34]

　類似の事例は、近年のカントポップのヒットソングにも見られる。たとえば二〇二一年七月、普段はユーチューバーとして活動する二人組、MC $oHo & KidNeyがリリースしたラップ・ソング〈係咁先啦（それじゃあまたな）〉は、巧みなダブル・ミーニングを用いた歌詞が注目を集めた。この楽曲は、表向きには、パーティ会場を離れたいと思いつつも、周囲に引き止められる人の心情をコミカルに歌っている。歌い出しの歌詞は、次のようなものだ。

俺もう行くわ　それじゃあな　また遊ぼうな
さようなら　それじゃあな　また今度な
俺もう行くわ　それじゃあな　また遊ぼうな
さようなら　じゃあまた今度な　今度があれば　な
みんないい感じに出来上がった頃

時計を見たら　うわもうすぐ終電
立ちあがろうとしたら引き止められる（…）
今行かなきゃタクシーで二〇〇ドルはかかる
安くするなら旺角でミニバスに乗りかえなきゃ
でもそんなこと　どうやって言い出せばいい（…）
行くったら行く　言い出そう　もう尻込みせずに
行くったら行く　探し出そう　ここから出る出口[35]

歌い手自身がのちに、この曲は国安法制定後の香港における海外移住増加を歌った歌であった、と明かしている。賑やかなパーティからなかなか離れられない主人公の姿は、香港を離れるべきか、留まるべきかを逡巡する香港人のメタファーなのである。この隠された意味を読み解くためのヒントは、作品中に散りばめられている。たとえば終盤の歌詞には、「帰りの便は直行なら二割引」と飛行機に関する言及がある。楽曲のカバー・アートにも、歌い手たちの背後に大きな飛行機が描かれている。ミュージックビデオの末尾ではエンド・クレジットの背景として高速道路が映し出されているが、これはおそらく市街地から香港国際空港へと向かう道である。

同じ二〇二一年には、同様に海外移住者の増加という社会事情を暗に匂わせるような楽曲が複数流行した。男性ボーカルグループのC AllStarが四月にリリースした〈留下來的人（残ると決めた人）〉では、去りゆく人々を見送る複雑な心境が歌われている。[36]ロックバンドのRubberBandが六月にリリースした〈Ciao〉も、離れゆく友人への惜別の言葉を並べた楽曲である[37]。歌詞はいずれも抽象的なもので、香港の状況への具体的な言及は含まれないが、〈Ciao〉のミュージックビデオでは、葛藤を抱えつつも香港を離れ、新天地を目指す家族の様子が描かれており、海外移住をテーマにした歌であることが明確に示されている[38]。

かつて直接的なプロテスト・ソングを歌っていた歌手たちも、政治情勢の急転の中で、異なる表現での創作を模索している。政府や社会へのストレートな批判で知られたMy Little Airportは、二〇二二年五月、〈嘔吐〉という楽曲をリリースした。サルトルの同名小説のテーマを借りて、「言い表そうにも、言葉が見つからない」「言い表さなくても、それでもいい」と名状し難い吐き気を歌う楽曲である。

二〇一九年に政府の答弁を揶揄する〈人話〉をリリースした方皓玟《シャーメイン・フォン》も、二〇二〇年四月、「低調（控えめな調子）に反調（反対意見）が歌えればそれでいい」と歌う〈HW1〉を発表している。「HW1」は、香港で広く用いられるパソコンやスマートフォン用の入力メソッド「速成輸入法」で「留（留まる、残る）」の字を入力する際のコードである。この曲では、海外での暮らしを考えつつも、やはり香港に留まる決意が歌われている。

暗号化された政治色

音楽と政治との関わりを研究するジェームズ・ギャラットは、音楽作品に見られる「内部者にのみ理解可能な政治的シンボルやジェスチャーの活用」を、「暗号化された政治色（coded politicality）」として分析している。ギャラットによれば、音楽がそのような「隠された政治批判」としての役割を発揮するには、三つの条件が必要だという。第一に大っぴらな反対運動を許容しない体制であること（あるいは直接的な政治表現が美的に疑わしいものとみなされていること）、第二に音楽が世界の真実を明らかにするメディアとして真剣に受け止められていること、第三に政治化された社会集団が間接的な形式の政治表現を生産し読解することに慣れていること、である。[39]

今日の香港社会は、この三条件に合致しているように思われる。国安法後に反体制的な言動が厳しく取り締まられたことは先述のとおりである。また第2章で取り上げたように、カントポップには単なる娯楽を超えて香港の人々の心情を代弁する「声」としての真剣な期待が寄せられてきた側面もあった。また、第1章において見たように、二〇一九年以降の政治変動を経験した人々の間では、膨大な背景情報が共有されており、比喩的・間接的なメッセージの伝達が容易となっている。国安法の導入直後、八枚の白い紙を持って街頭に立つ人々が現れたこともすでに触れたとおりである。抗議運動に参画してきた人々にとっては、そのただの白紙が「光復香港、時代革命」の八文字を表していることは自明だった。比喩的に社会を風刺する「暗号化された」ポップソングの流行も、この「無文字の標語」と同様に、人々の間でのコンテクストの共有により成り立っているのだろう。

もちろん、個別の「暗号」は体制側によっても読解されていくだろう。映画を対象に、著名なデモ参加者と類似した名前のキャラクターが登場することや、デモに関連した場所が映ることが理由だと思われる検閲の事例があることはすでに見たとおりである。あるいは、作者の意図を超えた曲解がなされることもあるかもしれない。昨今の情勢を鑑みれば、特定の創作者やコンテンツが弾圧や排除の対象となる事例は、今後も増えていくことが予想される。

しかし、こうした「暗号化」されたコンテンツを成立させている根本的な要因は、個別のクリエイターの意図や工夫だけでなく、何よりもそうした表現を要請している、社会情勢に対する人々の諸々の心情にある。それは個別の作品が禁止され、作者が排除されたとしても、おそらく簡単には解消しない。政府と市民との関係性が改善しないかぎり、表現の統制により行き場を失った人々の主張は、また新たな「暗号化された」抜け穴を通して噴出するだけだろう。

やわらかい抵抗

新たな民意の指標

実際に、体制側による弾圧がかえって特定の歌手や楽曲への注目や支持を高め、ある種の民意を可視化させてしまう現象も観察されている。二〇二一年七月には、香港内のある学校の音楽祭で、生徒が演奏しようとしていた楽曲の歌詞を学校当局が問題視し、歌詞を変えて歌うよう強制したことが報じられた。その楽曲は、ロックバンドのDear Janeが二〇二〇年三月にリリースした〈銀河修理員〉だった。問題だらけの銀河を修理しながら「君」と共に生きていくことを誓う歌であり、歌詞の全体の調子は一般的なラブソングの範疇に収まるものだと言える。しかし歌詞中に「乱世」「対抗」などの文言が含まれ、学校側が問題視したものと推測されている。

なんとか補っていこう　あの逃れ難い悩みを
修理しながら乱世を　共に老いていこう
道すがら　消えた希望の光を修復しつつ
君に祈る乱流下の平安
真の愛はどんな形でも
幾百の傷跡にも耐えるものだから（…）
最悪の形勢には対抗するしかない
僕が何としても君を安心させよう[40]

この事件は、かえってこの楽曲に多くの人々の注目を集める結果となった。『立場新聞』の記事によれば、この事件が報じられた二〇二一年七月を転機に、すでにリリースから一年以上が経過していたこの楽曲のSpotify上での再生数が急増したという。[41] YouTubeに投稿されている同曲の公式動画にも、「〇〇学校の事件を見て気になって聴きにきた」などのコメントが多く寄せられている。

また〈香港に栄光あれ〉に対して先述の差止令が請求された際には、配信が禁止される前に、この楽曲を駆け込みで購入しようとする動きが広がった。請求の翌日には、Apple社が経営する音楽販売サービスiTunes Storeの香港版において、ダウンロード数ランキングのトップ一〇を、広東語版、英語版、行進曲版、インスト版など、この曲の九つのバージョンがほぼ独占した。この現象は、香港の人々の同曲に対する根強い支持を示すものとして内外で大きく報道された。

反対に、政府寄りの姿勢をとった歌手への反感も同様のルートで可視化されている。二〇二一年三月、欧米の衣料ブランドが人権問題への配慮から新疆綿の使用を取りやめると、中国大陸では芸能人らが続々とそれらのブランドとの契約解除を宣言した。このときには、香港からも、ベテラン著名歌手の陳奕迅《イーソン・チャン》が、ソーシャルメディア上で同様の声明を発表している。彼が二〇〇〇年代にリリースしたヒット曲は、カントポップのスタンダード・ナンバーとなっており、二〇二一年に入っても安定して一日四〇〇〇回から五〇〇〇回は再生されるなど、音楽配信サービスの再生数ランキングの常連だった。しかし『立場新聞』の調査によれば、声明を発表した三月二五日以降、いずれの楽曲も二割から三割ほど再生数が減少し、二〇二一年下半期には上位二〇〇曲の圏外に転落することも珍しくなくなったという。この声明をきっかけに彼の楽曲を聴かなくなったというあるファンは、『立場新聞』の取材に対して「彼はもう香港を代表することはできない」と述べている。[42]

ほかにもSpotifyの再生数データを見ると、政府の企画する記念イベントやキャンペーン・ソングに積極的に参加する歌手や、政府寄りの姿勢を鮮明にする老舗テレビ局TVB傘下の新人アーティストらの成績も振るわない傾向にある。再生数ランキングの上位は、ライバル局であるViuTV所属のMIRRORを含め、政権とは一定の距離をとる歌手たちで占められている。[43]

選挙制度の改変により反体制派の立候補が難しくなり、国安法や煽動罪による訴追の危惧から、専門機関による世論調査の実施すら難しくなった今日の香港においても、こうしたデータには依然としてある種の「民意」が反映されている。種々の消費動向や、音楽配信サービスの再生数データ、「一

「一人一票」の原則でリスナーが投票を行う放送局の音楽賞などは、今後、選挙や世論調査に代わる民意の指標としても注目に値するかもしれない。

「軟對抗」への取締

こうした種々のオルタナティブなチャンネルを通じて表明される「民意」に対しては、香港政府も警戒感を強めている。二〇二二年末以降、香港政府が中国大陸との移植用臓器の相互提供制度の設立を検討しているとのニュースが流れたことがきっかけで、臓器提供のドナー登録を取りやめる市民が急増した。以降、五ヶ月で約六〇〇〇件のドナー登録が取り消されたという。

香港市民の大陸への不信感を背景とした動きだと思われるが、香港政府はこれを国家に対するレジスタンス行為だとみなした。二〇二三年五月二九日には、香港政府保安部門トップの鄧炳強が声明を発表し、この取り消し騒ぎを事例に「国家安全に危害を加えるソフトな抵抗行為（軟對抗行為）が香港において発生し続けている」と訴えている。[44]

「軟對抗（ソフトな抵抗）」という言葉は、二〇二一年ごろから中国、香港の政府関係者によって用いられるようになった新しい用語だという。[45] 二〇二三年六月以降は、行政長官を含む政府高官や体制派メディアが、いっそう頻繁にこれに言及し、警戒を呼びかけるようになっている。[46] いったいいかなる行為が「ソフトな抵抗」に当たるのかについては、はっきりと言明されてはいないものの、国安法による取り締まりの対象となる直接的な政権転覆行為とは異なる、間接的な不服従の表明を示すものと推測される。[47]

執筆時現在、香港政府は基本法二三条に基づく新たな国家安全関連法案を準備している。既存の国安法の「抜け穴」を埋めることを目指しているというこの法律には、この「ソフトな抵抗」の概念が組み込まれることが確実視されている。具体的にいかなる行為を対象に、どのような罰則が設けられるのかはいまだ不明だが、いずれにせよ政府がこの概念に非常にこだわる背景には、国安法制定後の徹底した反体制派への弾圧にもかかわらず、市民の抵抗の芽を摘み切れていないことに対する憤りがあることがうかがえる。

「軟對抗」と「遠對抗」

市民による抵抗の背後で、海外に逃れた亡命活動家が糸を引いていると考える政治家もいる。二〇二三年七月二七日、中国の全国政治協商会議委員を務める張志剛は『明報』紙にコラムを掲載し、ソフトな抵抗との戦いの一環として「遠い抵抗（遠對抗）」にも対処すべきだと述べている。国安法制定以降の取り締まり以来、「二〇一九年の反乱分子」の多くが国外に脱出しており、香港の法律の管轄外である海外から、香港や中国の発展を妨害する「遠い抵抗」を組織している、というのである[48]。「軟」の字と「遠」の字は、広東語では共に「ユン」と発音される。つまり、同音異義語に基づく駄洒落のような言葉ではあるが、香港政府が在外活動家の活動に警戒感を強めているのは事実だと思われる。この七月の初旬には、香港警察は、元立法会議員の許智峯《テッド・ホイ》や羅冠聰《ネイサン・ロー》をはじめ、海外に亡命したのちに国安法違反で指名手配されていた民主活動家八名について、一人当たり最大一〇〇万香港ドルの懸賞金を出すと発表した。李家超行政長官はこのとき、「過街老鼠（路上のネズミ同然）」という厳しい言葉を用いて亡命活動家を非難している。

関連して、香港内にいる彼らの関係者に対する検挙や取り調べも進められつつある。指名手配された在外活動家の親族が警察に連行され、事情聴取を受けたという報道も相次いでいる。懸賞金発表の直後には、羅冠聰を支援した疑いで、かつて彼が所属した政党である香港眾志の主席を務めた林朗《アイヴァン・》彦《ラム》ら四人が逮捕されている。香港警察は、黄色経済圏を支援するための「黄店」紹介アプリ「懲罰Mee」を通じて亡命活動家を支援していた、と主張している。

ほかにも、香港政府は執筆時現在、クラウドファンディングに関する事前審査制度の導入も検討しているとされる。[49]これも香港内外の反体制派の人物・団体に対する民間の支援を防ぎ、彼らの資金源を断つことを企図した動きであろう。

また会う日まで

香港と香港の距離

もっとも、在外香港人と香港との間には、政府が取り締まりに躍起になっているような、政治活動を支援するネットワークとは異なり、前章末尾において見たミルクティーの事例のような、文化を通じたよりソフトなつながりも存在している。

二〇二三年八月末の訪英時、イギリス在住の香港人の間では、歌手やアイドルを支援する活動が広く行われていることが観察できた。香港人が経営する飲食店を複数めぐったが、これらの店舗にはたいてい、MIRRORやその他のカントポップ歌手を応援するポスターやチラシが置かれていた。彼らを応援する現地在住のファンが預けていったものだろう（図5-2）。

オーストラリアに移住したある香港人女性は、在外香港人家族の経験を集めた二〇二三年刊行のインタビュー集の中で、移住先でMIRRORのメンバーを応援する私設ファンクラブの活動に参加したことによって「香港の感覚を取り戻し、家に帰ったような感覚」を得ることができたと語っている。[50] 在外香港人が台湾で発行する雑誌『如水』が二〇二二年一〇月から一一月にかけて行ったアンケートでも、多くの在外香港人がMIRRORと聞いて連想する言葉として「香港」を挙げている。[51] 在外香港

図5-2　MIRRORのメンバーを応援するチラシ、マンチェスター郊外にて遭遇。日本語が書かれている理由は不明である。日本のアイドルの応援グッズを参考に作られたのだろうか

図5-3　2023年10月の方皓玟ロンドン公演の告知ポスター、2023年8月30日ロンドンにて撮影

ToNick	1月28日　バーミンガム（The Crossing） 2月2日　マンチェスター（Manchester Academy） 2月5日　ロンドン（Indigo at the O2）
RubberBand	3月24日　ロンドン（OVO Arena Wembley） 3月26日　マンチェスター（AO Arena）
張敬軒《ヒンス・チョン》	3月16–18日　ロンドン（Royal Albert Hall）
周國賢《エンディ・チョウ》	3月27日　マンチェスター（O2 Ritz） 3月28日　ロンドン（O2 Forum Kentish Town） 3月29日　ロンドン（Shepherds Bush Empire）
黄耀明《アンソニー・ウォン》	5月4日　マンチェスター（Manchester Academy） 5月7日　ロンドン（The Clapham Grand）
陳柏宇《ジェイソン・チャン》	6月1日　マンチェスター（Manchester Academy） 6月3日　ロンドン（O2 Academy Islington）
黄妍《キャス・ウォン》	6月22日　ロンドン（Clapham Grand） 6月24日　マンチェスター（The Bread Shed）
郭富城《アーロン・クォック》	9月24日　ロンドン（OVO Arena Wembley）
Dear Jane	10月1日　ロンドン（TROXY）
林家謙《テレンス・ラム》	10月22日　ロンドン（The O2 Arena）
方皓玟《シャーメイン・フォン》	10月30日　ロンドン（OVO Arena Wembley）

表4　2023年にイギリスで公演を行った主な香港人アーティスト

人コミュニティにとっては、このようにミルクティーからMIRRORまで、香港発のさまざまなポピュラー文化が自らを心理的に香港につなぎ止めるよすがとなっているのだろう。

音楽を通じて海外へ散った香港人とつながり続けたい、という期待はおそらく創作者の側にもある。二〇二三年には、RubberBandをはじめ、香港の歌手やバンドが次々とイギリスでコンサートを開催した（表4、図5-3）。このうち二〇二三年二月五日にロンドンで行われたポップパンク・バンドToNickのライブでは、ボーカルが観客に向かって「俺たちは香港を持ってきたぞ」と叫んだという。[52]

ほかにも張敬軒《ヒンス・チョン》は、二〇二三年三月、ロンドンのロイヤル・アルバート・ホールで行われたコンサートで、新曲〈隠形遊樂場（見えない遊園地）〉を香港に先駆けて初披露している。この曲の歌詞は、想像力を働かせて今は見えなくなってしまった街の姿を再現することを呼びかける内容であり、イギリスで初披露されたことからしても、海外に離散した香港人に向けたメッセージを込めた楽曲であることがうかがえる。作詞を手がけたのは、近年自身もイギリスに生活の拠点を置く著名作詞家の黄偉文である。

人は生まれてくる時代を選べない
でもどんな世にも　想像の余地はある
世界の青写真は君が描くもの　恐竜も巨塔も
天下は君のスケッチブックだ（…）

荒野に流亡した身でも　今も目の前には
遊園地のあの木馬たち
廃れた街に身を置いても　創り上げられる
人類の最も幻想的な刹那（…）

それが本当になってほしいかい
毎日　砂粒をすくい上げ
一粒一粒を　積み上げて
もう姿を隠さなくてもいい日が来れば

子供たちは悩みもなく遊べるだろう
過去の苦い瓦礫の上に築かれた楽園で[53]

映画の例を見ても、二〇二二年以降、香港で話題を呼んだ最新のローカル映画がイギリスでも上映されている（表5）。二〇二三年に香港産映画初の興行収入一億香港ドルを記録した話題作『毒舌弁護人』は、香港とイギリスで同日公開されており、配給側も在英香港人市場を重視していたことがうかがえる。

海外で上映される香港映画の中には、香港内では検閲制度に阻まれて上映できなくなった作品も含まれている。イギリスでは二〇二二年以降、そうした作品を中心に香港映画を上映する映画祭「香港電影節（英國）」（英語版はHong Kong Film Festival UK）も開催されている。この映画祭の二〇二三年度のスローガンは「香港と香港の距離（香港與香港的距離）」（英語版はHome Away from Home）だった。同映画祭で上映された作品の一つ、二〇一九年デモを扱ったドキュ

表5 2022–23年にイギリスで劇場公開された主な香港映画

原題	邦題	イギリスでの劇場公開日
阿媽有咗第二個	ママの出来事	2022年8月19日～
緣路山旮旯	縁路はるばる	2022年9月30日～
飯戲攻心	六人の食卓	2022年11月25日～
過時・過節	香港ファミリー	2023年1月6日～
毒舌大狀	毒舌弁護人	2023年1月21日～（香港と同日）
窄路微塵	星くずの片隅で	2023年3月3日～
一人婚禮	ソロウェディング	2023年4月21日～
死屍死時四十四	四十四にして死屍死す	2023年4月21日～
白日青春	白日青春—生きてこそ—	2023年5月12日～

メンタリー『Blue Island　憂鬱之島』の監督である陳梓桓は、日本の雑誌に寄せた手記の中で、世界の香港以外の地で公開される香港映画が「海外にディアスポラとして逃れた香港人」たちを「香港と結びつけ、連帯させ続ける」紐帯としての役割を果たすことを期待する、と述べている。[54]

どこにいようとも

二〇二二年七月、陳梓桓監督は、他の香港の映画監督と連名で「香港自由電影宣言」を発表している。表現の自由が狭まる状況下においても、自由な映画を作り続けることを誓う宣言である。冒頭には自由、自信、不屈、伝承、根源をテーマとする五つの短いモットーが羅列され、その末尾は「我らがどこにいようとも、香港はそこにある。どこに身を置いていても、忠実に香港を撮り続けることはできる」という言葉で結ばれていた。[55]

実際に、香港域外に身を置きながら、香港のための創作を続けているクリエイターもいる。たとえば先述の作詞家、黃偉文はイギリスにいながら、香港の歌手に積極的な楽曲提供を続け、カントポップの作詞業界のトップ・ランナーとして走り続けている。

ほかにも、黃偉文とともに長らく返還後のカントポップを代表する作詞家として活躍し、「二人の偉文」と並び称されてきた林夕（本名：梁偉文）や、一九八〇年代から九〇年代にかけて多くのヒットソングを作詞した潘源良らも、二〇一九年以降、台湾に生活の拠点を置いていると見られている。中国、香港当局が今後、こうした影響力の強い在外芸能関係者に対してどのような措置をとるのかは、香港における娯楽統制の状況を測る重要な尺度の一つとなるだろう。

香港のＴＶＢと大陸の湖南衛視が共同制作し、二〇二二年四月から七月にかけて放送された返還二五周年記念の音楽番組『聲生不息』では、黄偉文、林夕の存在が不自然に排除されていた。大陸の「国家広播電視総局」および香港の「中央政府駐香港連絡弁公室」が、同番組の企画・制作にあたって「特別指導」を行っており、それらの政府部門を通じ、政治的配慮が徹底された結果と思われる。

オンライン・メディア『Wave.』の調査によれば、七月三日の放送まで同番組で披露された一一四曲のうち、林夕の作詞曲は一曲もなかった[56]。同番組の主旨は、香港と中国大陸の歌手がカントポップの名曲を歌唱して返還を祝福することにあり、一時代を築いたヒットメーカーである林夕の作詞曲が一曲も選ばれないのは不自然だった。一九九〇年代後半から二〇〇〇年代初頭にかけて林夕とのタッグで多くのヒットを生んだ歌手の楊千嬅《ミリアム・ヨン》も出演していたが、彼女が披露した持ち歌にも、林夕の作詞曲は含まれていなかった。

林夕は、とりわけ雨傘運動以降、民主化運動支持の立場を鮮明にして、運動歌の作詞も手がけていた。第二章で取り上げたように、二〇一九年には、大陸の音楽番組で彼の作詞曲が演奏された際、クレジットの作詞者欄が「佚名（不詳）」になっていたこともあった。今回の排除は、こうした政治的立場を理由とする圧力がいっそう強められた結果だろう。

黄偉文の作詞曲は、番組中で全一二曲が披露されており、これはすべての作詞者の中で最多だったが、放送時のクレジット欄には、彼の作詞曲の演奏時のみ、通常表示される作詞者名が表示されていなかった。香港版では第三回目の放送から表示されるようになったものの、大陸版では一貫して表示されなかったことから、技術的なミスではなく、何らかの意図的な配慮に基づく措置と思われる。黄黄偉文は、政治的立場は鮮明にしていないが、第二章で取り上げた〈囍帖街〉や、本章で取り上げた〈銀河修理員〉のように、時事問題に即したメッセージを持つ作品をたびたび発表してきた。林夕ほどではなくとも、彼の名前も政治的に「敏感」な扱いを受けるようになっていることがうかがえる。

大陸との共作番組でこのような措置がとられた一方で、香港においては、執筆時現在、林夕の作詞曲も問題なく放送、配信され、黄偉文の名前も削除されていない。少なくともこの分野では、依然として明確な「一国二制度」が存在するようである。

それでも「香港」を語る

二〇二二年一月一日に行われた商業電台の音楽賞「叱咤」の授賞式では、壇上に上がった歌手たちが口々に香港への思いを口にしていた。〈係咁先啦〉で新人グループ部門の銀賞を受賞したMC $oho & KidNeyは、「マネージメントにも感謝したいです。マネージメントは大事ですから。香港が問題をたくさん抱えているのも、〝マネージメント（運営）〟が悪いせいですし」と、彼らしいダブルミーニングを用いて政治情勢を風刺し、喝采を浴びた。

グループ部門の金賞を獲得したC AllStarは、歌唱前に「僕らの歌は、香港人に聴いてもらうために歌っている」と語り、〈Ciao〉が楽曲大賞に輝いたRubberBandは、「この歌を現在香港にいる、あるいはすでに香港を離れて地球の裏側にいる、すべての香港人に捧げます。僕らは永遠に香港人だ！」と叫んだ。

リスナー投票部門賞で二年連続となる男性歌手賞、楽曲賞の二冠に輝いたMIRRORの姜濤は「この場所で僕は自信を持って言えます、僕らは必ず、アジアでナンバーワンになれると」と述べた。最優秀作詞家賞を受賞した黃偉文もＶＴＲで授賞式に出演し、辛い時代でもユーモアと音楽は失ってはならない、とコメントした。

香港への思いを語るこれらの言葉の意味は必ずしも明確ではなく、さまざまな解釈が可能かもしれないが、いずれにせよ会場内では毎回大きな拍手が沸き起こっていることが、中継映像からも確認できた。『明報』紙に掲載されたある評論は、この授賞式での光景について、「喝采からも明らかなように、場内の人々は同じ種類の感情の下にそれを理解していたと想像する。我々が二〇一九年以降に経験してきたある種の共同の傷跡のために。何より私たちは、自分以外にも同じような感情を持っている人がもっとたくさんいるのだと感じることができた」と分析している。[57]

政治運動が頓挫し、日常の形が変わり、さまざまなものが失われても、人々がそれまでに経験してきた何かは残る。黃偉文がDear Janeのために作詞し、二〇二二年一〇月にリリースされた〈到底發生過什麼事（いったい何が起きたのか）〉では、久々に級友と再会した人物の姿を通じて、あえて詳らかに語る必要もない、過去数年来の香港人の共通の体験が仄めかされている。主人公は相手の変化に驚き、「いったい何があったんだ」と問いかけながら、何となく察して多くを尋ねようとはしない。そんな大人らしく成熟し、どこか諦念をも帯びた態度は、愛のために力強く抵抗することを誓った〈銀河修理員〉の若者たちの未来の姿のようにも見える。

久しぶりだね　いったい何が起きたんだ

堅強な君が　愛を口にするなり泣き続け
未来を語れば　ただ疑念疑念ばかりだと
誰があれから覆させたのか
愛にまつわるあれらの宗旨
巡る季節の中で　いったい何があったんだ
温和だった君が　すっかり刺々しくなって
幸せな方だけど　僕も言いにくい事はある
だから詳らかにするのはやめておこう
君とどれほど似た思いをしてきたか[58]

この曲のヒットもあり、二〇二二年度も連続で「叱咤」の最優秀作詞家賞を受賞した黃偉文は、再びVTR出演した授賞式でこう語っている。

どこに身を置こうとも、いったい何が起きたのだとしても、私は愛する街のために作詞ができることを光栄に思います。もう以前のように出かけ、皆さんと一緒に飲んで語らうことは叶わないかもしれません。しかしカントポップがあるかぎり、歌声の中にある宇宙で、きっと私たちはまた会えるでしょう。必ずまた会いましょう。

註

1　倉田徹『香港政治危機――圧力と抵抗の二〇一〇年代』東京大学出版会、二〇二一年、三六〇頁。

2　鄭思思「【二〇二一　回顧，採訪手記】解散不是灰飛煙滅」、『立場新聞』二〇二一年一二月一三日。https://www.thestandnews.com/politics/2021-回顧採訪手記解散不是灰飛煙滅（最終閲覧日：二〇二一年一二月二九日）

3　このタイトルは、シンガーソングライターの黄妍《キャス・ウォン》が二〇二一年初頭にラジオ局、商業電台の音楽番組のジングルとしてリリースした楽曲〈至少有歌〉から取られている。

4　阿果「【至少有歌，6】數據故事――崩壞一年，陪伴香港人的是什麼歌?」、『立場新聞』二〇二一年一二月三日。https://www.thestandnews.com/interactive/至少有歌6-數據故事崩壞一年陪伴香港人的是什麼歌（最終閲覧日：二〇二一年一二月一八日）

5　『立場新聞』の記事によれば、二〇二〇年の段階では、香港での Spotify 再生数トップ二〇〇曲のうち、広東語曲の割合は四割程度にすぎなかった。香港でも、広東語の歌よりもマンダリンや英語、韓国語などの他言語の楽曲が多く聴かれていたのである。また、再生数が高い広東語曲の中には、何年も前にリリースされていた古い楽曲も多く含まれていた。二〇二〇年に Spotify 上で再生数の多かった広東語曲上位五〇曲には、一〇年以上前にリリースされた楽曲が一七曲含まれていたという。しかし、二〇二一年に入ると、広東語曲の比率は上昇に転じ、四月、五月には五割を超え、下半期には六割程度にまで達した。また広東語曲の再生数上位五〇曲中、四三曲を二〇一九年以降にリリースされた比較的新しい曲が占めるようになった。香港の聴衆は、明らかに、以前よりも多く、最新のカントポップを聴くようになっていったのである。

6 『アニタ』は年末までの二ヶ月足らずの間に、過去五年間の香港産映画の中で最大となる六〇〇〇万香港ドルの興行収入を記録した。さらに二〇二二年八月に公開されたＳＦ映画『未来戦記』（原題『明日戰記』）は、これを上回る八〇〇〇万香港ドル以上の興行収入を上げ、香港で上映された中国映画の歴代興行収入記録を更新している。この年には他にも、同年九月に上映された、人気スタンダップ・コメディアンの黄子華《ダヨ・ウォン》を起用したコメディ映画『六人の食卓』（原題『飯戲攻心』）も、七〇〇〇万香港ドル以上の興行収入の大ヒットとなった。二〇二三年には、年初に公開された、同じく黄子華が主演を務める『毒舌弁護人』（原題『毒舌大狀』）が香港産映画史上初の興行収入一億香港ドルを達成し、『未来戦記』が作った記録を短期間で更新している。

7 葉劉淑儀「港人渴望有自家偶像　MIRROR 填補空缺」、『經濟通』二〇二一年五月一八日。http://www.etnet.com.hk/www/tc/lifestyle/internationalaffairs/regina/72121（最終閲覧日：二〇二二年一一月一二日）

8 二〇一七年にカントポップの歴史をまとめた朱耀偉は、一九九六年にデビューし、二〇〇〇年代に多くのヒット曲を送り出した陳奕迅《イーソン・チャン》を、「香港カントポップが四大天王以降に輩出した唯一の本物の国際的スーパースター」にして香港の「最後の超大物スター」と形容している（Chu, Yiu-Wai, *Hong Kong Cantopop: A Concise History*, Hong Kong: Hong Kong University Press, 2017, p. 160）。彼以降は、業界自体の低迷やメディア環境の変化もあり、幅広く大衆から支持される新世代のスターはなかなか登場しなかったからである。

9 馬傑偉・吳俊雄・鄧鍵一「迎接香港普及文化的部落時代」、張少強・梁啟智・陳嘉銘編『香港．論述．傳媒』香港：Oxford University Press、二〇一三年、三九‐五六頁。

10 本章冒頭に取り上げた『立場新聞』の連載記事の執筆者でもあるコラムニストの阿果は、馬傑偉らの分析を引き継いで、スター不在の香港の芸能業界を考察した記事の中で、「衛星化した」香港のポピュラー音楽シーンにおいて唯一グローバルなスーパースターになれる素質を秘めた新世代の歌手として、G.E.M. の名前を挙げていた(阿果「悼新聲、再於今日香港覓巨星」、『當日出日落同步上演──致香港流行文化二〇一二 - 二〇一七』香港:突破出版社、二〇一八年、一二七 - 一三二頁。二〇一四年四月二〇日『明報』に掲載された記事の再録)。

11 戦後初期から現代に至るまでのカントポップ・アーティストを網羅的に取り上げた朱耀偉の通史においても、G.E.M. は巻末の年表にわずかに言及されるのみとなっている。「G.E.M. の湖南衛視『我是歌手　シーズン2』での活躍により、香港の歌手が北上して大陸の人気リアリティ番組や歌唱コンテストに参加するように」なったという記述である(前掲註8 *Hong Kong Cantopop*, p. 217)。同様に、カントポップを体系的に取り上げた初の国際学術論集を自認する論集(Fung, Anthony, and Alice Chik, eds., *Made in Hong Kong: Studies in Popular Music*, New York and London: Routledge, 2020)においても、収録された一七本の論考はいずれも G.E.M. には言及していない。彼女の名前は、巻末に後書き代わりに付された香港メディア業界出身の研究者、夏妙然のインタビューにおいて「カントポップではなくマンダリン・ポップに集中するローカルな歌手」「中国の大規模メディア経由で中国の音楽市場に進出した香港のアーティスト」の例として二度触れられているのみである("Cantopop is Always Hybrid: A Conversation with Serina Ha," pp. 210, 212)。大陸進出前の彼女が、香港において複数の音楽賞を受賞するなど、カントポップ業界に一定の貢献を果たしていたことを考えれば、このような扱いはいささか不可解である。

12 こうした不満は、たとえば雨傘運動直後に出版された倉田徹・張彧暋『香港──中国と向き合う自由都市』岩波書店、二〇一五年にも取り上げられている。同書において、社会学者の張彧暋は、日本人に人気の高いジャッキー・チェンやアグネス・チャンが香港の若年層の間では好かれていない理由について、「香港社会は変わったのに、彼らは変わらなかった」からだろうと分析している（一六一頁）。

13 Wang, Vivian, and Joy Dong, "This Boy Band Is the Joy That Hong Kong Needs Right Now," *The New York Times*, 12 August 2021. https://www.nytimes.com/2021/08/12/world/asia/hong-kong-mirror-band.html（最終閲覧日：二〇二二年一一月一二日）

14 MC $oHo & KidNey〈Black Mirror〉、二〇二一年一一月二三日リリース。

15 「粉」の字は広東語で「ファン」と発音されるため、英語の「fan」を意味する語としても用いられる。「鏡粉」とは「鏡」すなわちMIRRORのファンを指す。

16 前掲註13 "This Boy Band Is the Joy That Hong Kong Needs Right Now."

17 〈WARRIOR〉というこの楽曲の歌詞は、勇敢に戦い新天地を切り開く戦士の意気込みを歌ってはいるものの、全体的な印象はアイドルらしいポップソングの範疇に収まるものであり、政治運動に引きつけた解釈がなされることを嫌ったものと推察される。

18 查映嵐「周日話題——在最暗的夜、我們追逐着光」、『明報』二〇二一年五月一六日。https://news.mingpao.com/pns/副刊/article/20210516/s00005/1621101967889/周日話題-在最暗的夜-我們追逐着光（最終閲覧日：二〇二二年一一月一二日）

19 『立場新聞』が二〇二一年五月一二日に投稿した、この舞台挨拶を撮影した動画「#MIRROR 尾場感言勉港人追夢 姜濤高呼「香港加油！」」より（二〇二一年一二月二七日確認。執筆時現在は削除されている）。

20 この政府による映画の事前審査制度は、イギリス領時代の一九五三年に導入されたものが基礎となっている。イギリス時代の審査基準には、香港と近隣地域の「友好関係」を害さないことを公開条件とする条項が含まれており、とりわけ中華人民共和国との関係に配慮した政治審査が行われた（Ng, Kenny K. K., "Screening without China: Transregional Cinematic Smuggling between Cold War Taiwan and Colonial Hong Kong," *Journal of the European Association for Chinese Studies* 1, 2020, pp. 161–188）。同条項は、一九八八年に制定された「電影檢查條例」にも引き継がれたが、政治審査につながるとして民主派議員の反発を招き、一九九五年の改正で削除された（Barbieri, Maria, *Film Censorship in Hong Kong*, M.Phil Thesis, The University of Hong Kong, 1997, p. 97）。

21 執筆時現在は、政府部門である「電影、報刊及物品管理辦事處電影科」が映画検閲を管轄している。

22 二〇一九年九月、水死体で発見され、警察によって他殺の可能性がない自殺案件として処理されたが、彼女にはデモへの参加歴もあり、「警察によってデモ参加者の死が自殺として隠蔽されたのではないか」など、さまざまな疑惑が取り沙汰され、真相究明を訴える活動が行われていた。

23 「報道——電檢令刪改内容　鮮浪潮至少三短片現「黑幕」最長佔片長四成」、『Wave. 流行文化誌』二〇二三年六月一一日。https://wavezinehk.com/2023/06/11/freshwave/（最終閲覧日：二〇二三年一一月一八日）

24 この罪状も、直接的には煽動的な刊行物の発行を禁じたイギリス領時代の法律「Seditious Publication Ordinance」（一九〇七年）に由来する。この法律は一九三八年に煽動全般を禁ずる「Sedition Ordinance」に組み込まれ、一九七一年には刑法に当たる刑事罪行条例にまとめられて現在に至る。こうしたイギリス領時代の厳格な言論法については、作られたが滅多に適用されなかったという認識もある一方で（Lee, Francis L. F., "Changing Political Economy of the Hong Kong Media," *China Perspectives* 2018/3, p. 9）、一部の歴史学者からは、実際には空文などでは決してなく、当時の言論統制にきわめて重大な影響を及ぼしたとの指摘も出ている（Ng, Michael, "When Silence Speaks: Press Censorship and Rule of Law in British Hong Kong 1850s–1940s," *Law & Literature* 29 (3), 2017, p. 427）。いずれにせよ、返還後の香港にもこうした法律が「潜在的地雷原（a potential minefield）」として引き継がれたのは事実である（Cheung, Anne S. Y., *Self-Censorship and the Struggle for Press Freedom in Hong Kong*, The Hague: Kluwer Law International, 2003, p. 66）。昨今の香港における言論弾圧は、国安法という新しい法律だけでなく、こうした「古《いにしえ》の悪法」の活用によるものだとするメディア関係者の証言もある（關震海《カン・シンカイ》「香港からの通信　第三回——香港で報道を続けるということ」、『世界』二〇二二年九月号、八七頁）。

25 「羊村案五人被控串謀發布煽動刊物罪成」、『明報』二〇二二年九月一〇日。

26 「涉煽動、洗錢、唱「光時」阮民安被捕　警國安指控——挪用捐款　圖引居民恨港府」、『明報』二〇二二年二月一六日。

27 二〇二〇年六月に香港で制定された「国歌条例」に規定される。替え歌や演奏時のブーイングなどの行為を国歌への侮辱として犯罪化している。

28 「國歌法首兩案提堂　同涉張家朗奪金日」、『明報』二〇二一年七月二三日。

29 香港特別行政区政府新聞公報「特區政府向法庭申請禁制令以禁止與一首歌曲有關的非法行為」二〇二三年六月六日。

30 「業主突指違約　香港人書展開幕前夭折　稱早告知活動性質　主辦楊子俊——清晰反映現時環境」、『明報』二〇二二年七月一四日。

31 その後、裁判所は申請令を棄却したため、執筆時現在、政府は上訴している。

32 莫乃光「香港からの通信　第一五回——香港におけるインターネット規制の現状と展望」、『世界』二〇二三年一〇月号、一五一頁。

33 “Disney+ Channel Launches in Hong Kong, without the Simpsons Tiananmen Square Episode,” *The Guardian*, 29 November

2021. https://www.theguardian.com/world/2021/nov/29/disney-channel-launches-in-hong-kong-without-the-simpsons-tiananmen-square-episode（最終閲覧日：二〇二三年一一月一八日）

34　たとえば、二〇二二年に公開された『縁路はるばる』（原題『縁路山旮旯』）は、比較的低予算で作られたインディーズ映画であったにもかかわらず、香港各地の僻地をロケ地とした美しい映像と散りばめられた隠喩的メッセージが口コミで徐々に話題を呼んだことで、製作陣の予測を大きく上回り、興行収入一〇〇〇万香港ドル以上のヒットとなった。「最近、太子（プリンス・エドワード）から引っ越した」と語る登場人物の一人に対して、主人公が「太子は二年前から何かと面倒だったろうし」と語る場面がある。また主人公は作中、自作のルート検索アプリを用いて香港中を移動するが、彼のルート検索の選択肢からは地下鉄が除外されている。その背景は作中では一切説明されないが、本書の第一章を読んだ人であれば、こうしたシーンを観た香港の観衆が何を連想したか、なんとなく想像ができるだろう。

35　「走先喇係咁先喇　下次再玩吖／再見喇係咁先喇　下次見啦吓／走先喇係咁先喇　下次再玩吖　／再見喇下次見啦　有下次嘅話／見大家都飲到咁上下／望下隻錶嘩就嚟無尾班車啦／準備起身　你哋拉住我（…）／而家唔走　飛的都至少兩舊／要平就要落　旺角轉小巴走／但係呢啲嘢　我點會講出口（…）／要走就要走　要夠膽講出口／要走就要走　搵呢到嘅出口」（鄧東成 EAST CITY・MC $oHo 作詞、二〇二一年）。

36　「許多人都相信離開的／人生走到該走的那時／痛著來話別／可知留低的與重生的／卻在這邊／怎撐過餘生的浩劫（多くの人が信じてる　離れていく者は／人生の歩みの中で　去るべき時を迎えたから／心を痛めつつ別れを告げるのだと／ならば残される者と生まれ変わる者は／それでもこちら側で／どう乗り越えればいいのだろう　残る人生の厄災を）」（曰云作詞、二〇二一年）。

37 「這刻我們在一起　笑喊悲喜／巨浪翻起　亦是在一起／聽朝散聚誰先飛　未及嘆氣／這晚的　懇請放入行李／可過渡這別離／待那　聚首終到期（…）說了再見　約定再見／就會再見（この一瞬ぼくらは一緒に　笑って泣いて／荒れ狂う波の中も　それでも一緒だった／明日には誰が飛んでいくのか　嘆く暇もない／今晩のことを　どうか荷物に入れて行ってほしい／この別離を乗り越えられるよう／いつかまた集まれる時が来るまで（…）またねと言ったら　また会う約束だ／だからさようなら　また会おう）」（RubberBand・Tim Lui 作詞、二〇二一年）。

38 なお二〇二二年一月、公共放送である香港電台（ＲＴＨＫ）の上層部がＤＪに対して一〇組のアーティストの楽曲オンエアを禁止した、との報道がなされたが、そこにはC AllStar と RubberBand も含まれていた（"Hong Kong DJs Banned from Playing Pro-Democracy Artists," *The Times*, 26 January 2022）。ほかにリストに含まれていたとされるのは、活動家としても著名な何韻詩《デニス・ホー》、黃耀明《アンソニー・ウォン》や、過去の社会運動で運動歌に関わったことのある方皓玟《シャーメイン・フォン》、謝安琪《ケイ・ツェー》などである。彼らと比べるとC AllStar や RubberBand には目立った政治活動への関与はなく、事実だとすれば、より純粋に彼らの創作物の内容を問題視した対応だと思われる。ＲＴＨＫ側は報道を直接否定せず、番組ごとに専門的な観点から放送する楽曲を選択していると回答している（「港台向ＤＪ下達「十大禁播」名單　官方――專業選播　ＤＪ――禁播感無奈」、『明報』二〇二二年一月二六日）。

39 Garratt, James, *Music and Politics: A Critical Introduction*, Cambridge, UK: Cambridge University Press, 2019, p. 147.

40 「儘量去彌補　難逃那煩惱／修修補補亂世中　一起蒼老／沿途在　修理著熄了的曙光／祝你在亂流下平安／真愛是任何形狀／對付百孔千瘡（…）／形勢壞透只好對抗／由我硬撐著　使你心安」（黃偉文作詞、二〇二〇年）

41 前掲註4「【至少有歌: 6】數據故事」。なお報道によれば、学生たちは音楽祭当日、学校側の要請を無視してオリジナルの歌詞での歌唱を強行したという。

42 同上。

43 MIRRORにも、所属会社を通じて、政府からさまざまな協力要請がされている。二〇二二年二月には、MIRRORが財界主導の新型コロナウイルス感染症予防キャンペーンの大使となることが発表され、その活動内容がファンの間で懸念されたが、実際にはメンバーが感染症対策を呼びかける簡単なメッセージ動画をYouTubeに投稿したのみだった。返還二五周年企画への協力も発表されていたが、記念コンサートなどへの出演は行わず、カントポップのスタンダード・ナンバー〈獅子山下〉のカバー動画を二〇二二年六月に発表した以外には、目立った活動は行っていない。同動画は主に香港各地の風景や人々を写した映像から構成されており、中国国旗や香港区旗が一度も写されないなど、他の政府系キャンペーン動画とは一線を画している。政府に不満を持つファンたちへの配慮の結果だとも考えられる。

44 https://www.info.gov.hk/gia/general/202305/29/P2023052900592.htm（最終閲覧日：二〇二三年一〇月八日）

45 たとえば二〇二一年四月一五日の「国家安全教育日」の開幕式典で、中央政府駐香港連絡弁公室（中連弁）主任の駱恵寧は、国家安全を破壊する「ハードな抵抗」に対しては、法を以て打撃を加えるべきであり、「ソフトな抵抗」についても、法に基づいて「規管」するべきだと述べている。

46 たとえば六月末、中国国営テレビ中央電視台の番組に出演した行政長官の李家超は、香港社会は平穏を取り戻しつつあるものの、「レッドラインの下」で活動する破壊的勢力の「ソフトな抵抗」に警戒する必要があると述べている。彼は二〇二三年七月一日の返還記念式典でも、香港内部に潜伏する「ソフトな抵抗の破壊勢力」に警戒すべきだと語っている。七月一七日には、警察トップの鄧炳強が再び「ソフトな抵抗」に言及し、既存の法律の抜け穴を防ぐために、香港基本法二三条に基づく新たな国家安全条例の制定が必要だと表明している。

47 二〇二三年八月七日、この概念を詳細に取り上げる記事を掲載した『エコノミスト』誌は、政府や体制派メディアによる用法を見るかぎり、この用語は「政府の気に入らないあらゆる活動に適用可能」な印象を与えると指摘し、「明確な法律上の条文ではなく、曖昧な言葉で脅しをかける」中国大陸式のやり方を思わせる、と分析している（"Hong Kongers Are Bracing for an Even Wider Clampdown on Dissent," *The Economist*, 7 August 2023）。

48 張志剛「筆陣——「軟對抗」和「遠對抗」」、『明報』、二〇二三年七月二七日。

49 前掲註32「香港におけるインターネット規制の現状と展望」一五〇頁。

50 希望學編輯團隊編著『異鄉港孩——願歸來仍是少年；三〇個移民家庭的教養歷險記』台北：希望學、二〇二三年、六三頁。なおこのインタビュー集には、端々にカントポップの楽曲からの引用も見られる。編者序文と編集後記には、「またねと言ったら　また会う約束だ／だからさようなら　また会おう（說了再見　約定再見／就會再見）」など、前々節で取り上げたRubberBand〈Ciao〉の歌詞が引用されている。また各インタビューの末尾には「残ると決めた人へ（寫給留下來的人）」というコラムが設けられているが、これも同じく前々節で言及したC AllStarの楽曲のタイトルから着想されたものだろう。

51 香港在住香港人と海外在住香港人にそれぞれMIRRORと聞いて連想するキーワードを五つ挙げてもらう、というもの。在外香港人七一人、香港内の香港人一七一人の回答が得られたとされる。在外香港人を対象にした調査では、「香港」という回答が「姜濤《キョン・トウ》」についで多く、第二位だった。同じ質問に対する香港在住の香港人の回答では、「香港」は一九位だった（『如水』Vol. 8、二〇二二年、四四 - 四五頁）。

52 「ToNick 首往英國開巡唱　主音恆仔——我哋將香港帶咗嚟喇」、『am730』二〇二三年二月七日。

53 「即使你降生的　時世沒選擇／人間再蒼白　容得下想法／世界藍圖　只等你畫上／恐龍和巨塔　天下仍是你畫冊（…）／流亡荒野　眼前都有／遊園地裡　那羣木馬／置身廢城　仍可建造／人類最夢幻　刹那（…）／想它變真嗎／每日挖點

沙　按部砌好它／如果有一日　毋須再隱形／孩童能嬉戲再無牽掛／蓬萊實現在舊日敗瓦」（黃偉文作詞、二〇二三年）。

54 ジーウン、チャン［陳梓桓］「香港からの通信　第四回——国安法下の香港映画よ、水になれ」、『世界』二〇二二年一〇月号、六一頁。

55 https://www.instagram.com/p/Cf3pyKgPuwP/（最終閲覧日：二〇二三年一〇月八日）

56 「數據——《聲生不息》究竟在唱甚麼「港樂」?」、『Wave.』。https://wavezinehk.com/2022/07/06/tvbsing/?fbclid=IwAR-2JQnl568LjxwBsiU9LqEHGOrQbcRcvwgip9PCRDvrAb8eIBVuHhe5qJUI（最終閲覧日：二〇二二年一一月一二日）

57 趙雲「周日話題——一月一日叱咤作為一場情感爆發」、『明報』二〇二二年一月九日。https://news.mingpao.com/pns/副刊/article/20220109/s00005/1641664875133/周日話題-1月1日叱咤作為一場情感爆發（最終閲覧日：二〇二二年一一月一二日）

58 「很久不見　到底發生過什麼事／堅強像你　說起愛哭到停不住／講到未來　只有懷疑與懷疑／邊個令你從此推翻／對愛情那些宗旨／春分秋至　到底你經過什麼事／溫柔像你　已長滿尖角和尖刺／可算快樂　我亦有些難啓齒／然而詳情寧可不說／跟你多麼的類似」（黃偉文作詞、二〇二二年）。

おわりに――香港に何が起きたのか

本書の冒頭の問いに戻ろう。危機を経て、「死」とも呼ばれるほどの変動を経て、香港には何が残ったのだろうか。

それは歌である、と前章で取り上げた香港メディアの記事のように、はっきり言い切れるだろうか。あるいは、それはショッピング・モールであり、ミルクティーであり、つまりはそれらの総称としてのポピュラー文化である、と。しかし、そうは思えない。いずれも強固な制度的裏づけを持つわけではない、ささやかな営みにすぎない。また、もとより流行り廃りの激しいポピュラー文化のことである。目まぐるしく変わっていく香港の情勢を見ると、本書の第4章や第5章で取り上げた事例がすぐに過去の出来事になってしまう日もそう遠くはないだろう。

だから本書でも、香港の未来の姿について、予言めいた結論を出すことはしない。ただ本書で考察してきた事例をもとに、それでもあえて一つの結論を出すとすれば――それは出来事をめぐる記憶は、それが過去のものになったあとにも、しぶとく残り続け、未来に影響を与えるということである。たとえばある出来事について、それが起こるべきではなかったとか、起こらなかったらよかったとか、もっとこうすればよかったとか、後付けで語ることはできる。だが、それをなかったことにすることはできない。その出来事について語らないようにすることで、あたかも起こらなかったかのように振る舞うことはできるかもしれないが、それをめぐる個々の人々の経験や記憶をすべてなかったことにはできないだろう。

情勢が変わり、個別の生活様式が変化しても、そうした生活体験とともに記憶されてきた街の経験は残る。香港の経験は、今後も香港の人々によって——今も香港に残る人々はもちろん、すでに香港を離れて新天地に移った人も含めて——記憶され続けていくはずである。前章の末尾に取り上げた楽曲の歌詞のように、香港に「いったい何が起きたのか」にまつわる共通の体験や認識は、詳らかに語られることはなくとも、これからの人々の心情や行動に影響を与えていくだろう。

ここまで取り上げてきた事例を振り返ってみると、いずれも諸々の変化や断絶を超えて、受け継がれ、積み重ねられてきた人々の日常の体験が今日の香港において持つ独特な重みを、そのさまざまな現れ方を通じて考察するものであったように思う。

第1章においては、二〇一九年の一つひとつの出来事が標語やイラストを通じて、重なり合いながら広がっていき、時に煽動的な力を獲得していく様子を見た。

第2章においては、カントポップという流行歌謡が、戦後香港に集まった人々の経験から生まれた「香港人」意識に随走しながら発展し、人々から多様な期待を投げかけられていることを確認した。

第3章においては、返還後の変化の中で、失われたニュータウンにおける生活体験が住民たちの涙を誘い、彼らの一部を抗議運動へと駆り立てていった背景をたどった。

第4章において取り上げた、庶民の暮らしの中から生まれた飲み物「香港式ミルクティー」は、次第に香港を象徴する文化遺産として認識されるようになり、国際的な連帯に名を与え、在外香港人の活動を支えるほどになっていった。

第5章では、政治的な意見表明のための空間が急速に縮小した国安法制定後の香港において、音楽をはじめとする娯楽が、政治心情に限らない、人々のさまざまな感情のはけ口となっていることを見てきた。

転がる香港に生えた苔

これらの積み重ねられてきた日常的出来事が持つ重みを、どのように捉えるべきだろうか。そもそもこの香港という街の住民は、まさにそうした過去の重みや、それに対する執着とは無縁の人々として想像されていた時代もあった。第二次世界大戦直後、中国大陸から香港に逃れた作家のハン・スーインは、一九五二年出版の自伝的小説の中で、当時の香港を「香港、人々が来たり、去り、そして地球上のどこよりももっと自らをはかないものと知るところ」と表した。[1] 彼女はのちに『Life』誌に掲載された評論の中で、束の間の暮らしを送る香港の人々を「借りた場所に、借りた時間で」生きている、と形容している。
この言葉は、イギリス領時代の香港を語る代名詞になった。同名の書籍を一九六八年に出版したジャーナリスト、リチャード・ヒューズは、香港とは人々が「家を築くためではなく、生計を立てるため（to make a living, but not a home）」だけにやってくる「現在の都市（the city of the present）」だと書いた。[2]
また、日本から長年、研究対象として香港を見つめ続けた政治学者の中嶋嶺雄も、返還決定直後に出版された著書の中で、香港の人々の「最大の共通点」かつ「最大の特徴」とは「明日を考えない」ことであるとしていた。[3]彼はそのエピローグにおいて、香港の当時の状況を「重い未来と軽い今」という言葉で表現している。[4]
返還の直前、かつての留学先である香港を再訪した作家の星野博美は、「病気のように何かを壊し、何かを建て」ながら、開発によりすっかり変わった街の印象を記している。[5]彼女が目撃したのも、そんな目まぐるしい変化の中で、さらには迫り来る返還という大転換を前に、今の自分の安全だけを考えて行動し、「土地に必要以上の執着を持たない」飄々とした香港の人々の姿だった。[6]彼女は、そんな当時の香港を、苔の生《む》さない転がる石に例え、自身のエッセイに『転がる香港に苔は生えない』というタイトルをつけている。
しかし二〇一九年の香港は、そんな飄々とした刹那主義とは無縁に見えた。人々は、変化に抗い、かつての街を「取り戻す」ことを掲げて、さまざまなリスクを顧みず、強大な国家権力との戦いに臨んでいた。返還後の香港の変化の中で、「変わること」の意味そのものも大きく変わってしまったのだろう。

本書は、序論の冒頭でかつての香港と、今の香港とをめぐる二つのイメージ、すなわち娯楽や消費の街としてのイメージと、政治運動が頻発する返還後のイメージとをつなぐことを目標に掲げ、日常的な消費物が政治的意味を持つまでの過程をたどってきた。本書の第2章から第4章にかけて取り上げてきたとおり、ポップソングやショッピング・モールからミルクティーに至るまで、かつてのなにげない生活の中で個人的に体験されてきた事物は、返還による消失の危惧を経て、香港人という集団の「集體回憶（集合的記憶）」として、保全や復興の対象となることで、公的・集合的な意義を獲得してきたのである。

この「集體回憶」という言葉は、第4章の冒頭でも触れたとおり、二〇〇〇年代半ばの香港で盛り上がった歴史的建築物保全運動の中で注目され、流行したものである。この運動以降の香港という土地の過去や記憶への関心の高まりを、ジャーナリストの野嶋剛は「香港に集まった「人間たち」が日々の営為のなかで積み上げた何か」を、今日の香港の人々が「自分たちの守るべき対象として認定するようになった」結果だろうと分析している。[7]

言い換えれば、この街でただ「軽い今」を生きてきただけかもしれない人々の「普通の生活そのもの」が、一定の時を経て、人々の感情を強く喚起し、政治運動にすら駆り立てるような重みを持つようになったのだろう。歴史の中で目まぐるしい変化を遂げてきた香港が「転がる石」であるならば、変化に抗する人々の拠り所となっている集合的記憶としてのポピュラー文化は、いつの間にかその転がる石に生えた苔のようなものだ、と言えるかもしれない。

政治危機のあとに残るもの

香港において消費されてきた膨大な商品やメディア・コンテンツが、返還後のこの街の政治的激動の重要な構成要素となっている。つまりは以前の香港と「政治化」以降の香港の間に、根本的な断絶があるわけではない。数年来、世界のニュースを賑わせてきた出来事は、すべてかつて日本の人々が買い物天国や娯楽の発信地として親しんできた、あの香港の延長線上に起こったのである。

そして国安法の制定により、政治運動が急停止した香港には、再び商品や娯楽が溢れている。その前後にも、完全な断絶があるわけではない。第5章で見てきたように、国安法以降の香港の娯楽作品の中にも、二〇一九年以来の人々の共通の経験が——それをどのような立場から捉えるにせよ——反映されているのである。

つまりポピュラー文化は、香港における数々の政治的激動を貫き、存続してきた、社会の通奏低音のようなものだったと言えるだろう。制度は変わり、政治は動き、時折やってくる危機は、ある社会に不可逆的な激変をもたらすこともある。しかし、それでも、そこに暮らす人々がいるかぎり、生活は続いていく。

フランスの社会学者モーリス・アルヴァックスが「集合的記憶」という概念を用いたとき、彼が念頭に置いていたのも、似たようなポピュラー文化の作用なのではないか、と想像している。彼はその概念を、変化や混乱を中心に語られる歴史記述の欠点を補うものだと考えていた。彼にとって「歴史」とは、「外部から、つまりその観察されている集団に所属していない傍観者から」書かれたものである。そこでは大きな事件ばかりが強調されるため、「表面上は何も起こらず、多少形態は異なるにしても本質的な変化はなく、断絶も大混乱もないような生活を繰り返しているだけの期間」が切り捨てられてしまう。[8]

香港の人々が自らの守るべきものを「集體回憶」と呼んだとき、どこまでこうした理論的背景を念頭に置いていたのかはわからない。しかし、この概念はやはり、その考案者が望んだとおり、変化や「死」や断絶をもとに香港を語るのとは異なる形で、この街の歩みを考えるきっかけを与えてくれるのではないかと思う。本書では二〇一九年以降の政治危機に現れていた事例を中心に、そのわずかな一端を辿ってきたにすぎないため、過去に遡ったより本格的な検討の試みは、今後の研究を待ちたい。

本書における主眼は、香港の過去をたどることではなく、二〇一九年以降の危機のあとの香港に「残響」のように残る何かを探ることにあった。個人的な体験が集合的記憶へと昇華されていくプロセスを通じて、なにげない日常の文化が政治運動を駆動するだけの重みを備えていく——繰り返し確認してきたこの事実は、国安法後の香港を考える上で、いったいどんな意義を持つのだろうか。

一つの重要な教訓は、どんな物事が政治的な影響力を持つか、はじめから判断することは不可能だということだろう。ヒットソングや、ショッピング・モールや、ミルクティーや、あるいはヘルメットやゴーグル、特定の日付や地名が、二〇一九年以降にこれほど大きな意味を持つことを、事前に予測できた人はおそらくいない。

たとえば政治活動家や団体やメディアは強権的な法律を発動すれば簡単に公的空間から追放するこ

とができるだろうし、彼らが用いた標語や旗や運動歌も、その使用を厳罰化すれば、いずれは社会の表舞台から姿を消していくだろう。しかし、その運動の記憶は、すでにその他無数の日常的事物の中にも刻印されているのである。それらをすべて消し去るのは、おそらく容易ではない。そして、たとえ現段階において政治的含意を帯びている事物を削除したとしても、やがてまた別の何かが同様の過程を経て、同じような力を持つ可能性は残る。イギリス領時代の「脱政治化」された生活体験が、返還後の激しい抗議運動に活力を与えたように、ある時代の大衆的消費体験は、次の時代において潜在的に活用されうる、一連の公共的シンボルを準備することになるのである。

政治危機の時代に、ポピュラー文化を取り上げる意義はここにあると私は考えている。娯楽や嗜好品は、平和な時代にしか役に立たない「不要不急」の贅沢品ではないのだ。

民主主義の退潮後の世界のために

序論でも述べたとおり、本書では、あえて遠回りをしてでも、個別の事象が政治運動と接点を持つまでの過程をたどることを選び、ポピュラー文化の特定の形式や内容に直ちに政治的な意図を読み込む解釈を可能なかぎり退けてきた。なぜなら本書で取り上げてきた、ポピュラー文化の「政治化」のプロセスは、個別の人々の当初の意図とは必ずしも関係がないからである。

たとえば、戦後香港の茶餐廳でミルクティーを飲んでいた人々は、それが将来、強権主義への抵抗のシンボルになることを意図していたわけではない。Beyondは、のちに民主化運動の象徴となることを明確に見越して楽曲を作ったわけではないだろう。初めて欅坂46の歌を聴いた周庭《アグネス・チョウ》は、将来それが留置所の自分を鼓舞してくれることを予期していただろうか。MIRRORのファンの多くがMIRRORを好きなのは、政治に何か物申したいからではなく、ただMIRRORが好きだからだ。

そんなのは言うまでもなく当然だと思うかもしれないが、ここにはポピュラー文化をめぐる論考が時に陥りがちな誤謬が潜んでいる。文化人類学者の浜本満は、アフリカにおける妖術をめぐる一連の研究を念頭に、研究者の間では大衆の実践の中に、常に政治情勢に対する意図的な抵抗を読み取ろうとする傾向が見られると指摘し、そうした態度を「意図性のショートサーキットの誤謬」と呼んで批判している[9]。

たとえば、ある社会において、妖術をめぐる言動が目立つようになるとする。そしてそれが、当該社会における資本主義の浸透やグローバル化の進展と同時期に起こっていたとする。こうした事象を観察した研究者は、妖術の流行を、グローバル資本主義の普及に伴う社会不安や貧富の差の拡大という社会背景から説明しようとする。しかし、研究者にとって妖術と資本主義との間に何らかのつながりが見えるからといって、妖術を恐れる人々が当初からそれを意識しているわけではない。たとえば妖術に怯えて対策を試みる人は、具体的な目の前の隣人の妖術に怯えているだけであって、決してグローバル資本主義の弊害に怯えているわけではないからである。両者が結ばれる複雑な回路を忘却し、安易に研究者が見出した社会的背景と当事者の意図とを直結して「ショート」させるべきではない、というのが浜本の指摘である。

本書はこの「意図性のショートサーキットの誤謬」を避け、香港においてポピュラー文化と政治情勢とが結びつく回路を遠回りにたどることで、意図性を介在させない形で両者のつながりを示してきたつもりである。そして、すでに述べたとおり、ポピュラー文化が持ちえる力は、まさにそれが意図せざる形で、人々の予測を裏切り、発展していくことにあると考えている。

ポピュラー文化のこうした制御不可能性は、もちろん香港の事例に限られたものではない。そうした性質と他地域の政治情勢とを結びつける論考もすでに多くある。たとえば、インドネシアにおけるポピュラー文化を論じたある論集では、メディアや商品の消費を通じて国民の「流動的な複数のアイデンティティ（fluid identities）」が形成されたことを、権威主義が瓦解し、民主化が進展しつつあった社会情勢と関連づけて考察している。[10] こうした研究においては、資本主義的な市場の原理の下で流通し、個人が自由に消費できる事物を前提とする雑多なポップカルチャーの興隆は、ある社会が強権的な国家の軛《くびき》を脱したあとに訪れる現象として――この論集のタイトルを借りれば「ポスト権威主義時代の政治」として――理解されていた。

しかし香港は、こうした事例とは正反対の順序をたどっているように思える。国家の統制が緩んだことでポピュラー文化が花開いたのではなく、むしろ自由放任的な市場原理に基づく特殊な植民地統治の下、溢れる国際的消費財に囲まれた生活体験を享受していた街が、より中央集権的で統制的な政治体制を持つ別の国家の主権下へと移されたのである。つまり香港における事例は、ポピュラー文化と権威主義との衝突を、おそらく他地域の経験とは別の形で示している。

世界が権威主義や独裁から民主へと、国家主義からグローバリズムへと、自然に向かっていくものだという進歩的な歴史観が説得力を持っていた時代であれば、香港の経験は、単にそうした流れに逆行する異分子として扱われるだけだったかもしれない。しかし、権威主義の再台頭や国家中心主義的政策の復活など、世界的に「民主主義の退潮」が危惧されるようになった今日の世界において、香港の経験は、ある意味ではそれを先取りしたもののようにも映る。実際に、タイやミャンマーをはじめ、同様に民主化から権威主義への逆行を経験しつつある諸地域において、香港の先例が注目を集めたことは、第4章に見たとおりである。

そのため香港にさらなる大変動、あるいは本物の「死」が訪れ、本書における記述が全くの時代遅れになる日が来たとしても、記してきた危機の時代における香港の経験は意義を失わないと信じている。それは私たちが民主主義の退潮後の世界に備えるために参考にできる先例かもしれないからだ。本書の記述や分析が、今後の香港を、そして世界を、よりよく理解しようとする人にとって、何らかの価値を持つことを願っている。

最後に、そんなこれからの世界のための警句として、ある引用をもって本書の考察を結びたい。それは香港の情勢を踏まえながらアルヴァックスの著作を読んだ時、一際印象に残った「石」にまつわる比喩であり、転がる石のように流転してきたこの街の経験を象徴的に要約すると同時に、まさに本書が取り上げようと試みてきた、大変動のあとに残る「残響」的な力の所在を示唆しているように思われる。私はここで香港や世界のあるべき姿について個人的な意見を述べようとは思わないが、この言葉には、どのような立場からであれ、ある社会を分析しようとする者にとって、決して軽視すべきではない重要な教訓が含まれていると信じている。

石は運び去ることはできるが、石と人間との間に樹立された関係を変えることは容易ではない（…）石や物材はわれわれに抵抗はしないであろう。しかし集団は抵抗するであろう。[11]

註

1 ハン・スーイン『慕情』（深町真理子訳）角川文庫、一九七〇年、四〇頁。
2 Hughes, Richard, *Borrowed Place, Borrowed Time: Hong Kong and Its Many Faces*, London: Andre Deutsch, [1968] 1978, p. 16.
3 中嶋嶺雄『香港——移りゆく都市国家［新版］』時事通信社、一九九七年、四頁。初版は一九八五年出版。
4 同上、三五八頁。
5 星野博美『転がる香港に苔は生えない』文藝春秋、二〇〇六年、三六頁。
6 同上、六一八頁。
7 野嶋剛『新中国論——台湾・香港と習近平体制』平凡社、二〇二二年、一二〇頁。
8 アルヴァックス、モーリス『集合的記憶』（小関藤一郎訳）行路社、一九八九年、九〇-九一、九六-九七頁。
9 浜本満「妖術と近代——三つの陥穽と新たな展望」、阿部年晴・小田亮・近藤英俊編『呪術化するモダニティ——現代アフリカの宗教的実践から』風響社、二〇〇七年、一一三‐一五〇頁。

10 Heryanto, Ariel, ed., *Popular Culture in Indonesia: Fluid Identities in Post-Authoritarian Politics*, London and New York: Routledge, 2008.

11 前掲註8『集合的記憶』、一七二頁。

あとがき

こんな本、書くつもりはなかった。

いきなりこんなことを言うと驚かれてしまうかもしれないので、もう少し説明しよう。もちろん、書きたくなかった本だ、ということではない。ただ研究生活に身を投じた当初、自分が将来こういった内容の本を書くなんて想定していなかった、という意味だ。

もともと二〇一七年に博士後期課程に入学し、研究を始めたとき、あるいはその年の後半から香港中文大学に留学したとき、まさかそれからすぐに香港であんなことが起こるなんて、想像すらしていなかった。さらにその影響で、自分の大学院生活の、そして博士論文の方向性が大きく変わっていくことになるなんて、思ってもみなかった。だから将来自分がこんな内容の本を書くことになるなんて、まったく予期していなかった。

というと、まるでただ巻き込まれただけのように聞こえるかもしれないが、実際のところそうではない。こうなったのは、ぜんぶ私自身の選択の結果だ。別に自分のもともとの研究計画を粛々と進めていくことだってできただろうし、本来研究者に期待されているのは（少なくとも大学院生に期待されているのは）そういう計画的な研究態度だろうと思う。でも、私にはどうしてもできなかった。調査地で何か重大なことが起こっているのなら、何よりもそれに向き合いたい、そして観察した内容を記録として残したい、という思いが強かったからだ。

目まぐるしく変わる情勢に必死でついていこうと日々がむしゃらに取り組むうちに、気づけば思ってもみなかったテーマに関する論文を執筆し、それをもとに博論を仕上げ、そして今この本を書いている。そんな計画性のかけらもない院生生活の中で、指導教授である澤田ゆかり先生や日頃ゼミでの指導や博論審査に当たってくださった青山亨先生、土佐桂子先生、西井涼子先生、倉田明子先生をはじめとする東京外国語大学の諸先生には多大なるご迷惑とご心配をおかけした。この場を借りて、お礼とお詫びを申し上げたい。

もともとの研究計画を放り出して、ころころと新しいことに取り組む不真面目な大学院生であった私を温かく見守り、抜群のタイミングで地域研究、香港研究の大先輩としての適切な助言をくださった指導教授の澤田ゆかり先生の存在なしには、ここまで研究を続けることはできなかった。先生にいただいた印象深い言葉は数多くあるが、中でも現地調査のコツを教わっている際に尋ねられた「小栗さんは、何か一発芸はありますか？」という質問が忘れられない（まだこれというものは見つけられていない）。また博論審査後、先生が「ぜひすぐに書籍化すべきだ」と強く背中を押してくださったことが、本書につながっている。

同じく香港研究の先輩である倉田明子先生には、研究面での指導や日頃の情勢に関する情報交換はもちろん、シンポジウムや映画の上映会など、学内外のさまざまなイベントの企画でもお世話になった。目まぐるしく変化する香港情勢を前にしながら、何かの企画に忙しく取り組んでいることが、大きな精神的な支えになった時期もあった。先生には本書用にいくつか写真も提供いただき、さらには先生が管理に尽力されている東京外国語大学海外事情研究所の貴重なアーカイブ「野上和月 香港新聞雑誌コレクション」も部分的に活用させていただいた。こうした資料提供についても、ここに記して謝意を表したい。

土佐桂子先生と西井涼子先生には、毎週の大学院の文化人類学ゼミでお世話になった。のんびりお菓子を食べたりしながら、真面目で深刻なテーマを議論するゼミの雰囲気からは、地域研究に必要な絶妙な緩急のようなものを学ばせてもらった気がする。「ミルクティー同盟」を通じて、香港の事象が先生方のフィールドであるミャンマー、タイと直接に繋がったときには、不思議な運命を感じた。本書に多少なりとも両地域の動向を盛り込むことができたのは、何より土佐先生と西井先生のご指導、ご助言のおかげである。

そして最後に青山亨先生、「香港とインドネシアの関わりについて研究します」といって入学しておきながら、全然関係ない内容の博士論文を提出してごめんなさい。最終的にできあがった論文を見て「私の見るはずだったところ、なくなっちゃってませんか」と困惑しながらおっしゃった先生の顔が忘れられません。在学中、先生にご指導いただいた内容は、今後の研究生活に活かしていけるよう、精進して参ります。

地域研究者の集まる東京外国語大学では、他にも多くの研究仲間に恵まれた。香港情勢の激動に圧倒され、押しつぶされそうになるたびに、地域は違えどもそれぞれに研究対象とする社会の動向に真剣に向き合い、そしてその「危機」にさえも人生を賭けて随走しようとする彼らの姿勢にも励まされた。大学院では公私ともに支えてくれる、かけがえのない友人との出会いにも恵まれた。照れくさいので名前は挙げないけど、あなたのことです。本当にありがとう。

また執筆期間中には、博士後期課程入学当初から定期的に参加している「香港史研究会」の研究者の皆様にも大変お世話になった。とりわけ、研究会を取りまとめてくださっている倉田徹先生には、さまざまな研究面でのご助言を頂戴したほか、口頭発表や執筆を通じて研究成果を発表する機会も数多くご紹介いただいた。思えば、香港研究を志したとき、最初に図書館で手に取ったのは、倉田徹先生の『中国返還後の香港』（二〇〇九年、名古屋大学出版会）だった。あの日、香港研究の門をくぐった私を、まだまだ一人前とは言えないけれど、ひとりの研究者を名乗れるところまで導いてくださった先生との出会いに感謝するとともに、このご恩に報いることができるよう、今後も研究に尽力して参ります。

そして本書が実現したのは、何より筆者の拙い出版計画に目を止めてくださった東京外国語大学出版会のおかげである。査読段階では、匿名の編集委員の方々から建設的なコメントや助言を多数頂戴した。全てを反映できた自信はないが、残る部分については今後の課題とさせていただきたい。出版企画が本格的に始動してからは、出版会編集者の大内宏信さんに大変お世話になった。大内さんとは、駆け出しの院生時代に関わらせていただいた『香港危機の深層』（二〇一九年）以来のご縁である。あの時も行き届いたサポートに感激し、いつか単著を出すなら東京外国語大学出版会から出したい、と密かに考えていた。夢が一つ叶いました。本当にありがとうございます。

出版企画が動き出してからも、相変わらずの落ち着きのなさを発揮し、大内さんをはじめとする関係者各位には、多大なご迷惑をおかけした。ここでも暖かく見守り、さまざまな段階で大幅な加筆や修正に対応してくださった皆様のおかげで、本書には博論執筆時点以降のさまざまな動向を盛り込むことができた。ただし、おおまかな原稿は二〇二四年一月段階で完成していたため、それ以降の動きは限定的にしか反映できていない。本書における「執筆時現在」とは、基本的に二〇二四年初頭を指すものとご理解いただきたい。

なお博士論文の執筆期間中には、いかなる公共機関、民間組織からも研究費の提供を受けていない（不偏不党を気取っているわけではなく、要するに競争的資金への採択に縁がなかっただけだ）。しかし、博士論文提出後には、ありがたいことにサントリー文化財団の二〇二二年度「若手研究者による社会と文化に関する個人研究助成（鳥井フェローシップ）」に採択いただいた。本書第4章、第5章には、その助成を活用して行った研究の成果を一部用いている。

二〇一九年から五年間は、国際基督教大学アジア文化研究所で非常勤の研究所助手として採用いただき、金銭的に大いに助けられた。アジア文化研究所に誘ってくださった国際基督教大学の菊池秀明先生に、この場を借りて改めて御礼申し上げます。

そして最後に、いつも支えてくれる家族と親族にもお礼を言いたい。そもそも親族が香港に駐在していたことが、私が香港と関わるきっかけになった。小学校一年生のとき、母の「おいしい焼売が食べられるよ」という一言にそそのかされながら香港を初訪問したことが今の私の人生につながっている。

本書を執筆する上で、何よりの原動力となったのは、その頃から私を惹きつけてやまない香港という街の魅力であり、そしてこの街に強い愛着を持ち、ときにそのために悩み苦しんできた現地の人々の姿である。また、研究者か否かを問わず、同じように香港の情勢に心を動かされ、それぞれのやり方で危機と向き合っていた周囲の人々からもさまざまな面で刺激を受けた。本書は、いまどこにいようとも、香港を思い続けるすべての人に捧げたい。彼らに一生の平安を祈るとともに、いつか私自身にとっても、もともと書くつもりのなかったこの本を、やっぱり書いてよかったと心の底から思えるような、そんな日がくることを願っている。

二〇二四年七月一日　小栗宏太

第 4 章

図 4-1　2017 年 9 月 17 日、筆者撮影

図 4-2　https://twitter.com/ShawTim/status/1249643502406754304（最終閲覧日：2021 年 3 月 20 日。2021 年 9 月 30 日現在、オリジナルの投稿は非表示設定となっており、閲覧できない）

図 4-3　https://www.facebook.com/milktealogy/photos/a.285670224923900/1565079146982995/（最終閲覧日：2021 年 9 月 30 日）

図 4-4　https://twitter.com/joshuawongcf/status/1249259288486387712（最終閲覧日：2021 年 9 月 30 日）

図 4-5　https://www.facebook.com/photo/?fbid=3068076976637241&set=a.406164979495134（最終閲覧日：2021 年 9 月 30 日）

図 4-6　https://www.facebook.com/permalink.php?story_fbid=1588594367999193&id=125281270997184（最終閲覧日：2021 年 9 月 30 日）

図 4-7　https://twitter.com/S1I9N8A6/status/1356252626095009798（最終閲覧日：2021 年 9 月 30 日）

図 4-8　https://twitter.com/policy/status/1379982365380911104（最終閲覧日：2021 年 9 月 30 日）

図 4-9　香港郵政発行、2023 年

図 4-10　2022 年 1 月 9 日、筆者撮影

図 4-11　2023 年 9 月 2 日、筆者撮影

図 4-12　2023 年 8 月 30 日、筆者撮影

図 4-13　2023 年 9 月 6 日、筆者撮影

第 5 章

図 5-1　2022 年 9 月、山田愛玲撮影

図 5-2　2023 年 9 月 5 日、筆者撮影

図 5-3　2023 年 8 月 30 日、筆者撮影

図 1-24　https://www.instagram.com/p/B3gMUgHgO7M/?utm_source=ig_embed（最終閲覧日：2022 年 7 月 28 日）

図 1-25　東京外国語大学海外事情研究所「野上和月　香港新聞雑誌コレクション」所収

図 1-26　https://www.facebook.com/CivilHumanRightsFront/posts/pfbid02sTQT2md6zij2GHkuQrJo2vXx7riptcAFMnacFMcFu1nE2GdwjezDAG41SLrMmZrl（最終閲覧日：2022 年 11 月 12 日）

図 1-27　2020 年 7 月 2 日、Studio Incendo 撮影、CC BY2.0

第 2 章

図 2-1　https://www.facebook.com/passiontimes/posts/2776553269074489（最終閲覧日：2022 年 11 月 12 日）

図 2-2　2017 年 10 月 21 日、筆者撮影

第 3 章

図 3-1　『The Economist』2019 年 8 月 10 日号表紙

図 3-2　https://lihkg.com/thread/1413758/page/1（最終閲覧日：2019 年 8 月 6 日）

図 3-3　https://commons.wikimedia.org/wiki/File:Hong_Kong_Railway_Route_Map_zh.svg（パブリックドメイン、最終閲覧日：2021 年 11 月 10 日）に基づき筆者作成。ニュータウン範囲図は香港政府規画署ウェブサイト
https://www.pland.gov.hk/pland_tc/outreach/educational/NTpamphlets/2019/index.html（最終閲覧日：2021 年 11 月 10 日）より。自然公園範囲図は香港政府漁農自然護理署ウェブサイト
https://www.afcd.gov.hk/tc_chi/country/cou_vis/cou_vis_cou/files/KeyPlan_1_CP_SA_v1.jpg（最終閲覧日：2021 年 11 月 10 日）より

図 3-4　2018 年 4 月 2 日、筆者撮影

図 3-5　筆者作成

図 3-6　2018 年 4 月 7 日、筆者撮影

図 3-7　2018 年 4 月 7 日、筆者撮影

図 3-8　2018 年 5 月 14 日、筆者撮影

図 3-9　2018 年 5 月 14 日、筆者撮影

図 3-10　筆者作成

図 3-11　筆者作成

図 3-12　2018 年 5 月 14 日、筆者撮影

図 3-13　2019 年 8 月 5 日、Studio Incendo 撮影、CC BY 2.0

図表出典一覧

第 1 章

図 1-1　2019 年 9 月 10 日、筆者撮影

図 1-2　2019 年 9 月 10 日、筆者撮影

図 1-3　ネットメディア『立場新聞』の Facebook 中継より

図 1-4　「香港創作人」制作の動画より

図 1-5　「香港創作人」制作の動画より

図 1-6　「香港創作人」制作の動画より

図 1-7　2019 年 6 月 21 日、筆者撮影

図 1-8　2019 年 6 月 21 日、筆者撮影

図 1-9　2019 年 6 月 21 日、筆者撮影

図 1-10　東京外国語大学海外事情研究所「野上和月　香港新聞雑誌コレクション」所収

図 1-11　東京外国語大学海外事情研究所「野上和月　香港新聞雑誌コレクション」所収

図 1-12　2019 年 9 月 8 日、筆者撮影

図 1-13　2019 年 9 月 8 日、筆者撮影

図 1-14　2019 年 9 月 7 日、筆者撮影

図 1-15　2019 年 6 月 21 日、筆者撮影

図 1-16　2019 年 11 月 22 日、倉田明子撮影

図 1-17　2019 年 11 月 25 日、倉田明子撮影

図 1-18　https://www.facebook.com/Artohk/posts/pfbid02n2kPyZkWLwSGR9FGH-FEKYTCtyuocXTv8V2wSzaGoTBeH2vf2JSeU3oQPHkgPahPRl（最終閲覧日：2022 年 7 月 28 日）

図 1-19　2019 年 9 月 8 日、筆者撮影

図 1-20　2019 年 9 月 10 日、筆者撮影

図 1-21　2019 年 9 月 6 日、筆者撮影

図 1-22　2019 年 10 月 25 日、Studio Incendo 撮影、CC BY 2.0

図 1-23　2019 年 6 月 21 日、筆者撮影

小栗宏太（おぐり・こうた）
一九九一年生まれ。中部大学国際関係学部国際関係学科卒業。米オハイオ大学大学院政治学専攻修了（修士）。東京外国語大学で博士号取得（二〇二三年）。現在東京外国語大学アジア・アフリカ言語文化研究所ジュニア・フェロー。共編著に『香港と「中国化」——受容・摩擦・抵抗の構造』（明石書店、二〇二二年、倉田徹との共編）、共著に『香港危機の深層——「逃亡犯条例」改正問題と「一国二制度」のゆくえ』（東京外国語大学出版会、二〇一九年）、『地球の音楽』（東京外国語大学出版会、二〇二二年）など。香港ポピュラー文化研究のかたわら、映画『縁路はるばる』の字幕翻訳（二〇二三年日本公開、山田愛玲との共訳）など、香港に関連した作品の翻訳や紹介も行っている。

香港残響——危機の時代のポピュラー文化

二〇二四年八月三一日　初版第一刷発行

著　者　小栗宏太
発行者　林佳世子
発行所　東京外国語大学出版会
　郵便番号　一八三-八五三四
　住所　東京都府中市朝日町三-一一-一
　TEL番号　〇四二-三三〇-五五五九
　FAX番号　〇四二-三三〇-五一九九
　Eメール　tufspub@tufs.ac.jp
装　幀　臼井新太郎
本文組版　大友哲郎
印刷・製本　シナノ印刷株式会社

Printed in Japan　ISBN978-4-910635-12-5